구약을 설교하기

Preaching the Old Testament

Copyright ⓒ 2006 by Scott Gibson
Originally published in English under the title
Preaching the Old Testament
by Baker Books,
a division of Baker Publishing Group,
Grand Rapids, Michigan, 49516, U.S.A.
All rights reserved

Korean Translation Copyright ⓒ 2008 by Timothy Publishing House
6F Paidion Bldg., 1164-21 Gaepo-dong, Gangnam-gu Seoul, Korea

이 책의 한국어판 저작권은 Baker Books와 독점 계약한 도서출판 디모데에 있습니다.
신 저작권법에 의하여 한국 내에서 보호를 받는 저작물이므로 무단전재와 무단복제를 금합니다.

구약 설교를 위한 구체적 준비와 실제

구약을 설교하기

책임편집 스캇 깁슨 | 김현회 옮김

차례

감사의 말 6
머리말 8
서론 15

1. 구약 설교에 대한 도전 | 스캇 깁슨 … 19

2. 당신의 히브리어를 건강하게 유지하기 | 데니스 마가리 … 29

3. 역사서를 설교하기 | 캐롤 카민스키 … 69

4. 구약 내러티브를 설교하기 | 제프리 아서 … 91

5. 율법서를 설교하기 | 더글라스 스튜어트 … 111

6. 시편과 잠언을 설교하기 | 듀앤 가렛 … 131

7. 선지서를 설교하기 | 존 세일해머 … 151

8. 구약을 그 문화의 빛 안에서 설교하기 | 티모시 라니악 … 181

9. 구약을 인용하는 신약 본문을 효과적으로 설교하기 | 로이 시암파 … 201

10. 오늘날의 구약 설교 | 데이빗 라슨 … 225

11. 구약 전도 설교 | 로버트 콜만 … 243

후기 261
주 263
기고자들 317

■ 감사의 말

이 책은 여러 사람이 노력한 값진 결실입니다. 설교자들의 설교를 돕고 또한 월터 카이저Walter Kaiser 박사의 영예를 기리기 위하여 기고자들이 힘을 합쳐 뛰어난 글들을 엮어낸 것입니다. 나는 이 책의 탄생을 도운 각 기고자에게 감사를 드립니다.

또한 자료 조사와 기술적 도움을 주신 에릭 도켄Eric Dokken과 데이빗 한케David Hanke에게 감사를 드립니다. 이외에도 설교자들이 구약을 어떻게 설교해야 하는지에 대해 통찰력을 제공해준 제프리 아서Jeffrey Arthurs, 팻 배튼Pat Batten, 키스 캠벨Keith Campbell, 데이빗 커리David Currie, 마크 디보스키Mark Debowski, 켄트 에드워즈Kent Edwards, 폴 호프만Paul Hoffman, 콘리 휴즈Conley Hughes, 제니 마톤Jennie Martone, 글렌 메세이Glen Massey, 마이클 메지Michael Mazzye, 찰스 무어Charles Moore, 리사 모리슨Lisa Morrison, 빌 니코슨Bill Nicoson, 스티븐 세바스천Stephen Sebastian, 켄 시게마추Ken Shigematsu, 케빈 시스코Kevin Siscoe, 테리 스미스Terry Smith, 브라이언 윌커슨Bryan Wilkerson에게 감사를 드립니다.

감탄을 자아내는 다이앤 뉴홀Dianne Newhall에게도 감사를 드립니다. 당신은 최고입니다.

고든-콘웰 신학교Gordon-Conwell Theological Seminary 사우스 해밀턴South

Hamilton 캠퍼스의 교육 부총장이자 학장이신 배리 코리Barry Corey 에게도 이 작업의 완성을 위해 보여주신 격려와 도움에 대해 감사를 드립니다.

이 책에 필요한 정보 수집에 도움을 주신 마지 카이저Marge Kaiser 여사에게 특별한 감사의 말씀을 전합니다. 나는 월트가 일어서서 당신을 복되다고 부른 이유를 이해합니다.

나 또한 복을 받았습니다. 끊임없는 사랑과 격려로 나를 도와주는 내 아내 론다Rhonda 로 인해 주님께 감사를 드립니다. 나는 늘 그녀로 인해 다음과 같은 잠언의 말씀을 확증하곤 합니다. "아내를 얻는 자는 복을 얻고 여호와께 은총을 받는 자니라" 잠 18:22 . 하나님, 당신의 은혜에 감사드립니다.

베이커 출판사Baker Publishing Group 와 돈 스티븐슨Don Stephenson , 폴 빙커호프Paul Binkerhoff , 린제이 밴튜이넨Lindsey VanTuinen , 로렌 포사이드 Lauren Forsythe 그리고 직원들에게 감사를 드립니다. 그들은 언제나 내게 도움을 주었고, 친절했습니다. 그리고 인내심도 많았습니다! 그들이 한 모든 일에 대해 감사드립니다.

이 책은 월터 카이저 박사의 영예를 기리기 위해 쓰여졌습니다. 교육과 설교에서 카이저 박사의 경력은 매우 화려합니다. 교실에서, 두 뛰어난 신학교의 총장 사무실과 학장 사무실에서, 그리고 강단에서의 그분의 영향력은 복음주의 교계의 많은 이들에게 인정과 존경을 받고 있습니다. 이 책은 그분께 그리고 이 재능 많은 종을 우리에게 주신 주님께 드리는 작은 감사의 표시입니다. 월트, 하나님은 당신을 통해 우리에게 복을 내려주셨습니다. 당신께 감사드리고 주님을 찬양합니다.

■ 머리말

_ 해돈 로빈슨(Haddon W. Robinson)

내게는 구약 학자인 좋은 친구가 있다. 몇 년 전에 그의 부친이 85세가 되셨을 때 그 노 신사는 다가오는 해에 처음으로 구약을 통독하기로 작정하셨다. 그런데 그 해의 마지막에 그 부친은 이렇게 말씀하셨다. "나는 통독을 마쳤다. 하지만 거의 믿음을 잃어버릴 뻔했다!"

나는 그 신사가 더 젊었을 때 기독교 대학이나 신학교에 다니셨다면 구약을 통독하는 것이 보람된 영적 훈련이 되었을 것이라고 생각하며 위로를 받았다. 하지만 기독교 교육에 관계된 사람이라면 누구나 그런 생각이 잘못된 가정임을 알고 있다. 기독교 학교에서 제공되는 구약 개론 과목들은 종종 학생들에게 성경의 책들과 족장들, 사사들, 북왕국과 남왕국의 왕들과 선지자들의 이름과 연대 그리고 비평가들의 논증과 그에 대한 반론을 외우게 한다. 이러한 주제들이 커리큘럼에 포함되어야 하는 것은 사실이지만, 기본 과목들은 무엇보다도 학생들 안에 구약에 대한 사랑과, 구약이 그들의 삶에 끼칠 수 있는 영향력에 대한 자각을 일깨워 주어야 한다. 불행히도 현실은 종종 그렇지 못하다. 누가 오래전에 죽은 왕들의 공적이나 사상, 또는 몇몇 성난 선지자들의 신랄한 비판에 관심을 기울이겠는가라고 학생들은 생각한다.

문제가 더 복잡해지는 이유는, 때로 교수들이 학생들의 수준을 뛰어

넘는 강의를 한다는 것이다. 그들은 요즘 젊은이들의-종교적인 가정에서 자라난 아이들까지도-성경 지식을 과대평가한다. 예를 들면, 한 구약 총론 시간에 교수가 다니엘서의 이른 저작연대설을 지지하는 증거에 대해 잘 준비된 강의를 했는데, 그 시간이 끝나자 한 학생이 "다니엘이 성경에 나오는 인물입니까?"라고 물었다는 식이다. 그런 학생들이 다윗처럼 "오, 내가 주의 법을 어찌 그리 사랑하는지요! 내가 그것을 종일 묵상하나이다"라고 외치게 될 것을 상상하기는 어려운 일이다. 유명한 한두 구절 외에 그들은 구약에 대해 거의 생각하지 않는다.

존 월튼John Walton과 앤드류 힐Andrew Hill은 「오늘의 구약Old Testament Today」에서 많은 학생들이 구약에 대한 그들의 경험을 피냐타Piñata 게임 사탕이 가득 든 커다란 인형을 눈을 가린 채 몽둥이로 쳐서 터뜨리는 게임-역주을 하는 것과 비슷한 것으로 여기는 것을 관찰했다. "그들이 겨냥하는 목표가 저기에 있지만 그들은 눈을 가린 채 몇 바퀴를 돈 나머지 방향 감각을 잃어버린다. 그들은 거칠게 허공을 치다가 애쓴 것에 비해 결과가 너무 적은 것에 좌절감을 느낀다."[1]

구약에 대한 당혹감은 단지 평신도나 대학교 또는 신학교 학생들에게만 나타나는 현상이 아니다. 구약이나 셈족 언어를 다루는 대학원 과정을 택한 많은 남녀 학생들이 그 학과들을 거치면서 학위는 받지만 성경에 대한 그들의 신뢰는 손상을 입게 된다. 많은 대학원에서 구약의 본문은 액면 가치 그대로 받아들여지지 않는다. 오히려 본문은 어떤 미지의 고대 편집자가 이리저리 짜 맞춘 것으로 취급된다. 그러한 학과들이 갖고 있는 특징적인 전제는, 성경의 책들은 기껏해야 왜곡된 역사적 기록

일 뿐이고, 구약의 사본들 뒤에는 우리가 지금 갖고 있는 것보다 앞서는 잃어버린 사본들이 있다는 것이다. 따라서 지금 현존하는 본문들은 고대의 먼지 아래 사라져버린 것의 잔재에 지나지 않는다는 것이다. 그러한 전제하에 이루어진 고등 비평은 교육받은 사람들이 성경에 대해 갖고 있는 존경심을 상승시킨 것이 아니라 오히려 저하시켰다. 고등 비평은, 성경의 서로 다른 책들은 그것들을 함께 묶는 더 큰 주제를 갖고 있다는 주장을 우스갯소리로 치부해버렸다.

구약에 대한 연구는 비평가들에 의해서뿐 아니라 지지자들에 의해서도 방해를 받아왔다. 성경의 영감과 권위를 목숨 걸고 지키고자 하는 목사들은 그들의 설교에서 구약의 상당 부분을 무시한다. 그들이 때때로 몇몇 친숙한 시편들을 설교하거나 창세기의 이야기에서 또는 사무엘, 다윗, 느헤미야 등의 삶에서 다소 미심쩍은 교훈을 끌어내는 것은 사실이다. 하지만 그들은 구약의 다른 부분, 예를 들면 신명기나 레위기, 잠언, 전도서, 그리고 대·소선지서 같은 책들은 회피한다. 이 책들은 성경의 하얀 부분으로 우리가 발음할 수 없는, 그리고 우리가 들어본 적이 없는 장소들에서 사는 이름들로 채워져 있다. 따라서 우리는 그것들을 읽고자 하지 않는다.

또한 우리는 그 본문들을 어떻게 다루어야 할지 알지 못하기 때문에 그것들을 무시하게 된다. 다른 이들처럼 설교자들도 하나님에 대해서, 또 그분이 어떻게 행동하셔야 하는지에 대해서 전형적인 틀을 갖고 있다. 우리는 우리가 기대하는 하나님의 품행의 코드와 맞지 않는 본문을 접하게 되거나, 우리가 생각하기에 하나님의 말씀으로는 적절치 않다고 여겨지는 말씀을 접하게 될 때, 우리에게 문제가 있는 것이 아니라 성경에 문제가 있다고 확신한다. 우리는 '정경 속에 정경'을 형성하고, 문제를 일으키지 않거나 청중이 불편하게 여기지 않는 본문들만을 다룬다.

바바라 브라운 테일러Barbara Brown Taylor는 그녀가 어떤 노인 그룹에게 '구약의 여인들'에 대해서 말씀을 전해달라는 초청을 받았을 때 일어난 일을 전했다. 그녀는 시스라의 관자놀이에 말뚝을 박은 야엘과 유대인들이 7만 5천 명의 원수들을 죽일 수 있도록 허가를 얻어낸 에스더에 대해 말했다. "그들은 제게 매우 감사하다고 말했습니다. 그리고 다시는 저를 초청하지 않더군요"라고 테일러는 말했다.[2]

한 유명한 복음주의 목사는 왜 자신이 구약에서 직접 본문을 택하는 일이 드문지를 설명했다. 그는 신약에서 설교하며, 구약은 예화를 위한 출처로 사용한다고 말한다. 그는 그런 방식으로 교인들을 '하나님의 모든 말씀'에 노출시키고 있다고 생각한다. 그런 접근 방식은 적어도 두 가지 면에서 불충분하다. 첫째, 설교학적으로 그 방식은 예화의 기본 원리, 즉 알려진 것으로 알려지지 않은 것을 예증한다는 원리를 무시한다. 만일 예화를 설명해야 한다면 그 예화는 사용하지 말아야 한다. 현대의 청중에게는 대부분의 구약 본문에 대해 설명이 필요하다. 이 때문에 구약의 이야기들을 예화로 사용하는 것은, 신약의 불분명한 본문을 설명하거나, 적용하기 위해 구약의 친숙하지 않은 이야기들을 사용하는 격이 된다. 하지만 더 중요한 이유는, 구약을 복음서나 서신서에 근거한 설교를 위한 예화 모음집으로 축소시키는 것은 그들 나름대로 신학자들인 구약의 저자들을 경시하는 일이 된다는 것이다. 그들은 이야기, 잠언, 시가들과 같은 장르를 통해 하나님의 메시지를 전달한 숙련된 저자들이었으며, 그들의 메시지는 그 자체의 목적을 갖고 있다. 그들은 다른 성경 저자들에게 예화를 제공하기 위해 저술한 것이 아니었다.

구약을 열어 보이는 설교를 거의 들어보지 못했거나, 고대의 영웅들의 삶에 근거한 실제적인 교훈들로 구성된 설교만 들어본 교인들은 정경의 3분의 2에 해당하는 본문을 중요하지 않거나 관련성이 없는 것으로 치부한 일에 대해 면죄를 받을 수도 있을 것이다. 비록 목사가 그들에게 직접 말하지는 않았겠지만 회중석에 앉은 사람들은, 좋은 것은 신약에 있다고 느끼게 된다. 그들은 구약이 예수님이 아셨던 유일한 성경이었으며, 초대 교회의 성경이었다는 사실을 결코 떠올리지 못할 것이다.

구약을 회피하는 일은 극장에 가서 연극의 마지막 장면만을 보고 그 연극이 무엇에 관한 것이었는지에 대해서는 완전히 무시하는 것과 같은 꼴이다. 그것은 마치 극작가가 연극의 처음 두 막은 누구도 진지하게 취급해줄 것을 기대하지 않는다고 생각하는 격이다.

구약이 비평가들과 지지자들의 손에 고난을 당해온 사실에도 불구하고 우리는 구약을 무시해서는 안 된다. 우리는 구약을 알아야 하고, 설교해야 한다. "구약은 교회에서 매우 귀중한 보배로 우리에게 전해져 내려왔다"고 엘리자베스 아크테마이어 Elizabeth Achtemeier 는 말한다. 우리의 신앙 선조들인 이스라엘 백성은 1,800년에 걸쳐 한 분이신 하나님이 그들의 삶에서 말씀하셨고 행하신 일들에 대해 증거한 것을 구약 안에 보관해왔다. 그들의 성실한 증거를 통해 우리 주 예수 그리스도의 하나님이시며 아버지이신 이스라엘의 거룩하신 분이 자신을 계시해오셨다. 하나님은 당신의 역사가들과 선지자들, 시편 기자들과 지혜의 선생들, 제사장들과 입법자들의 말을 통해 우리의 신앙을 형성하셨고, 합당한 존경심과 경외심 안에서 우리의 경건을 훈련하셨으며, 그분의 역사役事에 대한 우리의 기대감을 일깨우셨고, 우리의 의지를 그분의 소원과 목표에 일치되게 다스려오신 것이다. 구약을 떠나서 우리는 예수 그리스도의 아버지가 누구신지 알 수 없고, '하나님의 이스라엘' 로서의 우리가 누구인지 알 수 없다갈 6:16 .[3]

오늘날 교회가 필사적으로 구약을 필요로 하고 있다는 사실을 월터 카이저 박사보다 더 많이 주장해온 사람은 없었다. 그는 그의 장년의 삶을 성경의 언어들과 그 성스런 문서들의 메시지를 공부하는 데 바쳤고, 그후 그는 자신이 아는 것을 신학교 강단에서 가르치는 자들과 목사들, 그리고 회중석에 앉은 남녀들에게 가르쳤다. 그는 휘튼 칼리지Wheaton College, 트리니티 복음주의 신학교Trinity Evangelical Divinity School, 고든-콘웰 신학교Gordon-Conwell Theological Seminary 등의 교수직으로 자신의 사명을 감당해왔다. 그런 위치에서 그는 수천 명의 졸업생들에게 자신의 지문을 남겼고, 또 그들은 전세계적으로 신학교 강단과 교회들에서 섬기고 있다. 그는 구약을 진지하게 공부하고 싶어하는 사람들의 어려운 질문들과 씨름하는 학자들과 생각이 깊은 평신도들을 대상으로 서른 권이 넘는 책을 썼다. 그는 헤아릴 수 없이 많은 교회와 사경회에서, 그리고 고든-콘웰 신학교의 주별 채플에서 구약을 설교해왔다. 청중들은 그의 설교 내용에서뿐만 아니라, 그의 유머와 철저하게 실제적인 화법에 대해서도 열렬한 반응을 보였다.

월터 카이저 박사를 기리는 이 책이 그의 강의실에 앉아서 배웠거나, 그의 곁에서 함께 가르쳐온 일단의 저자들에 의해 쓰여진 것은 적절한 일이다. 또 그들이 '구약을 설교하는 것'에 대해서 쓴 것 역시 적절한 일이다. 구약의 진리가 교회 안에서 다시 들려지게 된다면 그것은 그들의 강단에서부터일 것이다. 이 책이 하나님의 모든 말씀을 전하는 따뜻하고, 강하고, 적절한 설교가 다시금 불일 듯 일어나도록 점화하는 역할을 할 것이다. 하나님 안에서 이 일이 일어난다면 이보다 월터 카이저 박사를 더 기쁘게 하는 일은 없을 것이다.

■ 서론

카이저(Kaiser)가 핵심 단어다

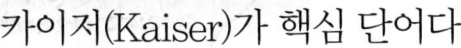
_ 스캇 깁슨(Scott M. Gibson)

이 책은 신학생들과 목사들에게 구약을 설교할 때 필요한 도구들을 제공하기 위해 마련되었다. 각 장의 초점은 '설교를 준비하기 위해 필요한 것은 무엇인가?'에 있다. 여기서 강조점은 준비다. 이 책을 위한 자료들을 선별하고, 저자들이 원고를 쓸 때 도움이 된 질문은 신학생들과 목사들이 구약의 각 장르를 설교하기 위해 준비할 때 알아야 할 것이 무엇인가 하는 것이다. 이 책의 저자들은 모두 설교자와 학자들로서 구약을 적절하게 설교하기 위해 신학생들과 목사들이 필요로 하는 도구와 정보에 대해 그들 자신부터 심사숙고해본 사람들이다.

이 저자들은 의도적으로 선별되었다. 그들은 모두 구약이라는 공통분모를 갖고 있다. 그러나 더욱 중요한 것은 그들 모두가 한 사람, 즉 월터 카이저 박사를 공통분모로 갖고 있다는 사실이다. 이 책은 설교자들을 위한 자료로 준비되기도 했지만, 또한 우리 시대의 가장 주목받는 구약 학자 중 한 분이신 월터 카이저 박사의 영예를 기리기 위한 것이기도 하다. 한 마디로 그분이 바로 이 책의 이유다. 카이저가 핵심 단어인 것이다.

여기서 핵심 단어가 의미하는 바는 무엇인가? 월터 카이저 박사가 가르친 학생들과 동료들 대부분은 설교에 있어서 '핵심 단어'를 통한 접근 방법에 대한 그 분의 헌신을 잘 알고 있다. 이 훌륭한 설교 스타일은 20세기 중엽에 시카고에 있는 북침례 신학교Northern Baptist Theological Seminary의 찰스 콜러Charles W. Koller 박사에 의해 개발되었다. 콜러에게는 설교학 분야에서 그의 제자들이기도 했던 파리스 화이트셀Farris Whitesell과 로이드 페리Lloyd Perry라는 두 명의 동료가 있었다. 콜로, 화이트셀, 페리, 이 세 교수는 북침례 신학교에서 번성하는 설교학 분야의 신학 박사 학위 프로그램을 이끌고 있었다. 화이트셀과 페리 두 사람은 활발한 저술 활동을 펼쳤으며, 특히 페리는 학생들에게 미친 그의 광범위한 영향력뿐 아니라 여러 논문과 책들을 통해 핵심 단어 접근법을 강조했다.

콜러, 화이트셀, 페리가 이끄는 설교학 박사 학위 프로그램의 졸업생 중 한 사람이 닐 아여스 와인가든Neil Ayers Winegarden이었다. 와인가든 박사는 젊은 월터 카이저가 휘튼 대학 대학원에서 목회학 석사 과정을 밟고 있을 때 그를 가르쳤다. 이제 핵심 단어 접근법은 카이저의 것이 되었다. 이때부터 월터 카이저는 휘튼에서 그의 스승과 또 그 스승이 배웠던 스승들이 강조했던 이 형식을 자신의 것으로 삼고 개발하기 시작했다.

흥미롭게도 로이드 페리는 후에 북침례 신학교를 떠나 매사추세츠 웬함Wenham에 있는 고든 신학교에서 잠시 동안 가르쳤고, 그후에는 다시 중서부로 돌아가 일리노이의 디어필드Deerfield에 있는 트리니티 신학교에서 월터 카이저의 동료가 되어 가르치는 일을 계속했다.

카이저 박사는 핵심 단어 설교법이 석의와 설교에 있어서 구성 원리가 됨을 발견했다. 본문이 강조하는 바를 밝히고 또 핵심 단어가 어떻게 석의를 설교의 명확한 구성으로 연결하는 역할을 하는지에 대해서 카이저 박사는 이렇게 주장한다. "일단의 문장들과 절들이 같은 서두의 단어 '왜냐하면', '때문에', '그러므로' 등등에 의해 연결될 때 메시지를 이 핵심 단어들을 중심으로 구성할 수 있다." 그는 계속해서 "이 경우 설교의 각 요점은 같은 관점과 각도에서 주제를 발전시킨 것이 될 것이다"[1]라고 말한다.

월터 카이저 박사는 구약 학자일 뿐 아니라 설교자이며 세상에 널리 알려진 커뮤니케이터다. 그는 하나님의 말씀에 대한 그의 감격을 수많은 학생들과 교회들, 그리고 사경회 참석자들과 나누어왔다. 그의 많은 책들은 하나님의 말씀을 연구하고 그 말씀을 전달하는 일에 쏟은 그의 이중적 헌신을 보여준다. 우리는 구약학을 생각할 때 월터 카이저 박사를 떠올리게 된다. 또 구약의 설교를 생각할 때도 그를 떠올리게 된다. 왜냐하면 월터 카이저가 핵심 단어이기 때문이다.

1. 구약 설교에 대한 도전

_ 스캇 깁슨(Scott M. Gibson)

구약 설교의 장애물

이 책은 구약을 설교하기 위해 준비하는 설교자들에게 도움을 주기 위한 것이다. 어떤 설교자들은 구약과 신약 중 어느 쪽에서 설교해야 할지를 결정할 때 구약보다는 신약을 택한다. 설교자들은 그들로부터 거리가 먼 모세보다는 차라리 딱딱한 바울을 택하곤 한다. 설교자들이 신약을 설교하는 쪽을 더 선호하는 이유는 무엇일까? 설교자들이 격의 없이 나누는 대화를 들어보면, 다음과 같은 이유로 그들이 구약을 기피하는 것을 알 수 있다. 히브리어가 헬라어보다 더 어렵다, 구약의 문화는 낯설다, 구약은 관련성이 없다, 우리는 그냥 구약보다는 신약을 더 좋아한다, 우리에게는 그리스도가 있으므로 구약은 필요없다 등등. 내가 몇몇 설교자들과 나눈 다양한 대화를 들어보라.

히브리어가 헬라어보다 더 어렵다

"히브리어가 헬라어보다 더 어렵지요!"라고 한 설교자가 말하자, 다른 설교자가 "우리는 히브리어보다 헬라어를 더 잘 압니다"라고 말했다. 또 다른 목사가 "히브리어는 너무 많은 노력과 시간을 요하며 우리는 그런 시간을 낼 수 없습니다"라고 고백한다. 한 설교자에 의하면, 설교자들이 구약을 잘 설교하지 않는 한 가지 이유는 "구약은 우리가 어떻게 설교해야 할지 잘 모르는 장르들을 포함하고 있기 때문이다"라는 것이다.

그러나 또 다른 설교자에 의하면, 실상 "설교자들은 신약의 저자들이 실제로 얼마나 구약에 의존하고 있고, 또 영향을 받고 있는지 제대로 이해하지 못하고 있다"는 것이다. 목사들은 구약을 설교하기 위해 진정 애쓰고 있다. 확실히 언어 사용 능력의 문제는 도전거리다. 이러한 관점에서 한 목사는 "설교자들이 구약에서 설교하기를 기피하는 것은 구약이 신약보다 더 까다롭게 느껴지기 때문입니다"라고 말한다. 히브리어는 헬라어보다 더 어렵게 보인다. 때때로 번역과 석의 작업이 설교자들에게 너무 위압적으로 다가온다.

"나는 다음에 설교할 구약 시리즈가 신약 시리즈보다 더 많은 준비 시간을 요할 것을 잘 알고 있습니다"라고 미 중서부 지역의 한 목사는 결론지었다. 남부의 또 다른 목사도 이에 동의하면서 "신약 설교를 준비하기가 더 쉽습니다. 신약에서는 생각의 단위들이 그다지 길지 않죠. 구약에서는 때로 직접적인 문맥이 몇 장에 걸쳐 나오기도 합니다." 이런 목사들에게는 히브리어가 헬라어보다 더 어렵다.

구약 문화는 낯설다

"우리는 문화적으로 연관성을 찾을 수가 없습니다"라고 한 설교자가 말했다. 우리는 구약을 잘 모르기 때문에 구약을 두려워한다. 설교자들은 자신들이 구약의 의식들과 신학의 복합적인 문제들을 제대로 이해할 수 없을 것이라고 느낀다. 복잡한 율법들, 아름다운 시가서 그리고 어려운 예언들은 성경의 이 부분이 무엇을 말하고자 하는 것인지 목사들이 명확히 설명하는 일을 더 어렵게 만든다.

어려운 점은, 설교자와 청중들이 구약 문화와의 관련성을 찾기를 힘들어한다는 것이다. 어떤 목사는 반쯤 농담조로 "우리는 이름을 발음조차 할 줄 모릅니다"라고 말했다. 그러다 좀 더 생각해본 후에 그는 "아마도 우리가 인정하는 것보다 더 많은 진실이 이 점에 포함되어 있을 것입니다"라고 고백했다.

또 다른 목사는 "구약은 우리가 살아가는 시대로부터 사회적으로, 문화적으로, 그리고 언약적으로 너무 많이 떨어져 있기 때문에 우리가 이해하고 접근하기가 더 힘듭니다"라고 언급했다. 그 교회의 한 교인은 민수기 5장에 나오는 불성실한 아내를 가려내는 시험에 대해 질문했다. 그 장은 간음죄로 의심받는 아내에게 더러운 물을 마시게 하고, 위장에 통증이 생기는지의 여부를 관찰하라고 한다. "그런 시험은 아내 쪽에는 좀 불공평한 것 아닙니까?"라고 그 교인이 목사에게 질문했다. 그 목사는 "이런 질문은 신학적으로나 성 차별의 입장에서 목사가 다루기 힘든 어려움을 제기합니다"라고 말했다.

서부의 한 목사도 이에 동의하면서 이렇게 말했다. "사람들은 그리스

문화보다 히브리 문화와 관련짓는 것을 더 어렵게 느낍니다. 전쟁이나 일부다처제 등의 문제를 다루어야 하기 때문이지요." 서부의 또 다른 목사는 "구약은 현대의 청중에게는 매우 낯선 문화에 뿌리내리고 있습니다"라고 장단을 맞춘다. 계속해서 그는 "구약은 현대의 청중이 결코 경험해보지 못할 바벨론 포로 생활과 같은 이슈들을 다룹니다"라고 지적했다. 그런가 하면 한 아프리카계 미국African-American, 흑인을 인종차별의 느낌이 없는 용어로 부르기 위해 사용하는 표현-역주 목사는 "아프리카계 미국 문화는 구약처럼 이야기로 전하는 문화입니다. 그리고 구약에는 구속의 이야기가 처음부터 끝까지 흘러가고 있습니다"라고 관찰했다.

한 중서부 목사는 "구약에 나타나는 신학적 복잡성이 종종 너무 어려워서 우리는 강단에서 그 문제를 다루기를 원하지 않습니다"라고 고백했다. "도대체 누가 선지서를 이해할 수 있습니까?"라고 또 다른 목사는 질문했다. 선지서가 어렵기 때문에 구약을 설교하는 일이 설교자들에게 힘든 도전이 될 수도 있다. 이에 더해서 준비 시간의 문제도 갈등이 될 수 있다. 남부 출신의 한 목사는 "나의 경우 대부분의 신약 책들의 넓은 문맥에 더 친숙하며, 그쪽을 준비하는 데는 그렇게 많은 시간이 필요치 않습니다. 하지만 대부분의 구약 책들을 설교하려면 그 책들의 배경에 대해 더 많이 읽고 공부해야 합니다." 이런 부류의 목사들과 그들의 청중에게는 구약의 문화가 너무 낯설다.

구약은 관련성이 없다

"구약은 말 그대로입니다. 구舊, 즉 오래된 것이지요"라고 말하고 싶은 설교자도 있을 것이다. "나는 청중이 관련성을 느끼는 설교를 하고 싶습니다. 그들은 구약은 고사하고 신약의 중요성조차 잘 인식하지 못합니다." 뉴잉글랜드에서 온 한 목사는 그 밑에 깔린 편견을 꼬집어냈다. "시대에 뒤떨어졌지요." 또 다른 목사는 "설교에 대해서 실용적이고, 실제적이며, '목적 중심'의 접근법을 추구하는 우리의 선입견을 놓고 볼 때 구약의 대부분은 현대의 '적절한' 시장에 잘 맞지 않는 것 같습니다"라고 지적했다. "설교자들이 구약에서는 오늘의 회중의 필요와 관련성이 있는 것을 전혀 보지 못합니다"라고 한 목사는 언급했다.

중부 대서양 지역에서 온 한 설교자는 이렇게 고백했다. "나의 경우 언제나 적용이 안고 있는 문제의 소지에 대해 갈등하게 됩니다. 나는 언제나 적용에 있어서 지나친 비약을 하게 됩니다. 신약은 적용하기가 훨씬 쉽습니다."

"구약 율법의 많은 부분은 우리에게 적용되지 않습니다. 그게 아니라면 어쨌든 우리는 그 율법들이 어떻게 적용되는지를 결정하는 일에 혼란을 느낍니다"라고 한 목사는 말했다. 남부에서 온 한 목사는 "구약을 설교하는 것은 더 위험합니다. (오용하기가 더 쉽죠.) 구약의 본문들은 도덕적으로 접근하거나 본으로 제시하기가 더 쉬워 보입니다. 그리고 이스라엘에게만 해당되는 사항과 이스라엘과 오늘 우리에게 모두 해당되는 것들을 혼동하기가 쉽습니다"라고 말했다.

신약이 구약보다 더 적용하기가 쉽다는 것이 목사들이 일반적으로 갖고 있는 인식인 것 같다. "예수님의 산상 수훈이나 서신서들은 매일의 생활에 적용하기가 비교적 쉽게 보입니다. 그러나 선지서들은 그렇게 투명하지가 않죠"라고 어떤 목사는 지적했다. 어떤 목사들에게는 구약의 관련성이 문제가 되고 있다.

구약보다 신약을 선호한다

남부에서 온 한 설교자는 "설교자들은 대체로 신약을 더 잘 압니다. 그리고 우리는 더 잘 아는 부분을 설교하려고 하죠. 그쪽이 더 준비가 쉬우니까요. 아마 교인들도 신약을 더 잘 알 것입니다"라고 말했다. 또 다른 목사는 "게다가 구약에는 이스라엘을 편드는 언어의 편협성 문제가 있습니다. 그럴 땐 어떻게 해야 하죠?"라고 물었다.

대부분의 복음주의자들이 구약보다 신약을 선호하는 단순한 이유는, 뉴잉글랜드 출신의 한 목사의 말을 빌자면, 신약은 구약처럼 오래 되지도, 멀리 있지도 않으며 따라서 더 친숙해 보인다는 것이다. 남부에서 온 또 다른 목사도 이 말에 동의하면서 "대체로 신약에서 적용을 끌어내기가 더 쉬워 보입니다"라고 말했다. 그러면서 그는 "실상은 그렇지 않을 수도 있지만 그렇게 보이는 것이 사실입니다"라고 덧붙였다. 또 다른 목사는 "목사들이 구약에 별 흥미를 느끼지 못하는지도 모르지요"라고 말했다.

한 목사는 이 문제에 대한 해결책을 제시했다. "내 생각에는 설교자들이 성경을 이상적인 수준만큼 넓고 깊게 기도하는 마음으로 읽지 못하는 것 같습니다. 설교자들이 단지 설교를 잘하기 위해서가 아니라 하나님의 음성을 듣고 자신의 영혼을 먹이기 위해 성경 전체의 가르침에 푹 잠기려고 한다면 그들은 더 자주 구약을 설교하게 되리라고 믿습니다." 그러나 설교자로서 우리는 구약보다 신약을 더 좋아한다.

우리에게는 그리스도가 있으므로 구약은 필요없다

"구약 어디에 그리스도에 관한 메시지가 있습니까?"라고 설교자가 묻고 싶을지도 모른다. 설교자는 구약의 시편이나 예언들보다는 그리스도를 설교하기 원한다. 그들은 그리스도가 구약의 요구를 완성하셨기 때문에 구약을 설교하는 것을 기피할 수도 있다. 한 목사는 이렇게 말했다. "나는 구약과 그리스도를 직접 연관시키는 일이 더 어렵게 느껴집니다. 특히 설교 끝에 초청을 해야 할 경우에 더욱 그렇지요." 설교자들이 구약 설교를 기피하는 이유 중 하나는 한 설교자가 말한 다음과 같은 이유에서다. "우리는 그리스도 이후 시대에 살고 있기 때문에 구약을 설교해야 할 특별한 이유를 보지 못하기 때문이다."

한 목사는 이렇게 회상한다. "내가 처음 목회한 교회에서 어떤 사람이 내가 그리스도를 믿지 않는다는 소문을 퍼뜨린 적이 있습니다. 내가 그를 만나 이유를 물었을 때 그는 '목사님이 이 교회에 부임한 이래로 절반 정도의 시간을 구약에서 설교하시더군요'라고 답했습니다." 그 목사는 "그는 결국 '신약 교회'를 찾아 떠나고 말았습니다"라고 말했다.

목사들과 교인들은 모세나 다윗보다는 예수님과 바울을 더 편하게 느끼는 경향이 있다. "나는 대부분의 그리스도인들이 신약과 더 친숙하고 또 신약의 석의가 더 쉽다고 생각합니다"라고 서부 출신의 한 목사가 말했다. 그는 계속해서 "신약이 그리스도에 대해 더 많이 말하는 것은 사실이니까요. 반면에 구약에서는 당신의 해석에 따라 다르겠지만, 그리스도를 분명히 찾아내기가 더 어렵습니다"라고 말했다. 뉴잉글랜드에서 온 한 목사는 이렇게 동의했다. "설교자들은 구약을 접할 때 그리스도에 대해 어떻게 해야 할지 잘 모르는 것 같습니다. 그리스도는 구약과 어떻게 연관되는 겁니까?"

어떤 목사들과 그들의 회중은 성경의 역사가 신약에서 시작하는 것으로 생각한다. 기이하게도 그들은 마태가 그의 복음서를 그리스도의 족보로 시작할 때 구약 역사와의 연관성을 보지 못한다. 그리스도를 어떻게 해야 하느냐의 문제는 구약을 설교할 때 설교자들이 언제나 직면하는 도전이다.

설교자들이 구약에서 설교할 수 있도록 돕기

이 책의 목적은 설교자들이 구약에서 설교할 수 있도록 그들의 욕구와 기술의 계발을 돕는 것이다. 이 책의 여러 장들은 구약 문학의 다양한 장르를 설교하기 위해 고심하는 설교자들을 돕고, 구약의 역사, 문화, 신약과의 관계 그리고 설교 가능성의 빛 아래서 구약에 대한 그들의 이해를 넓히기 위해 준비되었다.

이 책은 위에 언급된 구약 설교의 장애물들을 다루는데, 먼저 설교자들의 히브리어 지식을 새롭게 하고, 그들이 그 지식을 생생하게 보존하도록 돕는 것에서 시작한다. 데니스 마가리 Dennis R. Magary 는 목사들이 원어로 되돌아갈 수 있도록 세심하게 인도한다. 그는 지금쯤 아마도 녹슬

었을 히브리어를 사용해서 새롭고 생기 넘치는 설교를 작성하도록 그들을 촉구한다. 물론 여기엔 수고가 필요하다. 그리고 히브리어를 배우기 위해 시간을 쏟은 자들은 다시 한 번 설교 준비를 위해 원어와 씨름하는 것의 중요성을 깨닫게 될 것이다.

히브리어를 생생하게 개발하는 일에서 시작해서 독자들은 구약의 다양한 책들과 장르를 설교하기 위해 설교자들이 알아야 할 것들을 공부하는 쪽으로 나아가게 된다. 이 부분은 구약의 역사서 캐롤 카민스키, Carol Kaminski, 내러티브 제프리 아서, Jeffrey Arthurs, 구약의 율법서 더글라스 스튜어트, Douglas Stuart, 시편과 잠언 듀앤 가렛, Duanne Garrett, 그리고 선지서 존 세일해머, John Sailhamer 에서 설교를 준비하기 위해 필요한 공부를 포함한다.

티모시 라니악 Timothy Laniak 의 '구약을 그 문화의 빛 안에서 설교하기'라는 장은 구약의 문화는 낯설다고 주장하는 일부 설교자들의 반발을 솜씨 있게 다룬다. 또 로이 시암파 Roy Ciampa 의 '구약을 인용하는 신약 본문을 효과적으로 설교하기' 란 장은 신약을 선호하는 설교자들에게 신약과 구약 사이의 연결을 더 잘 볼 수 있게 해준다. 그외 데이빗 라슨 David Larsen 과 로버트 콜만 Robert Coleman 은 구약 설교의 적합성을 보여준다. 라슨은 '오늘날의 구약 설교'에 집중하는 반면, 콜만은 '구약 전도 설교'에 초점을 맞춘다.

설교를 준비하기

한 중서부 출신의 목사는 이렇게 말한다. "설교자들은 구약의 낯선 이름들, 관습들, 사건들로 인해 구약을 설교하기를 꺼립니다. 우리는 설교 준비를 위해서나 청중을 위해 더 많은 배경 지식이 필요함을 느끼는데, 그렇게 되면 강해와 적용을 위한 시간을 빼앗기게 됩니다." 다음의 장들은 이렇게 느끼는 설교자들이 구약을 설교할 때 부딪히는 다양한 문제들을 해결하도록 돕기 위해 준비되었다. 독자들이 성경의 처음 언약의 풍성함에 기죽지 말고, 확신과 관심을 갖고 그 부분을 설교할 수 있기를 바란다. 설교를 계획하고 행함에 있어서 우리가 강조하는 것은 균형이다. 하지만 어떤 독자들은 서부 출신의 다음 두 목사와 같은 모습을 보인다. 한 사람은 "나는 대부분의 시간을 구약을 설교하는 데 사용합니다. 왜냐하면 신약은 너무 많이 강조되고 있기 때문입니다"라고 말했고, 다른 사람은 "나는 다음 한 해 동안 우리 교회에서 하는 내 설교의 70퍼센트를 구약 본문에서 하려고 합니다"라고 말했다.

이 책의 편집자로서 나의 소원은 지금껏 구약 설교를 기피해온 설교자들이 이제는 무엇을 준비해야 할지를 배웠기 때문에 다시금 용기를 얻어 구약을 설교하게 되는 것이다.

2. 당신의 히브리어를 건강하게 유지하기

_ 데니스 마가리(Dennis R. Magary)

지금껏 기록된 글 가운데 가장 중요한 것을 당신 혼자 힘으로 읽을 수 있는 기회를 갖게 된다면 어떨까? 당신이 그 언어를 배워서 그 글이 처음 쓰인 그대로 읽을 수 있다면 어떨까? 지금껏 쓰인 것 중에 가장 중요한 글을 읽고, 공부하고, 이해하고, 다른 사람들에게 전하는 일에 당신의 삶을 드릴 수 있다면 어떨까? 학생들이 성서 히브리어 과목에 등록할 때마다 이 잠재적인 '어떨까'는 현실이 된다.

성서 히브리어를 배우는 일은 도전이다. 그러나 언어를 배우는 것 자체가 가장 큰 도전은 아니다. 학문적 자극은 동기를 유발하는 중요한 요소다. 퀴즈나 글쓰기 과제가 있는 한, 당신이 하는 일에 성적이 매겨지고, 당신의 진보를 보고해야 할 교수가 있는 한, 언어를 유지하고 여하튼 성공하는 것은 일어남 직한 일이다. 그러나 더 이상 시험도, 과제도, 교수도, 성적도 없다면 어떻게 되겠는가? 데이빗 베이커David Baker의 저서

「길을 비추는 더 많은 빛 More Light on the Path」의 머리말에서 유진 피터슨 Eugene Peterson은 성서 언어가 흔하게 현실에서 겪는 운명을 잘 포착하고 있다.

> 학교를 졸업한 후의 삶은 할 일이 많고 분주하여, 신속하고 명백한 수확이 없는 일에는 전혀 관심을 가질 여지를 주지 않는다. 우리에게 주어진 사역 명세서에서는 우리가 배운 훌륭한 성서 언어가 각주 정도의 중요성도 부여받지 못한다. 우리는 히브리어 어근을 아는 것이 손쉬운 해결책이 될 수 없는 긴급한 상황으로 우리를 몰아넣는 교우들을 맞게 된다. 우리는 쉬운 영어로 우리에게 주어지는 일들조차도 따라가기 벅차다. 누가 어려운 헬라어에 신경 쓸 여유가 있겠는가? 우리가 언어를 '잃어버렸다'고 말하기까지는 시간이 별로 걸리지 않는다.[1]

매주마다 목사와 교사가 하는 가장 중요한 일은 하나님이 말씀하신 것을 사람들에게 전하는 것이다. 그들이 사역에서 보내는 가장 성스러운 시간은 하나님의 말씀, 즉 지금껏 기록된 것 중 가장 중요한 말씀을 선포하는 순간이다! 하나님이 말씀하신 것을 다른 이들에게 전하는 책임을 맡은 사람들은 하나님이 말씀하신 것을 정확히 알아야 한다! 히브리어를 배우는 것보다 훨씬 더 중요한 도전은 평생 사역을 하는 동안 그것을 생생하고 건강하게 유지하는 일이다. 신학교에서 히브리어와 헬라어를 공부하는 목적은 그리스도인의 믿음과 실천의 근거인 성경 본문에 본래 사용된 언어로 접근하기 위함이다.

　우리가 갖고 있는 현대의 번역들이 매우 훌륭하고 주의 깊게 준비된 것임에는 틀림없지만, 번역은 여전히 번역일 뿐이다. 번역은 언제나 원문에서 적어도 한 발 떨어져 있기 마련이다. 영어 번역뿐 아니라 히브리어 원문이 그 어느 언어로 번역되더라도 그것은 이미 해석이며, 여러 학자들이 내린 비평적, 해석적 결정을 반영하는 주석이다. 번역자들은 단어의 의미, 절의 구문론, 대명사의 지시 대상과 관련해서 이미 수많은 결정을 내렸다. 본문이 애매한 경우 번역자는 그것을 명확히 할 것인지의 여부를 결정한다. 히브리어 본문이 긴장을 담고 있으면 번역자는 그 긴장을 풀 것인지의 여부를 결정해야 한다.

　번역자들은 독자들이 본문을 이해할 수 있게 만드는 것을 목표로 하기 때문에 그들의 결정은 결국 해석에 영향을 미치게 된다. 이 말은 번역자를 비방하려는 것이 결코 아니다. 하나님의 말씀을 '땅의 모든 족속들'의 언어로 읽을 수 있게 하려는 그들의 근면과 헌신이 없었다면 우리 중 누가 하나님이 우리에게 말씀하신 것을 알 수 있었겠는가? 그러나 하나님이 당신의 말씀을 선포하도록 일으키신 사람들, 각 시대마다 하나님이 그분 자신과 우리가 그분 앞에서 살기 위해 알아야 할 것들에 대해서 우리에게 계시하신 것들을 설명하도록 일으키신 사람들은 하나님이 말씀하신 것을 이해해야 한다. 성경을 본래 쓰여진 언어로 읽고 공부할 수 있는 능력은 보다 더 정확한 이해를 보증한다.

　이 장에서 우리는 학생 시절 성서 히브리어를 공부했고, 졸업할 때 그 언어를 사역에 계속 사용할 것을 결심했지만 결국 '잃어버리고' 만 모든 사람이 부딪히는 도전을 다룰 것이다. 우리는 당신이 이미 배운 히브리어를 어떻게 되살리고 평생 사역을 위해 그것을 어떻게 유용한 지식으로 간직할 수 있는지를 살펴볼 것이다. 지금부터 나는 당신이 히브리어 언어 능력을 적절히 포착하고 간직할 수 있도록, 그리고 성서 히브리어를 사용하는 데 더 능숙해질 수 있도록 구체적인 방법을 제시하고자 한다.

성서 히브리어를 되찾기 위한 전략 - 어디서 시작할 것인가?

먼저 생각할 것은, 당신이 어떤 방식으로 배울 때 가장 효과적인가 하는 것이다. 교실에서 성서 히브리어를 가르치는 방식은 전통적으로 이 중요한 요인을 등한시해왔다. 히브리어 선생들은 자신들이 배운 방식대로 가르치는 경향이 있다. 성서 히브리어를 배우려면 단어와 문법을 정복해야 한다. 학생들은 히브리어 단어를 암기하고, 명사와 동사의 형태를 식별할 수 있어야 한다. 따라서 다음처럼 과제가 정해지고 지침이 주어진다. "16과의 단어들을 익히고 할로우hollow 동사의 형태에 대한 시험을 준비하시오." 이때 학생이 "우리가 어떻게 준비하는 것이 좋을지 방법을 가르쳐주실 수 있습니까?"라고 질문하면 대개 "그냥 다 외우시오!" 하는 답이 돌아온다. 이런 방식으로 공부해서는 핵심 내용을 정복할 수도 없고, 히브리어를 평생 사용할 수도 없다.

지난 30년 동안 학습 스타일에 대한 책들이 많이 출판되었다.[2] 이 연구는 배움에 어려움을 느끼는 아이들의 필요에 대한 관심에서 비롯되었지만, 연구의 맥락은 더 광범위한 교육 사회 전반이었고, 그 결과는 통찰력 있는 것들이었다. 물론 여기서 학습의 형식을 논할 개재는 아니지만 몇 가지 관찰은 우리의 목적에 도움이 될 것이다.

개별적인 학습 스타일을 식별하는 일은 교육가들 사이에, 사람들은 제각기 다른 방식으로 배우며 자신의 학습 스타일에 따라 배울 때 가장 효과적이라는 사실을 널리 주지시켰다. 그간의 연구는 다양한 학습 스타일이 있음을 밝혀주었지만, 기본적으로는 세 가지 학습 형식이 확인되었다. 어떤 사람들은 주로 청각을 통해 배운다. 그들은 자신들이 듣는 것을 가장 잘 배운다. 이 사람은 어떤 내용을 큰 소리로 반복함으로써 외운다. 그는 어떤 내용을 기억하기 위해서 자기 자신이 그 내용을 말하는 것을 들어야 한다. 이런 종류의 학습자는 녹음된 것을 들음으로써 상당한 유익을 얻을 수 있다.

또 어떤 사람들은 시각적으로 배운다. 그들은 자신들이 보는 것을 가장 잘 배운다. 이런 사람들은 그 배우는 내용을 제대로 이해하기 위해서 이미지나 도해를 보아야 한다. 이 사람은 읽거나 말하는 내용을 머릿속에 그려보려고 한다. 이런 종류의 학습자는 정보의 핵심을 추리고 요약한 도해나 표를 봄으로써 큰 유익을 얻을 수 있다.

또 다른 사람들은 운동 감각을 통해 배운다. 그들은 자신이 행하는 것을 가장 잘 배운다. 이런 사람들은 움직임을 통해 배운다. 이 사람은 가만히 앉아 있는 것에 어려움을 느끼기 때문에 어떤 작업에 신체적으로 동참함으로써 가장 잘 배운다.

히브리어 단어 공부를 이 개별적인 학습 스타일로 살펴보자. 각 스타일의 학습자들은 활용할 수 있는 단어들을 유지하기 위해 서로 다른 방식으로 접근한다. 청각 학습자는 단어를 외우기 위해 큰 소리로 여러 번 반복해서 읽는다. 그들은 그들이 듣는 단어들을 가장 잘 기억한다. 청각 학습자는 단어들이 CD에 녹음된 청각 자료를 통해 유익을 얻을 수 있다.

시각 학습자들은 단어를 듣기보다는 보아야 한다. 시각 학습자는 오디오 CD보다는 단어 카드를 더 유용한 자료로 여긴다. 이 사람은 히브리어 단어를 외우기 위해 그것을 몇 번이고 써볼 필요가 있다. 화려하고 자극적인 물체에 잘 끌리는 시각 학습자는 자신의 단어장을 색깔별로 만들기도 한다. 예를 들면, 동사는 초록색움직임, 활동을 나타내는!으로, 명사는 노란색으로, 형용사는 오렌지색으로 만드는 식이다.

운동 학습자는 자신이 움직일 때 가장 효과적으로 단어를 익히고 복습할 수 있음을 알게 될 것이다. 이 사람에게는 밖에서 걸으면서 단어를 공부하는 것이 책상에 앉아서 그것을 복습하는 것보다 훨씬 더 효과적이다. 운동 학습자는 조용히 도서실에서 공부하는 것보다 자전거를 타거나 달리면서 CD로 단어를 들을 때 더 많이 외울 수 있다. 운동 학습자는 기억을 돕기 위해 손으로 제스처를 쓰거나 다른 형태의 몸 언어를 사용할 수도 있다.

각각의 학습 스타일은 나름대로의 특성을 갖고 있다. 각 사람에게는 하나의 학습 스타일이 두드러지게 나타나는 것이 사실이지만 인간의 두뇌는 복잡하기 때문에 우리는 적절한 테크닉을 개발함으로써 덜 두드러진 학습 스타일로부터도 유익을 얻을 수 있다. 한 학습 형식이 다른 형식을 배제하는 것은 아니다. 다양한 접근 방식이 혼용될 때 최대의 학습 효과를 얻을 수 있다. 따라서 당신이 과거에 가지고 있었던 히브리어 지식을 되살리기 위해서는 자신에게 "나는 어떻게 가장 잘 배울 수 있는가?"를 물어보는 일부터 시작해야 한다. 당신은 당신의 히브리어를 건강하게 유지하기 위해 당신 자신에게 가장 효과적인 학습 방법을 주의 깊게 고려하고, 또 자신의 학습 스타일에 맞는 기술을 개발하며, 도구와 자료들을 활용함으로써 자신의 노력을 증대시킬 수 있다.

이제 당신의 히브리어를 건강하게 유지하기 위한 특정 전략들에 주의를 기울여보자. 우리는 두 방면에서 전략을 제시하고자 한다. 복습을 위한 전략은 언어의 근본적인 내용들, 특히 단어와 문법으로 되돌아가는 일의 중요성을 다룰 것이다. 활용을 위한 전략, 또는 본문에 초점을 맞춘 전략은 히브리어를 정기적으로 사용하고, 성서 히브리어 본문을 다루는 일의 중요성에 대해 말할 것이다. 이 전략들에는 기술과 전통적인 자료들이 함께 포함된다.

복습을 통해 당신의 히브리어를 건강하게 유지하기
- 요소에 초점을 맞춘 전략

단어 확립하기

단어는 언어를 배우고 간직하는 일에 언제나 만만찮은 도전이 된다. 마일즈 밴 펠트 Miles V. Van Pelt와 게리 프라티코 Gary D. Pratico 는 성서 히브리어의 단어에 전부 8,679개의 '어휘' lexical items 가 있다고 밝힌다.[3] 앤더슨Anderson과 포브스Forbes가 제시한 '개별적인 단어'의 총수는 조금 더 많아서 9,980개에 달한다.[4] 하지만 이들 중 7,500개 이상의 단어가 10회보다 적게 나온다. 이 말은 히브리어 성경 전체 단어의 대략 4분의 1에 해당하는 단어들만 외우면 매번 사전을 찾아보지 않고도 히브리어 본문을 번역할 수 있다는 뜻이다. 밴 펠트와 프라티코가 제시하는 통계를 보면 이러한 수치들이 의미하는 바를 알 수 있다.

> 많이 사용되는 빈도에 따라 처음 50개의 단어만 외워도 학생들은 히브리어 구약 성경에 나오는 전체 말 수(419,687)의 거의 55퍼센트를 인지할 수 있다. 50번 또는 그 이상 나오는 641개의 단어들을 정복한 학생들은 모든 말의 80퍼센트 이상을 인지할 수 있다. 끝으로, 빈도수에 따라 정리된 단어장에 담긴 1,903개의 단어를 전부 정복할 만큼 용기 있는 학생들은 히브리어 구약 성경에 나오는 말의 거의 90퍼센트를 인지할 수 있다. 다시 말하면, 히브리어 단어의 총량에서 단지 22퍼센트(전체 어휘 8,679개 중 1,903개)만 외워도 학생은 히브리어 성경에 나오는 모든 말의 90퍼센트를 인지할 수 있게 된다는 것이다. 나머지 6,776개의 어휘는 단지 총 49,914회만 나오는데, 이는 히브리어 접속사 와우(그리고)가 등장하는 횟수보다도 훨씬 작은 수다.[5]

실제로 어느 정도의 유용한 단어만 알아도 구약의 히브리어 본문을 읽고 정기적으로 사용하기 위한 확고한 기초를 쌓은 셈이다.

그렇다면 어떻게 그다지 많지 않은 유용한 단어들을 획득하고 간직할 수 있겠는가? 열쇠는 (1) 복습과 (2) 활용이다. 단어는 반드시 암기해야 한다. 결국 정기적인 복습과 활용을 통해서만 단어와 그 의미를 간직할 수 있다. 단어를 쌓고 정복하는 데 도움이 되는 몇 가지 도구들이 있다. 래리 미첼Larry A. Mitchel 의 「성경 히브리어 아람어 단어집A Student's Vocabulary for Biblical Hebrew and Aramaic, 크리스챤 출판사 역간」은 히브리어 성경에서 10회 또는 그 이상 등장하는 모든 단어들을 빈도수에 따라 정리해놓은 것이다50회 미만 등장하는 고유명사들은 제외하고.[6] 모든 단어들은 정의와 발음 안내를 포함하고 있다. 조지 란데스George M. Landes 의 「당신의 성서 히브리어 단어 확립하기: 빈도수와 어원에 따라 단어 배우기Building Your Biblical Hebrew Vocabulary: Learning Words by Frequency and Cognate」는 좀더 미묘한 빈도수 목록을 제공한다.[7] 란데스가 제공하는 목록은 동사 어근의 빈도수에 따라 정리되어 있다. 명사와 다른 어원들은 그후 각 어근 아래 나열된다.

> 내 경험으로 (성서 히브리어 단어를 배우는) 일은 어원적 관계에 따라 단어들을 묶어놓은 것을 볼 때 더 쉬워진다. 그런 방식은 동일한 어원의 단어들이 어떻게 의미 있게 연결되어 있는지를 배우게 해주는 유용한 암기 도구를 제공하기 때문이다.[8]

어원적으로 관계 있는 단어들에 초점을 맞추는 것은 확실히 유리하다. 그러나 거기에는 불리함도 있음을 란데스도 인정한다. "물론 이 말은, 종종 어원은 같지만 빈도수에 매우 차이가 나는 단어들을 함께 묶어 공부함으로써 빈도수가 높은 단어들을 먼저 정복할 수 없을 수도 있음을 의미한다."[9] 또 밴 펠트와 프라티코의 「성서 히브리어를 위한 단어 안내 The Vocabulary Guide to Biblical Hebrew」[10]도 나와 있다. 밴 펠트와 프라티코는 단어 공부를 위한 가장 많은 출발점을 제공한다. 단어 안내에서 가장 먼저 나오는 목록은 빈도수에 따라 정리된 히브리어 단어들을 담고 있는데, 구약에 10회 또는 그 이상 나오는 모든 히브리어 단어들고유명사를 제외한이 담겨 있다. 그 뒤에 나오는 목록들은 다양한 일람표를 담고 있는데, 공통 어근어원, 고유 명사, 세골레이트segholate, 히브리어 명사 중 모음(ֶ)이 붙는 패턴의 명사를 말함 패턴의 명사들, 형용사, 전치사, 동사, 그리고 동사의 부분 집합 등으로 정리된 단어들이 알파벳 순서로 나열되어 있다.

그외 청각과 시각 학습자들을 위한 단어 자료들도 복습과 참조를 위해서 마련되어 있다. 박스에 담긴 단어 카드들은 어디서나 단어를 복습하기에 편리하다. 마일즈 밴 펠트[11]가 준비한 「구약 히브리어 단어 카드 Old Testament Hebrew Vocabulary Cards」는 히브리어 성경에 30회 또는 그 이상 나오는 모든 단어들을 담고 있다. 일 천 개의 카드들이 밴 펠트와 프라티코, 마크 푸타토Mark Futato,[12] 앨런 로스Allen Ross,[13] 그리고 써우C. L. Seow[14]의 기초 히브리어 문법에 맞춰 정리되어 있다. 레이먼드 딜라드 Raymond Dillard가 만든 「성서 히브리어 단어 카드Biblical Hebrew Vocabulary Cards」는 히브리어 성경에서 뽑은 1,200개의 단어를 싣고 있다. 이 세트는 25회 또는 그 이상 나오는 모든 명사, 형용사, 동사들을 싣고 있으며, 또 전치사, 부사, 불변화사particles 등도 담고 있다. 단어 카드는 사용하기에 편리하며, 세트 안에 들어 있는 카드들은 사용자의 필요에 따라 정리하고 다룰 수 있는 장점을 갖고 있다.

단어 복습을 위한 또 다른 자료는 조나단 페닝턴 Jonathan T. Pennington 이 만든 청각 자료가 있다. 「구약 히브리어 단어 Old Testament Hebrew Vocabulary」는 두 개의 오디오 CD로 되어 있으며, 구약에 20회 또는 그 이상 등장하는 모든 히브리어 단어들을 읽도록 한다. 또 그 단어들의 정확한 발음과 영어 정의를 함께 싣고 있다.[15]

전자 포맷으로 된 히브리어 단어 교재는 빠른 속도로 사람들이 선호하는 운반 수단이 되고 있다. 「바이블 웍스 버전 6 Bible Works Version 6」[16]은 히브리어 단어 플래시카드 모듈을 담고 있는데, 이 기재는 빈도수, 품사, 성경 본문, 또는 배운 여부 '배웠는지' 또는 '안 배웠는지' 에 따라 공부하고 복습할 수 있도록 단어들을 정리할 수 있게 해준다. 예를 들면, 디폴트 단어 목록에 있는 각 단어에 음성 파일을 추가할 수 있는 능력을 포함한 이 유틸리티의 여러 특징들로 인해 「바이블 웍스」의 단어 플래시카드 기능은 히브리어 단어를 확실히 배우고 유지할 수 있게 해주는 효과적인 도구가 되고 있다. 그뿐 아니라 밴 펠트와 프라티코는 그들의 단어 안내를 전자 방식으로 내놓을 것을 약속하고 있다. "학생들은 상호 작용이 가능한 환경에서 컴퓨터를 통해 단어를 듣고, 정리하고, 연습하고, 복습할 수 있게 될 것이다."[17]

이미 설명한 대로 히브리어 단어는 공부하고 복습하는 방식이 개인의 학습 스타일에 부합할 때 가장 효과적으로 배우고 간직할 수 있다. 단어 공부를 위한 자료들은 풍부하며, 이제는 모든 학습 형식을 위해 준비되어 있다.

전략 제안: 당신이 목표로 하는 빈도수를 정하라. 50회 또는 그 이상이면 좋은 목표다. 30회 또는 그 이상이면 더 좋고, 10회 또는 그 이상이면 최상의 목표가 될 것이다. 당신이 배운 히브리어 단어를 정기적으로 복습하라. 최상의 빈도수를 가진 단어들에서부터 시작해서 그보다 낮은 빈도수의 단어들로 조직적으로 나아가라. 미첼이나 밴 펠트와 프라티코의 자료들은 이 점에서 가장 유용한 것들이다. 매일 월요일부터 금요일까지 다섯 개의 단어에 집중하라. 만일 단어 카드를 사용한다면 그 다섯 개의 카드를 항상 갖고 다니면서 하루 내내 참조하라. 주말 토요일에는 당신이 그 주에 공부한 25개의 단어를 복습하라. 당신이 미처 정복하지 못한 단어가 있으면 다음주에 매일 공부할 단어 목록에 그것을 포함시켜라. 4주가 지난 후에 그동안 공부한 단어들 대략 100개 정도을 전부 복습하라. 이런 식으로 공부하고 복습하는 일을 당신이 목표로 한 빈도수에 이르기까지 계속하라. 당신이 50회나 그 이상의 빈도수를 지닌 단어들을 목표로 시작했고 그 목표를 달성했다면 새로운 목표를 세워라. 그런 식으로 10회나 그 이상 나오는 단어들에까지 점진적으로 나아가라. 당신이 성서 히브리어 본문에 나오는 모든 단어의 90퍼센트 정도를 인지할 수 있다면 당신은 독해를 위한 상당한 수준의 단어를 정복했다고 말할 수 있다. 이제 당신이 히브리어 성경을 펼 때 할 수 있는 일이 있다. 그 일은 바로 읽는 것이다!

어형론과 구문론

활용 가능한 단어를 많이 아는 것은 당신의 히브리어 건강에 필수적이다. 그러나 단어 실력이 좋다고 해서 충분한 것은 아니다. 어형론과 구문론을 정기적으로 복습하는 것도 필요한데, 특별히 히브리어 '회복'의 초기 단계에서 그러하다. 시간, 특히 언어를 멀리한 시간이 지남에 따라 히브리어 문법의 요소들을 잊어버리기가 쉽다. 한때 익숙했던 히브리어의 기본적 구조와 형태는 이제 덜 친숙하다. 히브리어 단어가 구와 절로 합성되는 방식과 그 결과 문장이 형성되는 방식은 쉽게 잊어버릴 수 있다. 히브리어 문법의 기초 사항들을 지속적으로 복습하는 것은 성서 히브리어의 이해를 되살리고 새로운 활력을 불어넣는 좋은 방법이다. 생산적인 복습을 돕고 언어의 이해를 개선시켜주는 자료들이 과거 어느 때보다도 더 많이 준비되어 있다.

기초 사항 복습하기 - 시초에서 출발하라

좋은 출발점이라고 생각되는 일은 옛 친구, 즉 당신의 기초 히브리어 교과서를 다시 찾는 것이다. 여기서 전제되는 것은 물론 당신의 교과서가 '좋은 친구'였다는 점이다. 실상은 그럴 수도, 그렇지 않을 수도 있다. 새 출발은 새로운 노력에 뒤따르는 모든 이로운 점을 제공하고, 불리한 점은 뒤로 할 수 있다. 복습은 친숙한 내용을 새로운 방식이나 다른 관점으로 대할 때 이루어진다. 발견 또는 재발견의 기쁨을 누리다보면 과거에 경험했던 학습의 어려움이나 옛 교과서를 볼 때 생각나는 불쾌한 공부의 경험을 기억할 필요없이 매우 긍정적인 결과를 거둘 수 있다.

청각적이고 시각적인 학습 방법을 함께 사용하는 더 나은 출발점은 「멀티미디어 CD-롬을 위한 히브리어 가정 교사Hebrew Tutor for Multimedia CD-Rom」[18]이다. 이 대화식 소프트웨어 프로그램은 히브리어 1학년 과정에 해당되는 히브리어 문법의 기본 내용을 가르친다. 히브리어 가정 교사는 학습 도구로서의 효율성이 증명된 교재다. 히브리어의 기본 내용을 복습하기 원하는 자에게는 특별히 잘 맞는다. 열네 과로 이루어진 이 교재의 각 과는 네 가지 학습 단계를 포함한다. (1) 배우라, 문법과 어형론의 여러 측면을 다루는 개요와 함께. (2) 반복하라, 연습을 통해. (3) 훈련하라, 철자와 읽기를 통해. (4) 복습하라, 차트를 가지고.

「히브리어 가정 교사」는 두 가지 학습 방법을 소개한다. 연속적 학습 방법은 위에 언급한 네 단계를 한 번에 하나씩 차례로 훑어가는 것이다. 복습에 이상적인 개관식 학습 방법을 따르자면 먼저 열네 과 전부의 '배우라' 단계를 훑고, 그 다음에 열네 과 전부의 '반복하라' 단계를 훑으며, 그런 식으로 '훈련하라' 단계와 '복습하라' 단계를 훑어가는 것이다. 「히브리어 가정 교사」는 또한 룻기의 본문 전체를 포함하고 있으며, 본문의 모든 형태와 발음과 독해를 샅샅이 밝혀준다.

당신의 복습을 도와줄 또 다른 자료는 도널드 밴스Donald R. Vance 의 「룻기 히브리어 독본A Hebrew Reader for Ruth」[19] 이다. 이 자료는 선별된 표준 문법에 대한 참조 사항들과 함께 사용자 식별 번호와 형태에 대한 주해를 제공하며, 히브리어 가정 교사와 함께 사용한다면 좋은 효과를 얻을 수 있을 것이다.

기초 히브리어 문법의 복습을 위한 유익한 자료로는 게리 롱Gary A. Long 의 「성서 히브리어를 위한 문법적 개념들 101: 영어 문법을 통해서 성서 히브리어의 문법적 개념들을 배우기Grammatical Concepts 101 for Biblical Hebrew: Learning Biblical Hebrew Grammatical Concepts Through English Grammar」20 가 있다. 롱의 접근 방법은, 학생이 영어 문법의 개념을 통해서 히브리어 문법의 특수한 기본 개념들을 배우게 하는 것으로 표준적인 문법 교수법을 보완하고 있다. 각 장은 영어의 문법적 개념의 명확한 정의, 묘사 그리고 설명으로 시작하며, 그후 히브리어에서 발견되는 같은 개념을 묘사하고 설명한다. 새로 배우는 언어와 함께 영어를 설명하는 전략은 새로운 것이 아니다. 하지만 이 방법을 성서 히브리어를 배우는 데 사용한 롱의 적용은 독특하고 효과적이다.

중간 단계로 오면, 히브리어의 어형론과 구문론을 성경 본문의 귀납적 분석을 통해 복습하도록 만든 벤 즈비Ben Zvi, 한콕Hancock, 그리고 베이너트Beinert 의 「성서 히브리어 독본: 중간 단계 교과서Readings in Biblical Hebrew: An Intermediate Textbook」21가 있다. 벤 즈비의 책은 보니 킷텔Bonnie Kittel 의 기초 문법책인 「성서 히브리어: 교과서와 워크북Biblical Hebrew: A Text and Workbook」22의 교수법을 따르고 용어들을 활용하고 있긴 하지만, 다른 교과서로 성서 히브리어를 배운 학생들도 「성서 히브리어 독본」을 사용하는 데 전혀 지장이 없다. 벤 즈비의 책은 친절하게도 모세 그린버그Moshe Greenberg,23 페이지 켈리Page H. Kelly,24 토마스 램딘Thomas O. Lambdin,25 써우C. L. Seow,26 그리고 제이콥 와인그린Jacob Weingreen 27의 기초 문법을 앞뒤로 참조하도록 되어 있다. 더 자세한 문법 설명을 원하는 독자는 게제니우스 Gesenius – 카우취 Kautzsch – 코울리 Cowley, 28 유온 Jouön – 무라오카 Muraoka, 29 그리고 월키 Waltke 와 오코너 O'Conner 30의 중간 단계 및 고급 단계의 문법을 참조하면 좋을 것이다. 「성서 히브리어 독본」은 구약의 역사서, 법률적 자료들, 예언 문학, 지혜 문학 그리고 시편 등에서 독본을 제공한다. 본문의 길이는 다양하며, 난이도도 마찬가지다.

전략 제안: 어형론을 전반적으로 복습하는 것에서 시작하라. 기본적인 형태와 어미, 대명사적 접두사와 접미사 등을 복습하라. 그 다음에 문맥 안의 기본적인 형태로 옮겨가라. 「히브리어 가정 교사」는 최초의 복습을 위한 뛰어난 체계를 제공한다. 연속적 학습 방법과 개관식 학습 방법 중 어느 쪽을 사용하든지 시각적인 제시와 청각적인 제시를 둘 다 합친 방법은 언어와의 접촉을 극대화한다. 시작하기에 더 좋은 방법은 연속적 학습 방법인데, 그 이유는 다음 사항을 다루기 전에 어형론의 한 측면을 집중적으로 복습하고 연습하게 하기 때문이다. 이 최초의 복습은 당신이 후에 할 수 있는 것을 위한 토대를 놓아줄 것이다.

다음 단계로 넘어가기 전에 개관과 연습 문제에서 자신감을 얻으라. 문맥 안의 형태로 넘어갈 때는 「히브리어 가정 교사」에 담긴 룻기 본문을 사용하라. 이 단계의 복습에서는 매일 10분 정도를 소요해서 한 절씩 공부하는 속도로 진행하라. 룻기의 넉 장을 공부해가는 동안 문맥 안의 기초 문법과 어휘들을 잘 복습할 수 있을 것이다. 다음의 방법으로 공부하라. (1) 들으라. **Play**를 누르고 한 절 전부를 히브리어로 읽는 것을 들으

라. (2) 발음, 식별identification, 번역. 그 절에 나오는 각각의 히브리어 단어를 찾아서 발음을 들으라. 어구 해부parsing나 식별, 번역에 주목하라. (3) 들으라. Play를 누르고 한 절 전부를 히브리어로 읽는 것을 다시 들으라. (4) 반복하라. 그 절에 나오는 각각의 히브리어 단어를 찾아서 발음을 듣고, 이번에는 「히브리어 가정 교사」의 발음을 따라하라. (5) 들으라. Play를 누르고 한 절 전부를 히브리어로 읽는 것을 다시 들으라. (6) 읽으라. 이제는 그 절 전부를 큰 소리를 내어 히브리어로 읽으라. (7) 들으라. 마지막으로 Play를 누르고 한 절 전부를 히브리어로 읽는 것을 다시 한 번 들으라. 형태에 대한 추가 설명을 위해서는 밴스를 참조하라. 룻기를 한 번에 한 절씩, 하루에 한 절씩 조직적으로 공부함으로써 당신은 히브리어 문법의 기초적인 내용에 대한 이해를 새롭게 되살릴 수 있을 것이다. 「히브리어 가정 교사」로 공부한 후에는 벤 즈비, 한콕, 베이너트의 「성서 히브리어 독본」이 제공하는 좀 더 적극적이고 수준 높은 귀납적 복습을 시도하라.

여기 제시된 방법으로 꾸준히 어휘와 기본 어형론과 구문론을 복습하는 과정을 마치는 데는 8개월이 소요된다. 그후에는 성서 히브리어 본문을 해독하고 파고드는 일에 상당한 진보가 가능하게 될 것이다.

히브리어 문법과 구문론의 참고서들과 다시 친해지라

히브리어 문법책을 '읽으라'고 제안하는 것은 학구적인 인상을 줄지도 모른다. 성서 히브리어의 중간 단계나 고급 단계의 문법책들은 일차적으로 참조를 위한 것이다. 물론 중간 단계나 고급 단계의 문법책을 읽는 것은 성서 히브리어를 '배우는' 길이 아니다. 그러나 기초 히브리어를 일 년 배우고 히브리어 석의를 한두 코스 마친 사람이라면, 히브리어 문법책을 꾸준히 읽음으로써 다음 퀴즈를 위해 복잡한 형태 변화를 암기하느라고 고생하던 초기에는 가능하지 않았던 언어학적 이해의 수준에 도달할 수 있다. 문법은 언어에서 형태와 구조의 기능을 명료하게 해준다. 그것을 이해하는 것이야말로 우리 사역의 생생한 부분으로서 히브리어를 사용하기 위한 열쇠가 된다.

몇 개의 문법책들은 매우 읽기 쉽게 만들어졌다. 크리스토 밴 더 머위 Christo van der Merwe 의 「성서 히브리어 참조 문법 A Biblical Hebrew Reference Grammar」[31]은 아마도 그 중에서 가장 업데이트되고 사용하기 편한, 읽기 쉬운 문법책일 것이다. 설명은 명료하고 간결하다. 장들은 잘 구성되어 있다. 보기가 풍부하고 모든 보기에는 주석이 달려 있다.

독해와 복습을 위한 또 다른 문법책은 빌 아놀드 Bill T. Arnold 와 존 초이 John H. Choi 의 「성서 히브리어 구문론 안내 A Guide to Biblical Hebrew Syntax」[32]이다. 이 책은 '초보와 중간 단계의 학생들에게 히브리어 구문론의 기초적이고 필수적인 문제들을 소개하기 위해' 만들어졌다.[33] 각 장은 특정한 구문론의 범주를 탐구한다. 시작하는 문단은 문법의 개념을 정의한다. 흔히 사용되는 석의의 예들이 뒤따르고 적절한 히브리어 본문과 번역으로 완결된다.

밴 더 머위의 책과 아놀드와 초이의 책에 모두 언급되고 있는 브루스 월키Bruce K. Waltke와 마이클 오코너Michael O'Conner의 「히브리어 구문론 서론An Introduction to Biblical Hebrew Syntax」34도 읽을 만한 문법책들에 대한 우리의 논의에 포함되어야 한다. 이 세 책은 특별히 참조를 위해 사용되어왔지만 오랜 기간 히브리어 지식을 유지하기 원하는 사람이라면 이 뛰어난 참고서 중 하나, 또는 그 이상에서 보낸 시간으로부터 엄청난 유익을 얻게 될 것이다.

히브리어 구문론을 요약해놓은 책들은 히브리어를 평생 공부하려는 사람들에게 도움이 된다. 로버트 치숌Robert Chisholm의 「석의에서 강해까지: 성서 히브리어를 사용하기 위한 실제적인 안내From Exegesis to Exposition: A Practical Guide to Using Biblical Hebrew」는 본문에서 설교로 옮겨가는 길을 보여주는 책이지만, 4-6장에서는 히브리어의 의미론과 구문론의 유익한 요약과 복습을 제공한다.35

본문에 초점을 맞춘 전략들을 논의하기 전에 언급해야 할 매우 유익한 작품이 하나 더 있다. 수잔 앤 그룸Susan Anne Groom의 「성서 히브리어의 언어학적 분석Linguistic Analysis of Biblical Hebrew」은 구약의 히브리어 본문 연구를 위한 언어학적 방법의 사용을 소개하는 박식하고 유려하게 쓰인 책이다.36 우리의 목적을 위해 특별히 중요한 부분은 '사전 의미론Lexical Semantics'과 '본문 언어학Text Linguistics'에 대한 장들이다. 그룹의 글은 감탄할 만큼 명료하다. 그녀의 작품은 통찰력이 뛰어나고, 실제적이며, 그녀가 제공하는 많은 히브리어의 보기들은 잘 선택되어 영어로 번역되었다. 그룹의 「성서 히브리어의 언어학적 분석」은 히브리어 문법 참고서는 아니지만, 언어에 대한 그녀의 깊이 있는 언어학적 분석은 히브리어에서 의미의 문제를 다루는 중요한 참고 자료가 되고 있다.

전략 제안: 이해하는 속도로 히브리어를 읽어가는 것이 중요하다. 성서 히브리어의 참고서들과 다시 친해지려는 이유는 밴 더 머위의 문법에 명기된 다음의 목표와 동일하다. "성서 히브리어의 기초 지식을 갖추고 있으면서 자신들이 입문 코스에서 획득한 지식을 사용하고 더 넓히기 원하는 히브리어 성경의 석의자들과 번역자들을 위한 중간 단계의 참고서로서의 역할을 다하는 것."[37] 당신이 밴 더 머위, 아놀드와 초이, 월키와 오코너, 치솜 또는 그외 다른 문법책 중 어느 것을 택하든지 서둘러 읽는 것은 금물이다. 다시 한 번 강조하지만 이해가 읽는 속도를 결정해야 한다.

그동안 복습을 통해 당신의 히브리어를 건강하게 유지하는 법을 고려해온 만큼 이제 활용을 통해 당신의 히브리어를 건강하게 유지하는 법을 고려해보자.

활용을 통해 당신의 히브리어를 건강하게 유지하기
 - 본문에 초점을 맞춘 전략

당신의 히브리어를 건강하게 유지하기 위한 가장 효과적인 방법은 그것을 활용하는 것이다. 지금까지는 복습을 강조해왔다. 어휘를 복습하고 히브리어의 문법과 구문론의 기본 사항들을 복습하는 것은 그 위에 건물을 짓기 위해 튼튼한 토대를 놓는 일이다. 그러나 당신의 히브리어를 건강하게 유지하기 위해서는 그 언어를 활용해야 한다. 히브리어 본문에 푹 잠겨서 시간을 보내는 것은 그 언어의 실용적인 지식을 유지하기 위한 가장 효과적인 방법이다. 이제 넓은 범위의 학습 스타일을 위한 테크닉들을 통합하는 몇 가지 전략을 생각해보자.

히브리어 본문 낭독을 듣는 것의 가치

성서 히브리어는 글로 된 언어로 가르쳐지기 때문에 기초 히브리어 강습의 한 부분으로 히브리어를 큰 소리로 읽고 그것을 듣는 일에 대해서는 시간을 쓰지도 않고 강조도 하지 않는 편이다. 하지만 히브리어를 듣는 것은 그 언어를 배우고, 간직하고, 평생 사역에 사용하기 위한 가장 근본적이고 효과적인 방법 중 하나다. 언어를 듣는 것은 우리 모두가 말하는 언어를 배워온 방식이다. 성서 히브리어를 듣는 것은 그것을 읽는 것보다 더 자연스러운 경험이다. 언어를 듣는 것은 그것을 간직하기 위한 효과적인 전략이다. 성서 히브리어 낭독을 듣는 일은 그 언어를 내면화하고, 그 언어의 청취 이해를 개발할 수 있게 해준다.

성서 히브리어의 청취 이해를 돕기 위한 자료들은 즉각적으로 구할 수 있다. 좀 더 제한적인 범위의 교육적 읽기 프로그램은 청각적이고 시각적인 언어를 풍성하게 경험할 수 있게 해준다. 교육적 읽기 프로그램은 대개 하나의 오디오 CD또는 CD 세트와 워크북으로 되어 있다. 오디오 CD는 선별된 성경 본문의 히브리어 낭독을 담고 있다. 워크북은 다양한 읽기 보조 자료들을 제공하는데, 거기에는 어휘 보조, 명사와 동사의 형태 식별 그리고 숙어와 구문론에 대한 설명 등이 포함된다. 또 다른 주된 자료인 정경 본문 낭독은 대개 사용자에게 사전적이거나 문법적인 도움은 제공하지 않지만 낭독의 범위는 히브리어 성경의 전부를 포함한다. 이 두 종류의 자료는 모두 성서 히브리어의 실용적인 지식을 유지하는 데 매우 유용하다.

교육용 읽기 프로그램

제시카 골드스타인Jessica W. Goldstein 의 「제1의 히브리어 독본: 히브리어 성경에서 발췌한 길잡이 본문들The First Hebrew Reader: Guided Selections from the Hebrew Bible」[38]은 오디오 CD를 포함하며, 넓은 범위의 성경 장르로부터 발췌한 성경 본문들을 직접 다루도록 한다. 열여덟 개의 본문-율법서에서 일곱, 전선지자와 후선지자에서 넷, 그리고 성문서에서 일곱을 뽑아 만든-은 각각 히브리어 본문의 번역, 본문에 나오는 주석을 붙인 어휘들의 목록, 동사 분해 차트, 그리고 기초 문법 설명 등을 제공한다. 함께 따라오는 오디오 CD는 각 본문의 낭독을 싣고 있으며, 남성과 여성의 목소리를 둘 다 담고 있다. 워크북과 CD는 자신들의 히브리어에 발동을 걸기 원하는 사람들에게 훌륭한 출발점을 제공해준다. 번역과 주석과 함께 오는 오디오 부분은 성서 히브리어의 1년 과정 정도를 마친 사람이면 누구나 자신이 멈춘 곳에서 시작하여 히브리어를 유창하게 사용할 수 있는 단계까지 빠르게 진보할 수 있게 해준다.

전략 제안: 한 번에 한 과씩 진행하고, 하루에 한 과 이상 진행하지 말라. 각 듣기 부분에서는 다음과 같이 진행하라. (1) 「제1의 히브리어 독본」 워크북의 오른쪽 페이지 상단에 있는 히브리어 본문을 함께 보면서 그 본문을 낭독하는 것을 들으라. (2) 낭독이 끝나면 왼쪽 페이지 상단에

있는 새로운 어휘를 보라. (3) 왼쪽 페이지 중간에 있는 동사 분해(pars-ings) 차트를 복습하라. (4) 왼쪽 페이지 하단에 있는 문법 설명을 읽으라. (5) 이제 히브리어 본문의 각 절을 큰 소리로 읽으라. 워크북의 오른쪽 페이지 하단에 있는 히브리어 본문을 사용하라. 각 절을 읽은 후 제공되어 있는 번역에 주목하라. 당신이 히브리어로 읽은 것을 제공된 번역에 연결시켜보라. (6) 다시 한 번 히브리어 낭독을 들으라. 이번에는 당신 자신의 히브리어 성경을 펴서 함께 보라. (7) 이제 당신의 히브리어 성경을 덮으라. 「제1의 히브리어 독본」도 덮고 마지막으로 한 번 더 본문의 히브리어 낭독을 들으라. 당신이 듣는 것을 다 이해하지 못하더라도 부분적으로는 이해할 수 있을 것이다. 매번 새로운 과를 공부할 때마다 당신은 더 많이 이해하게 될 것이다. 친숙한 단어들을 듣게 될 것이고, 점점 더 많이 동사들을 명사들이나 불변화사들과 구별할 수 있게 될 것이다. 단어와 형태를 더 많이 인식하게 될 것이다. 구문론과 구조에 대한 이해가 더 깊어질 것이다. 히브리어는 점점 더 당신이 생각하는 방식의 한 부분이 될 것이다.

1996년에 예루살렘에서 최초로 개발된 랜달 부스Randall Buth 의 「살아 있는 성서 히브리어Living Biblical Hebrew」 시리즈는 히브리어를 습득하고 유지하기 위한 창조적이고 효과적인 프로그램임을 입증했다.[39] 부스는 다양한 언어 교사들과 이론가들의 말을 참조했다.[40] 그는 청취 이해와 한 언어에 대한 몰입monolingual immersion 을 활용하는 테크닉을 사용했다. 인쇄되고 기록된 교육 자료들은 성서 히브리어의 '능동적 지식'을 개발하기 위해 마련되었다. 시각적이고 청각적인 학습자들은 양쪽 다 이 접근법을 구성하고 있는 그림 레슨과 녹음으로부터 즉각적인 유익을 얻게 될 것이다. 부스의 방법은 사용자에게 성서 히브리어에 있어서 언어학적인 경쟁력을 개발하기 위한 신선하고, 효과적이며, 방법적으로 건실한 접근법을 제공한다. 목사들과 교사들은 그의「살아 있는 성서 히브리어: 500 친구들과 함께하는 선별된 독본 Living Biblical Hebrew: Selected Readings with 500 Friends」이 어휘, 문법과 어형론, 그리고 발음을 꾸준히 복습하기 위해 특별히 유익한 자료임을 발견하게 될 것이다. '500 친구들'은 히브리어 성경에서 가장 많이 사용되는 단어들이다. 각 단어명사, 동사, 불변화사에는 주석이 붙어 있고, 사용 빈도수가 열거되어 있으며, 유용한 변화 형태들이 제시되어 있고, 히브리어 성경에서 뽑은 샘플 문장들이 그 단어의 문맥을 보여주며, 그 단어가 사용된 방식을 예증하기 위해 제공되어 있다. 함께 주어지는 오디오 CD에 담긴 성경 본문들은 편안한 속도로 낭독되며, 거기에는 창세기 1장 1절-2장 3절, 창세기 22장, 출애굽기 19-20장, 신명기 6장 4-9절, 룻기 1-4장, 시편 8, 23, 150편, 그리고 잠언 3장 1-8절 등이 담겨 있다. '히브리어 동사: 간략한 구문론'이라는 제목이 붙은 마지막 부분은 시제-측면 시스템 tense-aspect system, 의지 구조 volitional structures, 어순, 연속적 시제 시스템, 비연속적 어순, 그리고 시제-측면의 특별한 시적 활용 등에 대한 더 자세하고 기술적인 논의를 담고 있다.

정경 본문의 독해

당신이 히브리어의 실용적인 지식을 유지하기 원한다면 히브리어 성경이 낭독되는 것을 듣는 것은 필수불가결한 일이다. 히브리어를 듣는 것은 그 언어를 공부하는 일과 관련된 모든 측면을 강화하고 거기에 통일성을 부여해준다. 왜냐하면 언어를 듣는 것은 언어 공부의 다른 모든 측면에서 빠진 요소, 즉 문맥을 제공해주기 때문이다. 단어, 동사 형태 그리고 절의 배열 등을 듣는 것은 당신의 히브리어를 건강하게 유지하는 데 필수적이다. 히브리어 성경 한 장을 낭독하는 것을 듣는 것은, 아니 그보다 더 많이, 한 책 전체를 낭독하는 것을 듣는 것은 다른 어떤 형태의 공부도 흉내 낼 수 없는 유익을 가져다준다. 귀는 눈이 보지 못하는 것을 듣는다! 언어의 문법적 형태와 소리는 의사 소통의 행위로 가장 자연스럽게 통합됨으로써 다른 방법으로는 얻을 수 없는 히브리어 성경에 대한 통찰력과 이해를 제공해준다.

정경 본문 전체를 낭독한 것은 구할 수 있고 값도 괜찮다. 「히브리어 성경 낭독The Hebrew Bible Narrated」[41]은 질이 뛰어나고 훌륭한 히브리어 성경의 녹음인데, 본래 이스라엘 국가 TV와 라디오 방송국에서 매일 밤 한 장씩 방송한 것이다. 이 세트는 네 개의 오디오 CD[MP3] 포맷로 되어 있으며, 히브리어 정경의 모든 책들을 담고 있다. 또 히브리어 성경 전체가 국제 오디오 성경Audio Scriptures International[42]을 통해서 MP3-CD 포맷으로 나와 있다.

전략 제안: 당신의 히브리어를 유지하기 위해서 청각적이고 시각적인 도움을 둘 다 제공하는 오디오 자료를 갖고 공부를 시작하라. 제시카 골드스타인의 「제1의 히브리어 독본」과 랜달 부스의 「살아 있는 히브리어 성경」 시리즈는 둘 다 사용하기 쉽고, 유익하며, 정보가 많고, 일생 동안 히브리어 공부를 활력 있게 하는 데 이상적이다. 한 번에 한 과씩 공부하

되 하루에 한 과 이상은 공부하지 말라. 당신이 듣거나 읽은 것이 히브리어에 대한 당신의 이해의 큰 틀 안에 자리잡고 뿌리를 내리게 하라. 이들 자료 중 하나 또는 둘 다에 담긴 과들을 모두 마쳤을 때 당신은 더 광범위한 히브리어 성경의 독해를 들을 수 있는 준비가 될 것이다. 여기서 나는 두 가지 다른 트랙을 따라 읽을 것을 제안하고자 한다. 한쪽은 정경적 접근이고, 다른 쪽은 실용적 접근이다. 정경적 트랙을 따를 때는 히브리어 성경을 따라 시작하면 된다. 실용적 트랙을 따를 때는 당신과 당신의 설교 또는 강의 사역에 보다 더 즉각적으로 도움이 될 본문들에 초점을 맞추어 시작한다.

당신은 어떤 이야기체 본문에서 시작해도 좋지만, 처음부터 시작하는 것이 유익하다! 하루에 한 장의 속도를 유지하거나 원한다면 이틀에 한 장씩 진도를 나가도 좋다. 그 장의 히브리어 낭독을 끝까지 들으라. 듣는 동안 당신은 친숙한 단어, 형태, 구조 등을 듣게 될 것이다. 당신은 단어와 동사의 형태를 인식하게 될 것이고, 때로는 구나 절과 전체 구절들을 이해하게 될 것이다. 당신이 모르는 단어나 형태들에 대해 걱정하지 말라. 그 단어와 형태들에 익숙해지려면 시간이 걸리고, 또 장기간에 걸쳐 단어 실력을 쌓고자 하는 당신의 헌신이 필요하다. 한 장 전체를 들은 후에는 New International Version, New American Standard Version, New Revised Standard Version, English Standard Version, New Jewish Version 등과 같은 표준 영어 번역에서 그 본문을 찾아 전체를 큰 소리로 읽으라. 영어로 읽는 것은 그 장 전체에서 일어나고 있는 것을 이해하는 데 명료성과 통일성을 준다. 이제 히브리어 낭독의 녹음으로 돌아가서 다시 한 번 그 장 전체를 히브리어로 낭독하는 것을 들으라. 당신이 히브리어 성경의 각 장을 읽기까지 이 속도를 유지하라.

당신에게 보다 즉각적인 도움을 주는 트랙을 따라 읽을 때 당신의 설교나 강의 스케줄에 맞춰 구약의 어떤 본문이나 책을 들을 것인지 결정하라. 히브리어 본문을 듣는 것은 히브리어 석의를 위한 가장 좋은 비결 중 하나다. 당신은 강단에서 설교하기 몇 달 전, 심지어는 치밀한 석의 작업을 하기 몇 년 전에 강해를 위해 예정된 히브리어 성경 본문을 낭독하는 것을 들을 수 있다. 세밀한 본문 분석을 하기 훨씬 이전에 당신은 본문의 세계 – 소리, 리듬 – 를 경험하기 시작하고, 번역에 의해 방해받지 않은 이야기나 시를 들음으로써 큰 유익을 얻을 수 있다.

히브리어 본문을 읽는 것의 가치

히브리어 본문을 읽는 것의 중요성은 아무리 강조해도 부족하다. 히브리어 본문을 읽는 것은 지금껏 우리가 논의해온 것과 가깝게 연관되어 있지만, 그것을 듣는 것과는 다른 방식으로 우리에게 영향을 미친다. 히브리어 본문 낭독을 듣는 것은 수동적인 훈련이다. 히브리어 본문을 읽는 것은 집중과 능동적인 참여를 요한다. 그렇게 주의를 더 집중함으로써 당신은 당신이 듣지 못하는 것을 볼 수 있게 된다. 듣는 것과 읽는 것은 둘 다 성서 히브리어 공부에서 나름대로의 위치를 갖고 있다. 듣는 것과 읽는 것은 둘 다 당신의 히브리어를 건강하게 유지하기 위해서 필수적이다.

히브리어 본문을 읽는 것은 가능하다면 언제나 큰 소리로 해야 한다. 눈과 귀를 함께 사용함으로써 효과를 극대화할 수 있기 때문이다. 의미 있는 문학적 단위를 읽는 것은 이해를 촉진시킨다. 한 사람이 전체를 이해하기 위해서 히브리어 본문을 읽을 때 그러한 읽기는 중단 없이 진행되어야 한다. 읽기는 노트에 적는다거나 단어의 의미를 찾아보는 등의 일로 중단되어서는 안 된다.

히브리어 본문과 병행 하는 영어 역본의 도움을 받으면서 읽으라

이 테크닉은 유대인 교육에서 매우 큰 성과를 올렸다. 이러한 자료의 병행 칼럼 포맷은 히브리어 성경의 본문을 읽기 시작하는 독자에게는 매우 이상적으로 만들어졌다. 각 페이지는 두 개의 칼럼을 담고 있다. 오른쪽 칼럼에는 히브리어 본문이 구 phrase 에 따라 나눠져 배열되어 있다 대개 각 페이지 당 다섯 절에서 여섯 절이 담겨 있다. 병행되는 왼쪽 칼럼에는 오른쪽 칼럼에 있는 히브리어 본문과 완전히 일치하는 영어 번역이 구에 따라 나눠져 배열되어 있다. 이러한 배열 방식은 두 언어의 글 쓰는 방향을 도와주며, 사용자가 자신이 아직 배우지 않았거나 정복하지 못한 히브리어 단어들에 대해 영어의 설명을 쉽게 찾아볼 수 있게 해준다. 병행 칼럼 포맷은 히브리어 본문이 영어와 함께 뒤섞여 있지 않다는 점에서 보다 더 전통적인 행간 interlinear 포맷과는 다르다. 이것은 히브리어를 읽는 능력을 개발하는 데 확실한 이점이다. 영어의 번역이나 설명이 히브리어 본문 바로 밑에 있으면 우리의 눈은 저절로 영어 쪽을 향하게 되고 무심코 영어 번역에 의존하는 습관을 기르게 된다. 병행 칼럼 포맷에서는 영어 번역 칼럼이 주어지긴 하지만 히브리어 본문에서 떨어져 있다. 페이지의 왼쪽에 있는 번역은 가릴 수 있으며, 그렇게 하면 볼 수 있는 것은 히브리어 본문뿐이다. 영어 번역은 필요할 때 즉각 참조할 수 있지만 히브리어 본문이 초점의 대상이 된다.

랍비 페삭 골드버그Pesach Goldberg의「선형 쿠마시Linear Chumash」는 오경의 다섯 책을 포함하고 있다.43 다섯 권 전부 1,252면으로 된 책의 각 권은 히브리어 본문을 구에 따라 나눠놓은 것을 단어별로 번역하고 있다. 골드버그의 번역은 전부 라시Rashi의 주석을 근거로 한 것이지만 번역은 대체로 문자적이고, 정확하며, 히브리어 본문과 함께 따라가기 쉽게 되어 있다. 이와 비슷한 것으로는 골드버그의「선형 메길로: 에스더Linear Megillos: Esther」44가 있다. 이 책들은 초기 유대인 교육에서 효과적으로 사용된 것들이며, 히브리어를 읽을 수 있는 지식을 쌓고 유지하기 원하는 자들에게는 풍부한 자료를 제공해준다. 매일 이 자료들을 한 페이지씩 읽으면 하루에 다섯 절 내지 여섯 절을 읽게 되며, 오경의 히브리어 본문을 삼 년 반에 읽을 수 있다. 히브리어 본문을 한 구 한 구, 한 절 한 절 읽는 이러한 접근법은 이미 배운 어휘를 강화해주고, 독자에게 문맥에 따라 새로운 어휘를 소개해주며, 언어의 기본 구문론적 단위를 살펴볼 수 있는 눈을 길러준다. 선형 포맷은 읽기를 다룰 만하고, 보다 더 즐겁게 만들어주며, 더 긴 본문들을 다룰 수 있도록 독자를 준비시켜준다.

QT의 필수적인 부분으로 히브리어 본문 한두 절을 읽으라

히브리어 본문을 읽는 것은 큰 유익을 주는 영적 훈련이 될 수 있다. 히브리어 본문을 읽기 위한 또 다른 접근법은 핵심 형태의 식별과 주석은 제공하되 히브리어 본문의 번역은 제공해주지 않는 것이다. 구절은 물론 당신 자신이 선택한 것일 수도 있다. 하지만 미리 선별해놓은 독본들도 나와 있다. 하인리히 비처Heinrich Bitzer와 데이빗 베이커David W. Baker가 편집해놓은 책들은 히브리어 성경과 헬라어 신약 성경 둘 다로부터 한 해의 각 날을 위해 준비된 독본을 제공한다. 두 권으로 된 하인리히 비처 책의 각 페이지는 한 해의 각 날을 위해 히브리어 본문에서 한 절, 헬라어 본문에서 한 절씩 제공한다. 그는 목사들과 신학자들이 그들의 성경 언어를 계속 사용할 수 있고, 또 성경 지식에서 성장하도록 돕기 위한 방편으로 이 구절들을 큰 소리로 읽도록 의도했다.[45] 두 권에 걸쳐서 비처는 각주의 형식으로 히브리어 동사 형태를 분해해놓은 것과 히브리어 단어의 주석을 제공하고 있다. 헬라어 본문을 위해서는 주석들이 제공되지 않는다. 저자들은 독자들이 헬라어는 더 잘 알고 있을 것이라고 전제하기 때문이다.

데이빗 베이커와 일레인 헤스Elaine A. Heath의 책 「길을 비추는 더 많은 빛More Light on the Path」[46]은 비처의 책과 같은 포맷을 따르고 있다. 또한 한 해 365일의 각 날을 위해 히브리어 단어를 위한 주석과 히브리어 동사 형태를 위한 분석을 덧붙인 히브리어와 헬라어 독본을 제공한다. 베이커는 또한 그날의 독본을 바탕으로 한 간략한 기도나 묵상 내용과 함께 헬라어 본문을 위한 주석과 분석도 제공한다.

비처는 자신의 주된 관심사를 서문에서 밝히고 있다. 그는 "신학자가 자신을 성경의 기본 히브리어와 헬라어 본문으로부터 멀어지게 하면 할수록 그는 자신을 진정한 신학으로부터 멀어지게 하는 것이다!"[47] 라고 쓰고 있다. 하인리히 비처의 말을 이렇게 고쳐 쓸 수 있지 않겠는가? "목사나 교사가 성경의 기본 히브리어나 헬라어 본문으로부터 자신을 멀어지게 하면 할수록 그는 그가 선포하는 바로 그 말씀으로부터 자신을 멀어지게 하는 것이다!" 매일 히브리어 본문에서 한 절씩 읽는 수수한 노력도 성서 히브리어의 실용적 지식을 유지하는 일에 효과가 있다.

성서 히브리어를 공부한 다른 사람들과 함께 히브리어 본문을 읽으라

히브리어 본문을 읽는 것은 대개 혼자서 하는 일이지만 히브리어를 다른 사람들과 함께 읽는 것은 큰 유익이 있다. 당신이 사는 지역의 목사들과 학생들에게 문의해보라. 상호 도움과 가르침을 위해 히브리어 독해 그룹을 만들라. 히브리어를 개인적, 사적으로 읽는 것의 가치는 고독과 혼자라는 생각 때문에 쉽게 감소될 수도 있다. 히브리어 본문을 다른 사람들과 함께 읽는다면 많은 것을 얻을 수 있고, 그 언어의 독해 지식을 훨씬 더 쉽게 유지할 수 있다. 다른 사람들과 함께 히브리어를 읽는 것은 히브리어를 유지하고자 하는 공동의 목표, 독해 그룹이 제공하는 상호 도움, 그리고 헌신을 지키고자 하는 책임 의식의 공유 등으로 인해 매우 큰 유익을 가져다줄 수 있다.

나는 때때로 매주 한 번씩 만나 히브리어 성경을 함께 읽는 소그룹에 동참하는 신학교 졸업생들과 지역 교회 목사들이 말하는 것을 듣는다.

독해 그룹의 모든 멤버들은 신학교 때나 대학 시절에 히브리어를 배운 적이 있다. 모든 참가자들은 히브리어의 독해 지식을 유지하기 원하고, 그들이 그토록 열심히 공부한 것을 잃어버리고 싶어하지 않는다. 그들 각자는 히브리어의 독해 지식을 유지하는 것의 유익을 확신하고 있다. 그들 모두는 그들의 히브리어 지식이 자라가고 그들 각자의 사역에서 그 언어를 효과적으로 사용하길 바라는 소원에서 서로를 세워주는 일에 헌신되어 있다. 그래서 그들은 매주 히브리어 성경을 읽기 위해, 곧 이사야를 읽고, 시편을 읽고, 오경을 읽기 위해 만난다. 그들은 함께 읽고, 서로를 격려한다.

설교나 강의를 준비할 때 언제나 히브리어 본문을 사용하라

당신의 히브리어를 사용할 수 있는 모든 기회를 포착하라. 그 언어를 당신의 기본 언어로 설정하라. 당신이 미래의 설교 시리즈를 위해 석의를 할 때든, 조찬기도회에서 나눌 묵상을 준비할 때든 히브리어 본문을 갖고 준비하라. 매우 간단하고 실제적인 이 단계야말로 당신의 히브리어를 건강하게 유지하는 가장 중요한 요소 중 하나다. 아니, 어쩌면 가장 중요한 요소일 것이다. 당신이 하나님이 말씀하신 것을 사람들에게 전하는 일에 부름받았다면 당신은 하나님이 말씀하신 것을 정확히 알아야 할 필요가 있다! 하나님이 말씀하신 것은 그분의 말씀 안에서 우리에게 주어졌다. 그리고 그 말씀은 가나안의 시장 언어로 주어졌다. 오랜 번역의 역사는 그 말씀을 그 세대들에게 유효하게 하고 이해할 수 있게 해주었지만 번역은, 심지어는 원문에 충실하고자 애쓴 번역조차도 여전히 번역일 뿐이다. 그것은 언제나 한 걸음 떨어져 있다. 그것은 제한된 견해를 제공한다. 그것은 자료와 번역 언어의 제한에 묶인 원문의 묘사인 것이다. 하나님이 말씀을 선포하도록 택하신 자는 하나님이 말씀하신 것을 아무 제약 없이 알 수 있어야 한다. 그 소명을 이루기 위해 요구되는 것은 하나님이 그분의 말씀 안에서 계시하신 것에 여과 없이 접근할 수 있는 능력이다. 생생하고 실용적인 히브리어 지식은 그러한 여과 없는 접근을 가능하게 해준다.

성경의 히브리어 본문을 분석하는 것은 근본적으로 탐정의 작업이다. 석의의 연구는 거기 있는 것을 관찰하는 능력, 본문의 구조와 의미의 윤곽에서 발견되는 단서를 주목하는 것, 그리고 해석에 이르는 결론을 끌어내는 것을 요구한다. 본문에 담긴 모든 것이 중요하다! 모든 단어가 중요하다. 모든 구조는 저자가 내린 선택을 반영한다. 아무것도 불필요한 것은 없다. 본문의 모든 구성 요소가 나름대로의 기능을 갖고 있다. 거기 실제로 있는 것을 읽고 이해함으로써 히브리어 본문을 헤쳐나가는 법을 아는 지식은, 적어도 목사에게는 본문을 설교하는 것과 번역을 설교하는 것 사이의 차이를 만들어낸다. 우리가 이미 살펴본 대로 번역은 수백 가지의 결정을 바탕으로 하고, 그 중 많은 것은 본문의 해석에 영향을 미친다. 성경의 본문에 이르는 유일한 길이 번역을 통한 것뿐이라면 번역이 서로 다를 때는 어떻게 해야 하는가?

하나님이 성경의 처음 39권의 책에서 말씀하신 것에 대한 가장 신뢰할 만한 안내자는 히브리어 성경 본문이다. 당신의 히브리어를 건강하게 유지하는 비결 중 하나는 그 언어를 기회가 있을 때마다 사용하는 것이다. 당신이 성서 히브리어의 지식을 정기적으로 사용한다면, 특별히 매일 사용한다면, 당신의 히브리어는 건강하게 유지될 뿐 아니라 그 언어에 대한 당신의 지식은 증가할 것이며, 그와 함께 하나님이 우리에게 말씀하신 것에 대한 지식도 증가할 것이다. 몇 가지 자료들이 본문에 대한 접근과 분석을 역사상 그 어느 때보다도 더 용이하게, 더 가능하게 해준다. 히브리어를 1년 과정밖에 공부하지 못한 목사들과 교사들도 이제 그들의 성서 히브리어의 능력을 유지하고 개발하는 데 필요한 모든 이유와 부족함이 없는 자료들을 갖고 있다.

컴퓨터의 도움을 받는 성경 공부를 시도하라

"기술이 모든 것을 바꾸어놓았다"고 어떤 사람들은 주장한다. 다행히도 기술이 모든 것을 바꾸지는 않았다. 하지만 많은 것을 바꾸었다. 기술은 확실히 히브리어를 가르치는 방식을 바꾸었고, 말씀 사역을 담당하는 목사들과 교사들이 히브리어를 효과적으로 사용하는 방식을 엄청나게 바꾸었다. 전자 성경과 소프트웨어의 사용은 성경 연구에 혁명적 변화를 가져왔다. 기술은 석의자로 하여금 과거에 가능했던 것보다 훨씬 더 많은 히브리어 본문을 살펴볼 수 있게 해주었다. 기술은 또 석의자로 하여금 과거에 가능했던 것보다 훨씬 더 정확하게 본문을 다룰 수 있게 해주었다. 본문의 세부 사항들은 즉각 접근 가능하며, 석의자가 다루는 언어 자료는 훨씬 다루기 쉽게 되었다. 한 단어가 어떤 형태로든 등장하는 모든 경우를, 어떤 특정한 책 안에서든 아니면 언어 자료나 전체 정경에서든 단 몇 초 안에 찾아낼 수 있게 되었다. 단어의 병치 collocation 나 특정한 조합도 분석을 위해서 몇 초 안에 찾아낼 수 있다. 동사의 형태와 연속, 구문론적 구조 등도 과거에 가능했던 것보다 훨씬 더 큰 명료성과 확신을 가지고 수집하고, 연구하고, 이해할 수 있게 되었다. 이 모든 것이 설교에 있어서도 과거와는 비교할 수 없는 정확성, 명료성 그리고 투명성을 가능케 해주었다.

히브리어를 효율적이고도 효과적으로 사용할 수 있게 해주는 두 개의 원어 소프트웨어 자료가 있다. 「그램코드 Gramcord」[48]와 「바이블웍스 BibleWorks」[49]는 둘 다 히브리어 본문의 문법을 미묘한 차이까지 세세히 연구할 수 있도록 강력한 플랫폼을 제공한다. 어려운 형태들도 공부에 장애가 될 수 없다. 왜냐하면 「그램코드」와 「바이블웍스」가 히브리어 본문에 나타난 단어들 위로 커서를 옮겨줌으로써 그 단어들의 어형론적 정체와 사전적 정의를 제공해주기 때문이다. 석의와 강해의 '바늘과 실'에 해당하는 문법적, 구문론적 사항들에 대한 찾기 searches 는 간단할 수도 있고 복잡할 수도 있다. 찾기는 특정한 단어표제어 나 언어 조합순서가 명확한, 또는 일련의 단어들구나 절 을 대상으로 이루어질 수 있다. 찾기는 여러 장들 또는 책들에 퍼져 있는 어휘 항목 lexeme 에만 근거할 수 있다. 또한 어형론적으로 특정하게 그리고 문맥에 민감하게 행해질 수도 있다. 「그램코드」와 「바이블웍스」는 둘 다 사용하기 쉽고 가격도 괜찮은 편이다. 두 프로그램 모두 정확하고 종합적인 강의와 설교를 위해 필요한 종류의 본문 정보를 찾아내준다. 「그램코드」와 「바이블웍스」는 히브리어 본문 안에서 여러 발견들로 들어가는 입구를 제공해준다. 따라서 이제 그러한 발견들은 오직 석의자의 호기심에 의해서만 제한을 받을 뿐이다.

몇 가지 히브리어 사전들은 이제 전자 포맷으로도 구할 수 있다. 「신新브라운-드라이버-브릭스 히브리어와 영어 사전(완전하고 요약되지 않은 전자판)The New Brown-Driver-Briggs Hebrew and English Lexicon」이 바르다 북스Varda Books에서 출판되었다.[50] 이 2004 Scholar PDF 판은 "인쇄된 원문을 Adobe PDF 포맷으로 만든, 찾기 쉬운 전자 복사판으로 세련된 고품질의 네비게이션 능력을 갖추었다."[51] 또 전자판CD-ROM 판으로 나온 「구약의 히브리어와 아람어 사전The Hebrew and Aramaic Lexicon of the Old Testament」[52]도 있다.

다른 자료들

다른 자료들도 히브리어 본문과 씨름하는 작업을 도와준다. 프레드릭 펏남Frederic Putnam의 「성서 히브리어의 문법과 구문에 대한 종합 색인A Cumulative Index to the Grammar and Syntax of Biblical Hebrew」은 각 절의 색인을 통해 게제니우스-카우치-코울리, 월키와 오코너, 깁슨, 윌리엄스, 바우어와 리앤더, 베르그슈트라써Bergsträsser, 유온-무라오카, 그리고 다른 이들로 이루어진 초급, 중급, 고급 단계의 열네 개의 성서 히브리어 문법 책들에 접근할 수 있게 해준다.[53] 이것은 우리가 정경의 어느 부분을 다루고 있든지 상관없이 유용한 참고 도구다. 색인을 간단히 살펴보기만 해도 우리가 다루는 본문의 문법과 구문론이 성서 히브리어의 표준 문법 책 어디에서 언급되고 논의되는지 즉시 알 수 있다.

결론

성서 히브리어를 배우는 것은 위대한 특권이다. 당신의 히브리어를 건강하게 유지함으로 당신은 그 언어를 통해 유익을 얻게 된다. 당신은 당신 자신이 현대의 번역들과 의역들의 정확도와 신빙성을 검토할 수 있음을 발견하게 될 것이다. 당신은 이제 번역상의 차이에 대한 이유를 발견할 수 있고, 가능한 선택의 여지를 더 공평하게 평가할 수 있다. 당신은 더 큰 확신과 분별력을 가지고 주석가들의 주석과 관찰을 평가할 수 있다. 당신의 히브리어 지식은 이제 번역에서 종종 잃거나 가려지는 구약 저자들의 구조와 수사학적 기법들을 발견할 수 있게 해준다. 당신은 히브리어를 사용함으로써 복잡한 문학적 구조를 파헤칠 수 있고, 알 수 없었던 수수께끼 같은 표현 형태들을 이해하기 시작한다. 당신은 당신이 습득한 히브리어 기술을 적용함으로써 구약 성경에서 문제가 많고 혼동되는 부분들을 명확하게 파악할 수 있게 될 것이다. 당신은 이제 히브리어 단어나 의미론 분야의 연구를 통해 교리나 진리를 예증하거나 조명할 수 있다. 히브리어 지식은 성경의 처음 39권의 책들을 가르치고 설교할 수 있는 새로운 길을 열어준다. 당신은 당신의 히브리어 공부가 고대 근동과, 성경의 지리와, 사람들에 대한 당신의 관점을 넓혀주고 풍요하게 해주는 것을 깨닫게 될 것이다. 그러나 인내심을 갖고 히브리어를 공부한 결과 중 아마도 가장 보람 있는 일은, 당신이 영적으로 돌보고 있는 사람들이 구약을 이해하고 사랑함에 있어서 성장하고 번성하는 것을 보는 기쁨일 것이다.

당신의 히브리어를 건강하게 유지하는 것은 가능하다. 히브리어를 정기적으로 복습하고 매일 사용함으로써 당신은 명료하고 설득력 있는 강해의 결실로 드러나는 히브리어의 실용적인 지식을 유지할 수 있다. 히브리어를 공부할 수 있었던 기회는 선물이었다. 당신이 배운 것을 사용하고, 당신의 히브리어를 건강하게 유지하는 책임은 당신에게 맡겨진 청지기 직분이다.

연구 및 적용 질문

1. 당신은 성서 히브리어를 다루는 능력을 유지하는 것이 왜 중요하다고 생각하는가?
2. 당신은 어떤 종류의 학습자인가?
3. 당신은 히브리어를 연습하기 위해 어떤 계획을 개발할 수 있는가?
4. 당신의 계획은 무엇인가?

추천 도서

- Baker, David W. and Elaine A. Heath[with Morven R. Baker]. *More Light on the Path*. Grand Rapids: Baker, 1998.

- Bitzer, Heinrich, ed. *Light on the Path: Daily Scripture Readings in Hebrew and Greek*, vol. 2. Marburg: Oekumenischer Verlag, Dr. R. F. Edel, 1973.

- Chisholm, Robert B., Jr. *From Exegesis to Exposition: A Practical Guide to Using Biblical Hebrew*. Grand Rapids: Baker, 1998.

- Van Pelt, Miles V. *Old Testament Hebrew Vocabulary Cards*. Grand Rapids: Zondervan, 2003.

- Van Pelt, Miles V. and Gary D. Pratico. *The Vocabulary Guide to Biblical Hebrew*. Grand Rapids: Zondervan, 2003.

3. 역사서를 설교하기
_ 캐롤 카민스키(Carol M. Kaminski)

구약의 역사서는 여호수아의 영도 아래 약속의 땅을 정복하는 것에서부터 시작하여 주전 5세기 페르시아 시대까지 지속되는 시기를 포괄한다. 여호수아, 사사기, 룻기, 사무엘상, 사무엘하, 열왕기상, 열왕기하, 역대상, 역대하, 에스라, 느헤미야, 에스더 등의 열두 책이 역사서라는 명칭에 포함된다.[1] 정경의 이 부분에 담긴 어떤 책들은 확실히 다른 책들보다 교회에서 더 인기가 있다. 예를 들면, 느헤미야는 설교 시리즈를 위한 훌륭한 주제를 제공한다. 하지만 다른 책들, 예를 들면 열왕기나 역대기 등은 어떤가? 당신이 남왕국에 대해 마지막으로 시리즈로 설교한 것은 언제인가? 역사서에서 설교하는 것은 그 발상만으로도 다음과 같은 질문을 떠오르게 한다. 그 이야기들을 어떻게 오늘날 우리의 상황에 적용할 수 있단 말인가? 역사서는 고대의 본문과 현대의 교회 사이의 간격을 잇고자 하는 목사들에게 의심할 여지없이 도전을 제기한다. 어떤 이들은 그 간격을 메울 수 없어 보이기 때문에 안타깝게도 이 책들에서 설교하는 것을 등한시한다. 하지만 우리가 참으로 하나님의 모든 뜻이 다 전파되어야 하고, 또 모든 성경이 유익하다고 확증한다면, 우리는 21세기를 사는 그리스도인들에게 이 책들에 대해 관심을 갖게 하면서, 또 적절한 설교를 할 수 있는 길이 있는지 모색해야 할 것이다.

성경은 하나의 구속 이야기다

그동안 학자들과 평신도들 사이에서 공통적으로 성경을 이야기story로 보는 것의 중요성에 대한 인식이 증가해왔다. 다시 말하면, 성경을 서로 분리되어 있거나 관계없는 부분들의 조합으로 보는 대신, 이스라엘에서 시작하지만 온 세계를 위한 하나님의 인류 구원 계획이라는 하나의 통일된 이야기를 말하는 책으로 보게 되었다는 것이다. 이 더 넓은 이야기의 틀은 각 책이 더 큰 구속 이야기에 기여하고 있다는 사실을 강조함으로써 구약의 다양한 부분에 통일성을 제공한다. 그러므로 개별적인 이야기들을 포괄하는 하나의 메타내러티브metanarrative가 있는 것이다.

그러나 교회 안의 평신도들은 이 이야기를 실제로 알고 있는가? 그것이 그들의 선택과 삶의 방식을 특징짓고 있는가? 사람들은 톨킨Tolkien의 「반지의 제왕Lord of the Rings」이나 C. S. 루이스C. S. Lewis의 「나니아 연대기Chronicles of Narnia」를 재미있어한다. 그러나 얼마나 많은 교인들이 성경이 하나의 통일된 이야기를 말하고 있다는 것과 그 선교적 강조를 따라 우리의 공동체가 형성되어야 한다는 것을 충분히 이해하고 있는가? 만일 구약이 우리와 별 연관성이 없고 이해하기에 너무 어렵게 보인다면, 슬프게도 그런 경우가 종종 있는데, 하나님의 이야기는 온전히 알려질 수 없게 된다. 그 결과 우리의 삶은 성경 이야기가 아닌 문화에 의해 특징지어지고 형성될 것이다. 그러므로 목사들은 교인들에게 구약에 나오는 개별적인 이야기들이 하나님의 더 큰 구속의 이야기에 어떻게 기여하고 있는지를 이해시켜야 할 필요가 있다. 그리스도인들이 성경 이야기의 '큰 그림'을 이해함으로써 하나님이 그때 하신 일들과 지금 교회가 어떻게 세상에서 하나님의 선교적 사역을 계속해 나갈 수 있는지를 충분히 파악하는 것은 필수적인 일이다. 성경을 이야기로 보는 보다 최근의 강조는 우리에게 구약의 역사서들이 오늘날 교회와는 무관한 단지 낡은 이야기들의 모음집이 아니라는 사실을 일깨워준다. 그것들은 또한 그 일차적 가치가 윤리적이거나 도덕적인 원리들을 가르치는 데 있는 것도 아니다. 분명히 밝히건대, 구약은 역동적이며 다양한 면모를 가지고 있다. 왜냐하면 하나님이 이스라엘과 맺으신 언약의 관계를 다루고 있기 때문이다. 그러나 각각의 책들은 인류 전체를 위한 하나님의 구원 계획이 이루어져가는 하나의 이야기를 말한다.[2]

역사서들이 '역사'로 불리기는 하지만, 그 용어는 자못 오해를 불러일으키기 쉽다. 왜냐하면 이 책들은 단지 역사만을 말하는 것이 아니기 때문이다. 그것들은 이야기를 통해 전달되는 신학적 이야기를 말하고 있다.[3] 따라서 목사들이 당면하는 도전은 어떻게 역사서 이야기의 신학적 중요성에 민감하며 동시에 21세기를 사는 그리스도인들에게 적절하게 설교할 수 있는지를 아는 것이다. 혹 역사서에서 설교를 준비할 때 목사들에게 지침이 될 수 있는 해석학적 원리가 있는지를 묻고 싶은 사람도 있을 것이다. 구약이 하나의 구속 이야기를 말하고 있다면, 그것은 오늘날 설교자들이 역사서에서 설교를 준비하고 그것을 적용하는 데 어떤 영향을 미치는가?

역사서를 신학적으로 설교하기

역사서에서 설교를 준비할 때는 본문이 문학적 문맥에서 차지하는 위치를 파악하고 그것을 더 큰 구속 이야기의 관점에서 해석하는 것이 중요하다. 그러나 이렇게 하는 것이 설교에서 어떤 차이를 만들어낸단 말인가? 우리는 모두 여호수아의 리더십 아래 여리고 성벽이 무너져내린 이야기를 잘 알고 있다수 6장. 하지만 당신은 이 이야기를 오늘날 당신의 교인들에게 어떻게 적용하겠는가? 이 이야기가 당신의 교인들에게 적절하게 적용될 수 있는 어떤 길이 있겠는가?

여리고 성 이야기

만일 당신이 여리고 성이 무너진 이야기를 더 큰 구속 이야기를 염두에 두지 않고 해석한다면 당신은 이 이야기의 주된 교훈을 믿음이라고 결론지을지도 모른다. 목사로서 당신은 교인들에게 여호수아의 본을 따라 믿음으로 살라고 격려할 수도 있을 것이다. 믿음에 대한 이러한 강조는 "믿음으로 칠 일 동안 여리고를 두루 다니매 성이 무너졌으며" 히 11:30 라고 말한 히브리서 11장을 인용함으로써 더 강화될 수도 있다. 어떤 이들은 더 구체적이 되어 교인들에게 그들이 당면한 '벽'이 무너지도록 하나님을 신뢰하라고 권고할지도 모른다. 이 '벽'은 실직, 재정적 위기, 질병, 또는 가족 문제 등 그 어떤 것도 될 수 있다. 여호수아는 '불가능한' 상황을 맞았고, 그것을 믿음으로 극복했다. 그렇다면 그리스도인들도 하나님이 그들의 장애물을 무너뜨려주실 것을 신뢰해야 할 것이다. 모든 사람이 언제고 어려움을 당하기 마련이므로 이러한 접근은 훌륭한 설교가 될 가능성이 있다. 그러나 이것이 이 이야기의 주된 교훈인가? 이 본문이 더 큰 구속 이야기를 염두에 두고 해석된다면 어떤 차이가 생기겠는가?

이 책의 인접한 문학적 문맥에서 우리는 여호수아가 이미 여리고 성을 정탐하도록 두 사람을 보냈다는 사실을 배운다수 2장. 그들은 하나님이 참으로 그들에게 그 땅을 주셨음을 확증해주는 긍정적인 보고를 갖고 돌아왔다수 2:24. 이제 우리의 본문에서 하나님은 여호수아에게 여리고를 그의 손에 붙이셨다고 말씀하신다수 6:1-5. 여호수아가 하나님이 그에게 명하신 것을 그대로 행하면서 백성을 이끌고 성을 돌자 여리고 성벽이 무너져내린다수 6:20-21. 하나님은 여호수아에게 하신 그분의 약속을 성취하시기 위해 믿음이 요구되는 사뭇 '유별난' 상황을 사용하고 계신다.

그러나 이 이야기는 신학적으로 하나님이 아브라함과 이삭과 야곱에게 가나안 땅을 주시겠다고 약속하셨던 더 큰 이야기의 한 부분으로 해석될 수도 있다.[4] 그후 이스라엘에게 계승된 이 약속은 모세가 모압 평지에서 가나안에 들어가려고 하는 새로운 세대를 준비시킬 때 행한 신명기 설교의 주된 주제다. 모세의 후계자로 새롭게 임명된 여호수아는 이제 그 정복 전쟁을 이끌어야 했다. 더 큰 이야기를 염두에 두고 해석한다면, 여리고 성벽은 하나님이 수백 년 전에 아브라함에게 주신 그 땅에 대한 약속을 이행하셨기 때문에 무너진 것이다. 그러므로 이 이야기는 우리에게 약속한 것을 이루시는 하나님의 성품을 일깨워준다. 하나님의 신실하심이야말로 정확히 임종 직전에 여호수아가 이스라엘에게 말할 때 숙고했던 내용이었다.

> 보라 나는 오늘날 온 세상이 가는 길로 가려니와 너희 하나님 여호와께서 너희에게 대하여 말씀하신 모든 선한 일이 하나도 틀리지 아니하고 다 너희에게 응하여 그 중에 하나도 어김이 없음을 너희 모든 사람의 마음과 뜻에 아는 바라.
>
> 여호수아 23:14

여리고 성벽은 무너져내렸지만 하나님은 우리의 '벽'도 무너져내릴 것이라고 약속하지 않으셨다. 또 본문에는 우리가 이 이야기를 이런 식으로 우리 자신에게 적용해야 한다는 어떤 암시도 없다. 첫째, 개인화 personalizing 라고 불리는 이러한 석의적 오류는 이야기의 주된 요점을 우리에게 적용하는 데 있다고 전제한다. 둘째, 이 이야기를 이런 식으로 적용하는 것은 풍유화 allegorizing 를 가져온다. 다시 말해서, '문자적인' 여리고 성벽을 우리의 장애물과 연계시키는 풍유적 방식으로 해석하게 된다는 것이다. 그러나 이 이야기는 결코 이런 방식으로 해석하도록 의도된 것이 아니다. 이런 접근법의 위험성은 하나님이 우리에게 약속하시지 않은 것을 약속하셨다고 전제하는 것이다. 이것은 목회에 있어 문제를 야기할 수도 있다. 만일 내 장애물들이 무너져내리지 않는다면 어떻게 할 것인가? 그렇다면 하나님이 신실하신 분이 아닌 것인가 아니면 내 믿음의 부족이 문제인 것인가? 중심 이슈는, 이런 종류의 풍유적 적용은 이야기를 더 큰 구속적 문맥에서 분리하여 해석하고, 또 본문에 '더 깊은' 의미가 담겨 있다고 전제하는 그릇된 방법론에 근거하고 있다는 것이다. 풍유화의 또 다른 예는 다윗과 골리앗의 이야기다. 흔히 이 이야기는 그리스도인들이 그들 자신의 삶에서 '거인들'을 대면해야 한다고 가르치는 것으로 해석된다. 그러한 적용은 이야기를 더 큰 구속 이야기 안에서 해석하지 못하고 있으며, 우리가 부딪히는 '거인들'을 골리앗에 유비되는 것으로 전제하고 있다.

여리고 성의 이야기가 믿음의 중요성을 강조하는 것은 사실이지만, 그것은 궁극적으로 하나님과 그분의 신실하심에 대한 이야기다. 우리는 여호수아에게, 또 족장들에게 신실하셨던 하나님이 우리의 하나님이심을 확증할 수 있다. 그분은 수없이 자신의 신실하심을 보여주셨기 때문에 신뢰받기에 합당하시다. 구약의 이야기들은 우리에게 하나님의 성품과 하나님이 자신의 구속적 계획을 이루어가시는 방식에 대해 가르쳐준다. 구약의 하나님은 다름 아닌 주 우리의 하나님이시기 때문이다.

르호보암 이야기

우리는 열왕기상 12장에 나오는 구약 역사서의 또 다른 이야기를 살펴봄으로써 더 큰 구속 이야기를 염두에 두는 것의 중요성을 알 수 있다. 솔로몬 왕이 죽은 후 그의 아들 르호보암이 왕이 된다. 이스라엘의 모든 백성들은 그 앞에 모여 오랫동안 그의 아버지 아래서 고된 노역에 시달려온 그들의 짐을 가볍게 해달라고 그에게 간청한다. 르호보암이 장로들의 의견을 묻자 그들은 백성들의 요구에 응하라고 대답한다. 하지만 그는 그들의 충고를 무시하고 백성들의 짐을 더 무겁게 하라는 젊은이들의 충고를 듣는다. 이 일은 내란으로 이어지고, 그 결과 분열왕국의 시대가 도래한다. 이제 설교자는 이 본문을 21세기를 살아가는 교인들에게 어떻게 적용해야 하는가?

이 이야기를 더 큰 이야기를 염두에 두지 않고 해석한다면 그 주된 교훈은 지도자가 장로들의 충고를 듣지 않을 때 무엇이 잘못될 수 있는지를 보여주는 것이라고 결론내릴 수도 있다. 르호보암은 장로들의 지혜로운 충고를 거부했고, 그 결과 모든 것이 산산조각 나고 말았다. 따라서 도덕적 원리는, 그리스도인들은 그들의 교회 공동체 안에서 장로들의 지혜에 귀를 기울여야 한다는 것이다. 이것은 도덕화moralizing 라고 불리는 석의적 오류로, 구약 이야기의 주된 요점은 도덕적 원리를 가르치는 것이라고 전제한다. 더 큰 문맥이 해석의 인도자가 되지 않는다면 심지어는 엉뚱한 본문에서 '성경적' 원리들을 설교하는 생득적인 위험마저 도사리게 된다. 이 본문에서 물어야 할 질문은 장로들에게 귀를 기울이는 것이 지혜로운 일이냐가 아니라—그것은 일반적으로 좋은 성경적 원리라고 대개 동의할 것이다—그것이 이 이야기의 주된 요점이냐 하는 것이다.

문학적인 문맥을 살펴보면, 왕국 분열에 앞서 르호보암의 부친인 솔로몬에 대한 이야기가 나온다. 그는 이방 여인들과 결혼했으며, 그들의 신들을 섬겼다왕상 11:1-8. 솔로몬은 하나님과의 언약을 지키지 않았고, 그 결과 하나님은 그에게 왕국이 그로부터 찢겨나갈 것이라고 말씀하셨다. 하지만 다윗으로 인해서 하나님은 이 심판을 솔로몬 당대에는 내리지 않으시고 그의 아들 대에 가서 그로부터 나라를 분열시키실 것이었다왕상 11:11-12. 그후 하나님은 선지자를 통해서 여로보암에게 그가 열 지파의 왕이 될 것이라고 말씀하셨다왕상 11:28-39. 이것이 왕국 분열을 초래한 르호보암의 행동을 해석하기 위한 배경이다.

르호보암이 백성들의 노역을 더욱 고되게 한 후에 다음과 같은 요약이 나온다. "왕이 이같이 백성의 말을 듣지 아니하였으니 이 일은 여호와께로 말미암아 난 것이라 여호와께서 전에 실로 사람 아히야로 느밧의 아들 여로보암에게 고한 말씀을 응하게 하심이더라"왕상 12:15. 여기서 내레이터가 이 이야기의 결론에서 '도덕적 원리'를 주고 있지 않은 것을 주목하는 것이 중요하다. 그렇게 했다면 도덕적 원리를 이 이야기의 핵심으로 밝힐 수 있었을 것이다. 하지만 내레이터는 그 발생한 일이 여로보암에게 주어진 예언의 말씀의 성취였음을 독자에게 상기시킨다. 그 이유는 왕국의 분열이 더 큰 이야기 안에서 해석되고 있기 때문이며, 도덕적 원리를 가르치는 분리된 이야기가 아니기 때문이다.

이 점은 참으로 구약 역사서에서 설교할 때 부딪히는 도전 중 하나다.

왜냐하면 구약에서 오늘날 교회의 상황에 적용될 수 있는 '도덕적 원리'를 찾기가 쉽기 때문이다. 하지만 이 이야기의 의미를 더 큰 이야기의 문맥에서 신학적으로 고려하는 일은 더 어렵고 집중을 요한다. 르호보암의 경우, 이 이야기는 솔로몬을 향한 하나님의 심판이 어떻게 이루어졌는지를 보여주고, '인간적'으로 보이는 사건에 담긴 하나님의 섭리를 강조한다. 그러나 이 문맥뿐 아니라 열왕기서 전체를 관통하는 이 이야기의 저변에 깔려 있는 하나님의 자비라는 주제도 있다. 모세 언약의 율법에 따르면,[5] 우상 숭배는 심각한 죄였다. 이스라엘은 우상을 만들고 섬기는 일에 대해 반복해서 경고를 받았다. 그러한 언약에 대한 불충성은 응당 하나님의 진노를 일으켰을 것이다.[6] 솔로몬은 많은 신들을 섬겼고, 하나님과의 언약을 지키지 않았지만 하나님은 솔로몬이나 그의 왕국을 끊어버리지 않으셨다. 오히려 그분은 다윗을 위해 그에게 자비를 보이셨다왕상 11:34. 하나님의 심판은 왕국의 분열에서 나타나듯이 그의 아들 르호보암 위에 떨어질 것이었지만, 하나님은 '다윗을 위해서' 르호보암의 왕국도 전부 빼앗지는 않으셨다왕상 11:13. 따라서 왕국은 분열되었지만 우상 숭배를 일삼던 왕들을 가진 남왕국이 존속했다는 사실은 하나님의 자비를 증거한다.

오늘날 우리 교회들에서 구약의 하나님은 종종 율법적이고 용서가 없는 분으로 비쳐진다. 그러나 르호보암의 이야기는 그 문맥에 비춰서 읽을 때, 솔로몬의 우상 숭배에도 불구하고 르호보암 역시 그보다 조금도 낫지 않다! 다윗과의 약속을 지키시는 하나님의 신실하심에서 드러나는 그분의 자비를 우리에게 가르친다. 남왕국이 주전 586년에 그 끝에 다다랐을 때 하나님은 잠시 동안 당신의 연민을 거두신다. 하지만 그때에도 그분의 자비는 결코 바닥을 드러내지 않으신다. 유다의 왕들의 거듭되는 실패 후에, 그리고 오랜 기다림의 시간 후에, 다윗의 보좌에 앉아 다스리실 의로우신 '다윗의 자손'이 베들레헴에서 태어나실 것이다눅 1:32-33. 이 일이야말로 참으로 신성한 자비의 행동이셨다눅 1:68-79.

역사서는 더 큰 구속 이야기에 기여한다

이렇게 성경의 더 큰 이야기 안에서 역사서는 필수적인 역할을 담당한다. 교인들이 그보다 앞서 다스렸던 다윗 왕조 왕들의 실패를 잘 알지 못한다면 어떻게 의로우신 다윗 자손의 오심에 감탄할 수 있겠는가? 그들이 이스라엘의 반역적이고 강퍅한 마음을 파악하지 못한다면 어떻게 하나님의 인자하심과 자비의 깊이를 이해할 수 있겠는가? 당신의 교인들이 사사기와 열왕기 없이 어떻게 이스라엘의 우상 숭배의 정도를, 그리고 인류의 곤경을 제대로 파악할 수 있겠는가? 율법은 모세 때에 주어졌지만, 이스라엘이 실제로 하나님의 율법에 순종했는지의 여부를 보여주는 것은 사사기, 사무엘서, 열왕기서, 역대기 등과 같은 역사서들이다. 이스라엘의 이야기에서 그토록 강력하게 드러난 하나님의 성품과 우리의 죄성을 보여주는 것은 바로 역사서들이다.

그러므로 가나안 정복, 왕국, 그리고 예루살렘으로의 귀환이라는 구약의 주된 세 시대에 일어난 사건들을 기록하고 있는 역사서는 성경에 나오는 하나님의 구속 이야기를 이해하는 데 토대가 된다. 우리가 구약의 이야기를 숙고한다면 우리는 창조에서 시작하여 포로 생활에서의 귀환과 성전 재건축까지 지속되는 몇 개의 시대를 구별할 수 있다. 이 시대들은 다음 차트에 분명히 나타나 있다.

창조와 타락	아브라함 언약	출애굽과 율법	가나안 정복	왕국	바벨론 포로	예루살렘 귀환
창세기 1-11장	창세기 12-50장	출애굽기 레위기 민수기 신명기	여호수아 사사기 룻기	사무엘상하 열왕기상하 역대상하 선지서들	열왕기하 25장 역대하 36장 에스겔 다니엘	에스라 느헤미야 에스더 선지서들

역사서에 기록된 이 수백 년의 역사는 이 이야기(하나님의 구속 이야기-역주)를 이해하는 데 중심적이다. 그러나 우리는 이 이야기들이 먼저 이스라엘에 적용된다는 것과 그것들이 오늘 우리와 어떤 관련이 있는지를 이해하기 위해 더 큰 구속 이야기의 맥락 안에서 그것들의 신학적 의미가 충분히 파악되어야 함을 이해해야 한다. 그렇게 할 때 우리는 역사서의 이야기들을 우리에게 우선적으로 적용시키는 분리된 이야기들로 보거나, 도덕적 원리를 가르치는 것이 그 주된 요점인 이야기들로 보지 않게 될 것이다. 그 이야기들은 훨씬 더 깊은 의미를 지니고 있다.

역사적 관점에서 이야기를 설교하기

목사들이 역사서에서 설교를 준비할 때 부딪히는 또 하나의 도전이 있다. 성경을 이야기로 보는 최근의 강조는 때로 역사적 문제들에 우선순위를 덜 부여하는 것을 의미하게 되었다. 이 점은 우리가 역사서에 접근하는 방식과 역사서를 설교하는 방식에 영향을 미친다. 왜냐하면 우리 모두는 '역사적 정보'가 좋은 이야기를 만드는 것은 아니라는 점을 알고 있기 때문이다. 역사서가 이스라엘에 대한 이야기들을 담고 있다면, 그리고 그 이야기들이 신학적으로 성경의 메타내러티브의 부분으로 해석된다면, 그때는 설교에 역사적인 세부 사항들을 포함하는 것이 필요한가 하는 질문이 제기될 수 있을 것이다. 그것이 무슨 차이를 가져오는가?

역사적 정보

이제 역대하 32장에 나오는 히스기야의 이야기를 고려해보자.[7] 히스기야가 통치하던 시대에 앗수르는 유다에 압력을 가해오고 있었다. 하지만 이야기는 히스기야가 산헤립에 반역을 시도할 때 새로운 국면을 맞이하게 된다.

> 그후에 앗수르 왕 산헤립이 그 온 군대를 거느리고 라기스를 치며 그 신복을 예루살렘에 보내어 유다 왕 히스기야와 예루살렘에 있는 유다 무리에게 고하여 이르기를,
>
> "앗수르 왕 산헤립은 이같이 말하노라. 너희가 예루살렘에 에워싸여 있으면서 무엇을 의뢰하느냐?"
>
> 역대하 32:9-10

앗수르의 전령은 유다 백성을 괴롭히려는 의도를 갖고 있었다. 그들은 심지어 성벽을 방어하는 자들에게 그들이 얼마 안 가서 '자기의 대변을 먹고 자기의 소변을 마시게'(왕하 18:27) 될 것이라고까지 말했다. 그들은 이렇게 성을 방어하는 자들을 조롱했고, 앗수르가 다른 나라들에게 행한 일을 상기시키면서 유다 백성의 하나님이 그들을 구원해낼 수 없다고 주장했다.

역사서에서 설교를 준비할 때 종종 그 본문에 나오는 핵심 인물, 백성, 장소, 사건들에 대한 추가 정보를 얻을 수 있을 때가 있다.[8] 지금 본문에서 우리는 다음과 같은 사실들을 찾아낼 수 있다.

- 핵심 인물: 히스기야, 산헤립, 그리고 전령들
- 핵심 백성: 앗수르인과 유다 백성
- 핵심 장소: 예루살렘과 라기스
- 핵심 사건: 라기스의 전투와 산헤립의 예루살렘 침공

예를 들어, 당신이 라기스의 전투에 대해서 추가 정보를 찾아낼 수 있다면 당신 설교에 어떤 차이가 생기겠는가? 그것이 당신 설교의 질을 높이겠는가, 아니면 '역사적 세부 사항들'이 설교를 망칠 수 있는 가능성도 있겠는가?

라기스의 전투

라기스의 전투는 고고학적 기록과 고대 앗수르의 문서들에 잘 나와

있다. 우리는 라기스의 유적 발굴로부터 라기스가 히스기야 시대에 튼튼히 방비된 요새였음을 알 수 있다. 그러나 철통 같은 방비도 앗수르의 군대로부터 성을 막아낼 수 없었다. 라기스의 부조(浮彫)로 알려진 17미터가 넘는 돌벽에 새겨진 조각은 라기스의 함락을 생생하게 묘사하고 있다. 공성기계가 성벽을 부수고, 보병이 성을 휩쓴다. 여자들과 아이들은 약탈되어 끌려가고, 세 명의 죄수들은 벌거벗긴 채 말뚝에 찔려 죽어 있다. 두 명의 포로는 산 채로 껍질이 벗겨진다. 이것은 의심할 바 없이 잔인한 장면이다.[9] 텔 라기스의 발굴 결과, 수백 개의 철로 된 화살촉, 물매, 그리고 한 지역에서는 몸통에서 떨어져 나온 해골들이 묻혀 있는 거대한 무덤이 발견되었다. 산헤립의 유다 침공은 앗수르의 문서에도 기록되어 있다. 여기에 일부를 인용해보자.

> 나는 벽으로 방비된 그(히스기야)의 강력한 도성 46개와 그 근처의 수를 셀 수 없이 많은 작은 마을들을 포위했고, 잘 다져진 (육지) 경사로들과, (성벽) 가까이 (그렇게) 옮겨진 공성망치들, 그리고 (그것들과 더불어) 보병들의 공격으로 그것들을 정복했다.[10]

이 고대의 기록들은 앗수르인들이 그들의 적을 어떻게 대했는지를 확실히 보여준다. 하지만 더 나아가 그것은 히스기야 이야기의 역사적 맥락에 대한 통찰을 제공해준다. 우리는 이제 이 이야기의 서두에 간략히 나온 라기스에서 온 앗수르 전령들의 언급이 결코 부차적인 것이거나 중요하지 않은 것이 아님을 깨닫게 된다. 이 사건은 전체적인 이야기를 위해 장면을 설정하고 있다. 이제 설교를 위해서 역사적 정보가 갖는 함의를 고려해보자.

역사적 연구의 중요성

역사적 연구는 역사서에서 설교를 준비할 때 몇 가지 이유에서 필요하다. 첫째, 그것은 설교자가 성경적 세계로 들어가는 것을 도와준다. 이미 살펴본 대로 구약의 옛 본문과 현대 교회의 문맥 사이에는 문화적, 역사적 거리가 있다. 역사적 연구는 목사가 고대 세계를 이해하고 동일시할 수 있게 해줌으로써 그 이야기들을 그들의 세계관으로부터 조명할 수 있게 해준다. 예를 들면, 히스기야는 산헤립의 전령들이 예루살렘에 도착했다는 소식을 들었을 때 그의 옷을 찢고 그 머리에 재를 뿌린다. 왜냐하면 참으로 재앙의 날이 도래했기 때문이다. 당신이, 산헤립이 누구이며 라기스에서 벌어진 전투가 얼마나 끔찍했는지를 당신의 교인들이 이해할 수 있도록 도와준다면 그들은 히스기야의 곤경에 자신들을 동일시할 수 있을 것이다. 당신이 몇 킬로미터 떨어진 곳에서 라기스의 거민들이 공격을 당하고, 여자들과 아이들이 약탈당해 끌려가며, 포로들이 산 채로 껍질이 벗겨지는 모습을 교인들에게 상기시킬 때 그들은 히스기야의 믿음의 깊이를 이해하기 시작할 것이다. 그리고 어쩌면 그들 자신의 믿음의 행로를 돌이켜보게 될 것이다. 그들은 자신과 그의 백성이 앗수르의 손에 야만적인 죽음을 당하게 될 임박한 상황을 눈앞에 두고도 하나님을 신뢰했던 한 왕과 마주치게 될 것이다. 성경이 "히스기야가 이스라엘 하나님 여호와를 의지하였는데 그의 전후 유다 여러 왕 중에 그러한 자가 없었으니" 왕하 18:25 라고 기록한 것은 너무나 당연하다. 이렇게 역사적 연구를 통해 그 본래의 문맥에서 이야기를 들을 수 있도록 당신의 교인들을 돕는다면, 그들은 구약에 나오는 인물들과 사건들을 자신과 동일시하게 될 것이다.

둘째, 당신의 설교에 역사적 정보를 포함하는 것은 당신의 교인들에게 잘 알려지지 않을 성경 세계에 대한 통찰력을 제공한다. 어쩌면 그들은 라기스의 전투나 산헤립의 사진을 보고 싶어할지도 모른다! 하지만 많은 그리스도인들이 성경의 본문을 조명해주는 풍부한 고고학적 자료들에 대한 지식을 거의 갖고 있지 않다. 교인들이 고대의 비문이나 고고학적 기록들에 보존되어 있는 성경의 인물들과 사건들에 대한 새로운 사실들을 배울 때, 그러한 역사적 '통찰들'은 성경의 이야기들을 생생하게 만들어준다.

셋째, 우리 문화에는 성경이 역사적으로 신빙성이 없다고 말하는 견해가 널리 퍼져 있다. 사람들은, 구약이 유대인과 그리스도인들의 기원에 대한 이야기들을 담고 있을 뿐이며, 종종 허구적이라고 생각한다. 당신이 설교에 역사적 세부 사항들을 포함시킨다면 교인들에게 구약에 언급된 인물들과 사건들이 역사적 사실임을 상기시킬 수 있는 좋은 기회가 될 것이다. 회의주의가 만연한 시대에 성경에 대한 이러한 긍정적 견해는 훌륭한 격려의 자원이 될 수 있다.

결론

우리는 역사서에 담긴 이야기들이 더 큰 구속 이야기 안에서 신학적으로 해석되어야 하며, 구약의 고대 세계 안에서 역사적으로 해석되어야 한다고 제안했다. 이 장 전체에 걸쳐서 역사서는 단지 서로 분리되어 있거나 관계없는 부분들의 조합이 아님을 강조해왔다. 각각의 책들은 이스라엘과 더불어 시작했지만 온 세계를 위해 의도된 더 큰 구속 이야기에 기여하고 있다. 역사서는 의심할 바 없이 설교자에게 도전을 제기한다. 그러나 교회가 성경 이야기의 깊이와 그 이야기들이 우리의 현재 삶에 대해 갖는 함의를 파악하기 위해 설교자는 그 이야기들을 설교해야만 한다. 문화는 많은 경쟁적인 이야기들을 제공한다. 그러나 우리는 하나님의 이야기에 의해 형성되고 특징지어져야 한다. 성경은 우리에게 하나님이 행하신 일을 잊지 말라고 탄원한다. 하지만 많은 교인들은 구약에 담긴 이야기들을 알지 못한다. 역사서는 종종 무시되고, 너무 어렵거나 지겹거나 적실성이 없는 것으로 취급된다. 하지만 우리는 아브라함의 자손들이기 때문에 이 이야기들은 참으로 우리의 이야기이며, 따라서 우리는 하나님의 모든 뜻을 전하는 일에 헌신된 목사들로부터 그것들을 새롭게 들어야 할 필요가 있다.

연구 및 적용 질문

1. 진리의 소통 과정에서 이야기는 어떻게 기능하는가?
2. 구약이 하나의 구속 이야기를 말하고 있다면, 그 사실은 우리가 역사서에서 설교를 준비하는 방식과 또 그것을 오늘 우리에게 적용하는 방식에 어떤 영향을 미치는가?
3. 이야기를 설교할 때 역사적 연구를 포함시키는 것이 주는 유익은 무엇인가?
4. 당신은 이 장에서 어떤 도움을 받을 수 있을지, 또 그것들을 어떻게 당신의 설교 준비에 활용할 수 있을지를 생각해보라. 당신의 계획은 무엇인가?

추천 도서

사전과 백과사전

- Buttrick, George A., ed. *The Interpreter's Dictionary of the Bible*, 4 vols. Nashville: Abingdon, 1962.

- Bromiley, George W., ed. *The International Standard Bible Encyclopedia*, 4 vols. Grand Rapids: Eerdmans, 1979–1988.

- Tenny, Merril C., ed. *The Zondervan Pictorial Encyclopedia of the Bible*, 5 vols. Grand Rapids: Zondervan, 1975.

구약 역사

- Arnold, Bill T., and Bryan E. Beyer. *Encountering the Old Testament*, Grand Rapids: Baker, 1999.

- Bright, John. *A History of Israel*, 3rd ed. Philadelphia: Westminster, 1981.

- Bruce, F. F. *Israel and the Nations: The History of Israel from the Exodus to the Fall of the Second Temple*. Revised by D. Payne. Downers Grove, IL: InterVarsity, 1997.

- Dumbrell, William J. *The Faith of Israel: A Theological Survey of the Old Testament*, 2nd ed. Grand Rapids: Baker, 2002.

- Kaiser, Walter C., Jr. *A History of Israel: From the Bronze Age through the Jewish Wars*. Nashville: Broadman & Holman, 1998.

구약 백성들

- Hoerth, Alfred J., Gerald L. Mattingly, and Edwin W. Yamauchi, eds. *Peoples of the Old Testament World*. Grand Rapids: Baker, 1994.

- Wiseman, D. J., ed. *Peoples of Old Testament Times*. Oxford: Clarendon Press, 1973.

구약 지리

- Aharoni, Yohanan, and Michael Avi-Yonah, ed. *The Macmillan Bible Atlas*, 3rd ed. New York: Macmillan, 1993.

구약 고고학

- Hoerth, Alfred J. *Archaeology and the Old Testament*. Grand Rapids: Baker, 1998.

- Kaiser, Walter C., and Duane A. Garret, eds. *NIV Archaeological Study Bible*. Grand Rapids: Zondervan, 2005.

- Mazar, A. *Archaeology of the Land of the Bible*. New York:

Doubleday, 1990.

• Pritchard, James B., ed. *Ancient Near Eastern Texts*. Princeton: Princeton University Press, 1969.

4. 구약 내러티브를 설교하기

제프리 아서(Jeffrey D. Arthurs)

내러티브는 히브리어 성경에서 가장 많은 부분을 차지하는 장르다. 주님은 이야기를 중요하게 여기셨고, 우리도 그래야 한다. 감사하게도 이 지침은 힘든 것이 아니다. 왜냐하면 모든 시대의 모든 사람들이 이야기꾼들이었기 때문이다. 우리는 이 세상을 이해하기 위해 이야기에 의존한다. 과거 25년 동안 인류학자, 수사학자, 사회학자, 신학자, 그외 다른 많은 사람들 사이에서 이야기는 가치를 구현하고 전달하는 데 필수불가결한 도구라는 데 놀라운 동의가 이루어졌다. 이야기는 '증명하고,' '즐겁게 하고,' '감동시킴으로써' 키케로가 말한 수사학의 세 가지 기능을 모두 행한다.[1] 따라서 성경에는 이야기가 많이 나오고, 이야기는 인간 이해에 필수적이며, 인간들은 이야기를 좋아하기 때문에 우리는 "어떻게 구약의 내러티브 설교를 준비할 수 있는가"에 대한 이 장의 주제를 즐거운 마음으로 다루고자 한다. 나는 설교자들이 본문의 문학적 면모를 석의함으로써 설교에서 본문의 수사학적 효과를 드러낼 수 있다고 주장하는 바다. 본문의 전달 방식에 주의를 기울임으로써 우리는 그것을 새롭게 전달할 수 있는 방식을 이해하게 된다. 이 주제를 파헤치기 전에 우리의 논증의 맥락을 위해 네 가지 주장을 먼저 살펴보자.

첫째, 나와 이 책의 다른 저자들은 내러티브 부분을 포함해서 히브리어 성경이 하나님의 영감으로 쓰여졌으며, 우리의 유익을 위한 것임을 믿는다딤후 3:16. 설교자들은 하나님을 대표해서 말하는 것이므로 기도가 석의와 설교학적 '방법'의 한 부분이 되어야만 한다. 내가 이 장에서 별도로 기도에 대해 강조하지 않는 것에 대해 오해가 없기를 바란다.

둘째, 구약의 내러티브는 신학적 성격을 띠고 있다. 그것들은 하나님을 계시한다. 때로 야훼는 창조 이야기에서처럼 이야기의 중심 '인물'이 되기도 하시고창 1-2장, 때로 그분은 바벨탑 이야기에서처럼 그 장면에서 빠져나오기도 하신다창 11장. 때로는 에스더서에서처럼 전혀 보이지 않으실 때도 있다. 그러나 보이지 않으시는 것 같을 때조차도 그분은 사건을 진행하시고, 행동을 판단하시며, 사랑 또는 공포를 통해 등장인물들을 움직이심으로써 그 장면에 충만히 임재해 계신다.

셋째, 구약에서 그리스도를 설교하는 문제와 같은 쉽지 않은 해석학적 이슈와 관련해서는, 히브리어 성경의 내러티브는 진리를 세 단계로 전달한다고 보는 성경학자 피Fee와 스튜어트Stuart의 관점을 따른다.[2] 맨 윗 단계는 '매크로 내러티브'로서 인류의 창조와 타락, 죄의 편만함과 보편적인 영향, 그리고 메시아를 통한 구속을 보여준다. 중간 단계는 이스라엘의 역사를 추적하는 것으로, 하나님이 어떻게 당신의 택하신 백성을 형성하셨고, 축복하셨으며, 지켜보셨고, 슬퍼하셨으며, 징계하셨고, 회복하셨는지를 보여준다. 맨 아래 단계는 덕행과 악행의 보기가 되는 수백 명의 개인들에게 초점을 맞춘다. 따라서 한 특정한 이야기가 밑에서부터 위로 올라가면서 거룩한 삶의 원리, 하나님의 택하신 백성에 대한 기록, 또는 구속사의 측면을 전달하게 되는 것이다.3

넷째, 구약의 내러티브는 신학적 본문인 동시에 그 이상으로 문학적-수사학적literary- rhetorical 본문이다. 그것들은 신념과 가치, 행동에 영향을 끼치기 위해 문학적 기법이라는 잘 준비된 도구 상자를 사용한다. 설득은 논증이 아니라 기술의 문제다. 다음에 열거한 신학자들과 수사학자들의 인용문들은 구약 내러티브의 이러한 측면을 잘 보여준다.

> 성경은 추상적인 신학을 담은 이론 서적이 아니라 독자들의 삶에 강력한 영향을 끼치려는 의도를 지닌 책이다.
>
> 버나드 램Bernard Ramm 4

> 성경의 세계는 역사적으로 참된 실재임을 주장하는 것으로 만족하지 않는다. 그것은 유일한 실제 세계임을 주장한다. 성경의 이야기들은 우리의 호의를 구하거나 우리에게 아첨하지 않는다. 그 이야기들은 우리를 지배하고자 한다. 우리가 지배받기를 거절한다면 우리는 반역자가 되는 것이다.
>
> 에릭 아우어바흐 Eric Auerbach 5

성경의 주된 강해 형태인 내러티브는 일차적으로 수사학으로 보는 것이 가장 적절하다. 그 일차적 목표는 청중을 설득하는 데 있다.

데일 패트릭 Dale Patrick 과 앨런 스컬트 Allen Scult 6

본문은 저자의 의도를 구현한 것으로, 그러한 의도를 실행에 옮기기 위해 고안된 전략이다.

존 세일해머 John Sailhamer 7

이 장의 나머지 부분에서 나는 문학적-수사학적 본문으로서의 히브리어 성경의 내러티브들을 어떻게 석의하고 설교해야 하는지를 다룰 것이다. 그 일을 위해서 이 장르의 세 핵심 요소인 플롯, 인물, 세팅을 살펴보자.

플롯

'플롯'은 한 이야기 안에서 인과 관계로 연결된 사건들의 사슬로 갈등을 불안정 disequilibrium 에서 해결 resolution 로 이끌어간다. 플롯은 서스펜스라는 감정을 주입함으로써 독자들의 관심을 사로잡는다. 우리는 모두 누가 '이기는지'를 알고 싶어한다. 이것은 우리가 어떤 영화를 처음 볼 때 우리의 주의를 유지시키는 힘이 된다.

하지만 우리가 영화를 두 번째로 보기 때문에 누가 이기는지를 알고 있다 해도 플롯은 우리의 기대를 불러일으키고 만족시킴으로써 여전히 우리의 주의를 사로잡는다. 예를 들면, 당신이 이미 룩 스카이워커Luke Skywalker가 죽음의 별을 폭발시킴으로써 '이긴다'는 것을 알고 있거나, 또는 지미 스튜어트Jimmy Stewart의 친구들이 크리스마스 이브에 그를 도우러 온다는 것을 알고 있다 해도 당신은 두 번째, 세 번째, 네 번째, 아니 심지어 아홉 번째로 보면서도 그 고전 명화들을 즐길 수 있을 것이다. 재방영하는 영화들이 여전히 주의를 사로잡는 힘을 갖고 있는 것은 부분적으로 플롯의 질서정연한 특성 때문이다. 서스펜스가 없다 해도 여전히 불안정에서 해결로의 이동은 있으며, 청중들은 그 움직임을 보고 만족을 느끼는 것이다. 구약의 내러티브를 네 번째로 듣는 것은 같은 음악을 네 번째로 듣는 것과 같다. 리듬과 역동성, 코드의 진행 등을 통해 누리는 만족감은 '서스펜스'가 없어도 줄어들지 않는다. 이와 마찬가지로 청중들은 다윗과 골리앗, 갈멜산 위의 엘리야, 홍해를 건너는 일 등과 같이 그들이 이미 들었던 고전적인 이야기들을 다시 들으면서 감동을 느낀다. 실제로 청중들은 "그 옛날 옛적 이야기들을 들려주세요"라고 간청한다.

플롯은 전형적으로 다섯 단계를 거쳐서 불안정에서 해결로 옮겨간다.

배경: "그 일 후에 하나님이 아브라함을 시험하시려고" 창 22:1. 이 문장이 불안정을 야기함으로써 시작하는 것에 주목하라. 하나님이 그분의 친구를 시험하신다고?

갈등: "네 아들 네 사랑하는 독자 이삭을… 번제로 드리라" 창 22:2. 불안정은 강력한 힘으로 우리에게 충격을 가한다.

4. 구약 내러티브를 설교하기 95

행동 개시: 모리아까지 가는 길, 이삭은 번제 나무를 지고 가며 그의 아버지에게 질문한다. 아브라함은 제단을 쌓고, 이삭을 결박하고, 제사를 드릴 준비를 한다창 22:3-10.

절정: 천사가 아브라함을 제지한다창 22:11-12.

해결: 아브라함은 시험을 통과하고 하나님은 제물로 쓸 수양을 준비하신다. 그리고 하나님은 아브라함과 언약을 맺으신다창 22:13-19.

구약 내러티브는 일반적으로 고대의 내러티브들과 같이 인물보다는 행동을 강조한다. 구약의 저자들은 플롯을 통해 진리를 보여준다. 다시 말해서, 그들은 주장함으로써가 아니라 사건을 묘사함으로써 에둘러 개념을 전달한다. 예를 들면, 그들은 다음과 같이 개념들을 보여준다. 하나님은 절대 주권을 가지셨다에스더, 죄를 지은 자들은 자신들의 죄를 감추고자 한다다윗과 밧세바, 하나님은 완전한 순종을 요구하신다사울과 아말렉. 때때로 내레이터들은 '들려주는 것' 으로 '보여주는 것' 을 대체하기도 한다창 13:13, 29:18, 삼하 6:8 참조. 그러나 대체적으로는 독자들로 하여금 이야기가 진행되는 동안 개념들을 추론하게 유도함으로써 귀납적인 방법으로 개념들을 전달한다. 내러티브 학자 바–에프랏Bar-Efrat이 말한 것처럼 "플롯은 독자들의 흥미와 감정 이입을 유발시키는 방식으로 사건들을 조직하는 역할을 한다. 그러면서 동시에 사건들에 의미를 불어넣는다."[8]

예를 들면, 사무엘상 17장의 저자는 다윗과 골리앗의 이야기를 통해서 하나님은 그분의 원수들이 소집할 수 있는 가장 무서운 장수보다도 더 강하시다는 것과, 그분은 두려움 없는 믿음으로 나서는 자들에게 복을 주신다는 진리를 전달한다. 무엇을 보여줄지, 어떻게 보여줄지를 결정하는 영화 감독처럼 저자는 플롯과 관점을 통해서 이러한 교훈들을 드러낸다. 플롯의 처음 두 단계인 배경과 갈등은 기술적으로 또 생물학적으로 공포의 대상으로 등장하는 골리앗을 클로즈업함으로써 시작된다. 그의 갑옷은 번쩍거리고, 그의 덩치는 전쟁터를 압도한다. 중간 거리의 촬영을 통해서 카메라는 행동 개시를 보여준다. 모든 이스라엘 군사들은 떨고 있다. 거의 방어 태세를 갖추지 못한 다윗은 골리앗을 향해 뛰어간다. 그들은 가시 돋친 말을 서로에게 던진다. 싸움은 시작된다. 그리고 느린 동작으로 카메라는 절정을 보여준다. 큰 도미노 패가 쓰러지고 해결은 넓은 앵글을 사용해서 작은 도미노 패들이 사방으로 넘어지는 것을 보여준다. 나는 이 짧은 장에서 이 노련한 플롯의 더 많은 측면을 보여줄 여유가 없다. 그러나 당신이 다음에 이 본문을 설교할 때 이야기꾼이라면 이 이야기를 어떻게 말할 것인지 자신에게 물어보라. 그러면 당신은 이 이야기를 더 잘 말할 수 있는 준비를 갖추게 될 것이다.

플롯의 문학적-수사학적 분석은 다음의 방식으로 설교에 도움을 준다.

본문pericope **의 선택**: 설교학적으로 자명한 원리 하나는, 설교자들은 생각의 단위를 설교해야 한다는 것이다. 플롯의 분석은 이 작업을 도와준다. 내러티브에서 생각의 단위는 배경, 갈등, 행동 개시, 절정, 해결 등을 갖춘 하나의 완전한 플롯이다. 또는 아리스토텔레스가 말한 것처럼 플롯은 시작과 중간과 끝을 갖춰야 한다. "잘 꾸며진 플롯은 자기가 좋아하는 아무 지점에서나 시작하거나 끝날 수 없다."[9] 드라마 작가나 이야기꾼들은 시인이 시의 절을 쓰듯이, 그리고 잠언을 쓰는 사람이 짧은 격언들의 모음을 만들듯이 장면을 연출한다. 이야기가 우리의 생각과 마음에 미치는 영향은 대체로 개별적인 단어나 문장들의 결과가 아니다. 오히려 우리는 오디세이가 거대한 외눈박이들Cyclops을 피하는 장면, 헉Huck이 도망 친 노예 짐을 구하는 장면, 머리채가 걸린 압살롬이 세 개의 단창에 찔리는 장면 등을 기억한다.

내러티브 문학의 본문을 설교하는 것은 서신서의 본문을 설교하는 것보다 더 길어지기 쉽다. 말하는 것보다 보여주는 것이 더 시간이 많이 걸리기 때문에 내러티브 설교 본문은 두세 장 정도 될 수도 있다. 룻기나 요나서처럼 짧은 이야기들은 책 전체를 한 설교에서 다루고 싶어질 것이다. 돈 스누키얀Don Sunukjian의 에스더서 설교는 전체 플롯의 큰 아이디어를 어떻게 설교해야 하는지에 대한 모델이다.10

빅 아이디어 Big Idea: 구약의 내레이터들은 자신의 신학적, 도덕적 요점들을 좀처럼 밝히지 않기 때문에 본문이 전달하는 것처럼 전달하기 원하는 설교자들은 귀납적으로 설교해야 한다. 말로 일반적인 설명을 하는 구조가 아니라 귀납적 구성에서는 설교의 중심 아이디어가 설교자가 그것을 사건들과 인물들의 구조 안에 구현시킨 후 설교의 끝에 가서야 비로소 나온다.11 내러티브 설교자들은 '이야기의 나머지 부분'을 결론으로 남겨두는 라디오 이야기꾼인 폴 하비Paul Harvey의 귀납적 스타일을 공부하면 유익을 얻을 수 있을 것이다.12

재능 있는 설교자들은 빅 아이디어를 선포하지 않고 암시한다. 설교학자 시드니 그레이다누스Sidney Greidanus가 말한 것처럼 내러티브 설교는 "주장하기보다는 제안하는 스타일이어야 한다."[13] 해돈 로빈슨Haddon Robinson도 다음과 같이 동의한다. "내러티브는 아이디어를 직접 들려주기보다는 청중이 이야기를 듣고 화자의 아이디어에 스스로 도달할 때 가장 효과적이다. 요점이 명시되느냐 아니면 암시되느냐 하는 것은 설교자로서의 당신의 능력과 설교의 목적, 그리고 청중의 자각에 달려 있다."[14]

구성: 우리가 내러티브 설교를 할 때 내러티브의 형태는 설교의 형태로 쉽게 전환된다. 내러티브 스타일의 설교는 다른 많은 설교 형태들 위에 덧씌워진 크고 유연한 그물이다. 핵심은 설교를 본래의 플롯을 따라 구성하는 것으로 청중을 불안정에서 해결로 이끌어가는 것이다.

예를 들면, 설교는 문제로부터 해결로 나아갈 수 있거나 또는 인과 관계로 연결된 장면들을 따라 움직일 수 있다. 이야기는 삼인칭이나 일인칭으로 서술될 수 있다. 당신은 전통적인 서론으로 시작하거나 ("오늘 우리는 고대 이스라엘의 이야기를 살펴보려고 합니다…") 또는 직접 배경과 갈등으로 뛰어들어갈 수도 있다 ("그의 이름은 입다였습니다. 그는 사사였습니다. 네 번째 순회 재판 변호사가 아니라 이스라엘의 사사였습니다. 그리고 그에게는 문제가 있었습니다…"). 당신은 전통적인 결론으로 끝을 맺을 수도 있고 ("우리는 하나님이 온유한 자들을 구원하시는 것을 보았습니다. 당신이 이후에 곤경에 처하게 되거든….") 또는 청중이 "나는 이제 좀 더 주의해야겠어…"라고 생각하면서 돌아가도록 그들이 자신들에게 진리를 적용할 것을 촉구하면서 단순히 이야기의 해결로 끝을 맺을 수도 있다.

당신이 이야기를 다시 할 때 플롯이 중간에 방해받지 않고 진행되도록 하라. 때로 문화적 자료를 설명하거나 여담을 집어넣기 위해 잠시 멈출 수는 있지만 내러티브의 수사학적 힘-서스펜스와 끌어들임-은 많은 경우 플롯에 있음을 기억하라. 주님이 본문에 이미 넣어두신 힘을 도입하라.

내러티브 문학의 두 번째 핵심 측면인 인물은 그 자체의 수사학적, 설교학적 함의를 갖고 있다.

인물

'인물'은 이야기에 등장하는 사람들에 대한 묘사로 그들의 신체적, 심리적, 사회적, 영적 특질들을 모두 포함한다. 구약의 이야기들은 모든 이야기들처럼 대적의 방해와 반대에 부딪히는 주인공의 분투를 중심으로 전개된다. 보조 인물들도 등장하지만 석의자는 주로 주인공과 대적에게 초점을 맞추게 된다. '주인공 protagonist'이란 용어는 문자적으로 '첫째' 또는 '우선적인' 분투자를 뜻하며, 우리에게 인물은 플롯과 분리될 수 없음을 상기시켜준다. 왜냐하면 인물은 활동하고, 활동은 인물을 드러내기 때문이다.

고대 본문에 나타나는 인물 묘사의 기교는 현대 본문에서의 집요함과는 달리 간결하다. 따라서 우리는 옛날 본문들을 잘 읽기 위해서 다른 종류의 규약들을 사용해야 한다. 구약의 내레이터가 인물을 묘사하기 위해 사용하는 두 가지 우선적인 매개물은 말과 행동이다. 다시 말해서, 인물들이 말하고 행하는 것을 통해서 내레이터는 성격, 특질, 그리고 동기 등을 전달하는 것이다. 히브리어 내러티브의 50퍼센트가 대화인데, 이때 인용되는 인물들의 말은 압축되어 있어서 모든 말이 다 중요하다. 바-에프랏이 설명한 것처럼 "성경 내러티브에서 대화는 결코 간결하지 않고 실제 삶을 자연스럽게 모방한 것도 아니다. 그것들은 상당히 집중되어 있고, 꾸며져 있으며, 쓸데없는 말이 없고, 그것들이 담고 있는 모든 세부적 사항들은 분명한 기능을 수행하도록 주의 깊게 고안되어 있다."[15] 아담이 그의 아내와 암시적으로 하나님을 비난할 때 이야기꾼은 첫째 사람의 영적 상태를 드러내고 있다. 아담은 책임을 전가함으로써 자신의 죄를 감추려고 한다. 대화를 통해서 내레이터는 인물을 드러내는 것이다.

행동 또한 인물을 드러낸다. 구약 학자 리처드 프랫Richard Pratt 은 에훗의 이야기삿 3:12-30 에서 이 점을 설명한다.[16] 에훗은 기술이 뛰어난 사람인데 우리는 그 사실을 그가 직접 자신의 양날 검을 만든 것을 보고 알게 된다. 그가 그 칼을 에글론의 몸 안으로 전부 찔러 넣는 것에서 볼 수 있듯이 그는 신체적으로도 힘이 센 사람이었다. 우리는 사람들이 그에게 에글론에게 바칠 공물을 의탁하는 것을 보고 그가 믿을 만한 사람이라는 것을 안다. 우리는 또 그가 에글론 왕을 홀로 대면하는 것을 보고 용감한 사람인 것을 안다. 그의 전략과 도피를 보고서는 그가 지혜롭다는 것을 안다. 반면에 에훗의 대적인 에글론은 이스라엘 사람들을 억압했던 무자비한 독재자였다. 그는 자신을 무방비 상태에 빠뜨렸던 어리석은 사람이었다. 인물을 묘사하기 위해 행동을 사용하는 것은 미묘한 작업이다. 그러나 이것이 구약 내러티브의 기술이다. 저자들은 그들이 말하는 것보다 더 많이 보여준다.

구약 인물 묘사의 다른 기교들은 다음과 같다.

명칭과 이름: 라합은 '창녀' 수 2:1 이고, 엘리사는 '하나님의 사람' 왕하 5:8 이며, 나아만은 '아람 왕의 군대장관' 왕하 5:1 이다. '아브람아버지'은 '아브라함열국의 아버지'이 된다. 그는 나이 많아서 '웃음'을 낳고, 웃음은 또 '속이는 자'를, 속이는 자는 그후 '하나님의 왕자'를 낳게 된다. 보아스에게 동의한 보다 더 가까운 친족은 이름조차 없다. 그는 펠로니 알모니 peloni almoni 인데, 이 말은 히브리어로 막연히 '아무개' 정도를 의미한다. 이 책임 회피자는 모든 세대에 그런 식으로 알려진 것이다. 그는 자기 이름을 지키기 위해 불쌍한 룻을 거부했지만, 결국 이름 없는 사람으로 남고 말았다. 히브리어 내러티브를 읽을 때 현대 서구의 독자들은 우리가 '우리아 히이프Uriah Heep'나 '에벤에셀 스크루지Ebenezer Scrooge'와 같은 인물들을 창조해낸 디킨즈Dickens - 올리버 트위스트, 데이빗 코퍼필드 등을 쓴 영국의 작가. 뛰어난 성격 묘사로 인해 그의 작품에 등장하는 인물들은 그 이름만으로 특정 성격을 대표하게 되었음-역주 에 거는 것과 같은 기대를 갖고 대해야 한다. 이름은 인물을 보여준다. 저자들은 청중의 기대가 향하는 곳을 가리키기 위해 이름을 사용한다.

신체적 묘사: 성경의 내레이터들은 이 문제에 있어서 지나치게 간결하다. 그들은 사람의 외모를 거의 묘사하지 않는다. 따라서 그들이 사라는 아름답고, 에서는 털이 많으며, 에훗은 왼손잡이라고 말할 때 우리는 플롯에 영향을 주는 인물의 모습을 그려보아야 한다. 예를 들면, 사무엘하의 저자는 압살롬의 멋있는 남자다움을 무게가 200세겔이나 나가는

그의 긴 머리를 묘사함으로써 전달한다삼하 14:26. 히브리 문화에서는 긴 머리가 힘과 연관되어 있다. 이 묘사는 압살롬이 어떻게 백성의 마음을 도적질했는지를 설명해주고, 그 머리가 나무에 걸려서 죽음을 맞게 되는 아이러니를 예시한다. 또 다른 신체적 묘사인 골리앗에 대한 묘사는 성경 전체에서 가장 자세하다삼상 17:4-7. 그러나 여기서도 그 묘사는 세 절 정도에 지나지 않는다. 히브리 이야기꾼들은 세밀한 붓놀림의 유화가 아니라 대강 빨리 칠하는 수채화 물감으로 칠한다. 위에서도 언급한 것처럼 저자는 블레셋 용사를 기술적으로 또 생물학적으로 공포의 대상으로 묘사한다. 그가 한 소년의 손에 패한다는 것은 하나님이 하신 일이 분명하다.

포일: '포일Foils, 거울 뒷면의 박-역주'은 주인공에 대한 의도적인 대조를 의미한다. 오르바가 모압으로 돌아갈 때 우리는 룻의 충성과 용기를 더 강렬한 빛으로 보게 된다. 롯이 물이 풍부한 소돔의 들을 택할 때 우리는 아브라함의 분별력을 칭송하게 된다.

인물 묘사에 대한 히브리 문학의 기술에 대해 더 말할 것이 많지만, 이 정도면 저자들이 미묘하고 예술적인 솜씨를 사용했음을 보여주기에 충분하다. 그렇다면 인물 묘사의 목적은 무엇인가? 인물 묘사가 저자의 의도를 진전시키기 위해 수사학적으로 어떻게 기능한다는 말인가? 바로 동일화를 촉발함으로써 그 일을 한다. 프랫이 말한 것처럼 "구약의 저자들은 단지 과거에 살았던 사람들에 대해 독자들에게 말하기 위해 인물들을 제시한 것이 아니다. 그들은 반응을 일으키기 원했던 것이다… 구약의 저자들은 그들의 많은 인물들이 독자들로부터 동정적인 승인을 얻어

내길 원했다. 인물들은 청중이 인정하고 칭송하기 원하는 적절한 태도와 품행을 갖춘 영웅이나 모델의 자질을 갖추고 있다."[17] 우리의 생각이 행동에 빠져들고 우리의 마음이 인물들과 함께 묶일 때 이야기는 마력을 발휘한다. 내레이터가 "옛날 옛적에"로 시작할 때 청중은 긴장을 풀고, 방비를 낮추며, 그 장르의 형태에 굴복하게 되는 것이다. 그렇게 되면 그 형태와 관련된 아이디어들은 우리 마음에 아무 방해 없이 다가오게 된다. 다시 말해, 우리는 논증을 의심할 때 방어 기제를 발동하게 된다는 것이다. 우리는 화자가 우리를 바꾸려 한다는 것을 알고 있으며, 우리 중 그것을 좋아하는 자는 아무도 없기 때문이다!

동일화라는 수사학적 기능은 청중이 인물들에게 동감할 수 있도록 돕기 위해 우리가 상상력을 발휘한다면 설교에도 쉽게 적용될 수 있다. 이야기가 생생하게 들려질 때 청중은 대리 감정 속에서 요셉과 함께 보디발의 아내로부터 도망칠 수 있고, 어쩌면 21세기의 유혹으로부터도 도망칠 수 있게 된다. 강해자들은 고대 세계의 문화와 상황을 묘사함으로써, 또는 현대의 예들과 자기 폭로, 증거들을 사용함으로써 청중이 성경의 인물들과 동일시하는 것을 도울 수 있다. 어떻게 그 일이 이루어지든지 우리는 단순히 진리를 주장함으로써가 아니라 이야기라는 귀납적이고, 교묘하며, 미혹시키는 기술을 통해 진리를 보여줌으로써 청중을 섬길 수 있다. 제자들은 실례를 통해 배우고 모델로 인해 영감을 얻는다.

세팅

이야기를 이야기가 되게 하는 마지막 요소는 인물들이 활동하는 시간과 장소라는 '세팅setting'이다. 인물들의 신체적 묘사와 마찬가지로 구약 내레이터들은 세팅의 세부적 사항들에 대해 매우 선택적이다. 따라서 모든 말이 다 중요하다. 표면적으로 우리가 룻기의 세팅에 대해 알고 있는 모든 것은 그 이야기가 "사사들의 치리하던 때에"룻 1:1, 베들레헴에서 시작되고, 모압으로 옮겨갔다가 다시 베들레헴으로 돌아온다는 것이다. 이 극히 제한된 묘사는 탐 클렌시Tom Clancy 의 「붉은 시월을 찾아서The Hunt for the Red October」에 묘사된 잠수함의 내부나, 존 그리샴John Grisham 의 「달아난 배심원The Runaway Jury」에서 묘사된 남부 법정의 고요함에 매혹된 현대의 독자들에게는 지루하게 보일 수 있다. 그래서 현대의 독자들은 읽는 법을 다시 배워야 한다.

룻기를 다시 보자. 이 이야기는 세팅으로 가득 차 있다. 어쩌면 저자는 "사사들이 치리하던 때에"라는 표현에 주의를 집중시킴으로써 포일을 만들어내고 있는지도 모른다. 이 보석 같은 이야기는 저자가 이스라엘의 암흑 시대 한가운데에 그것을 배치함으로써 더욱 환하게 빛난다. 저자는 수채화의 빠른 붓놀림으로 분위기와 신학을 전달한다. 엘리멜렉이 베들레헴에서 모압으로 옮겨간 것을 효과적인 붓놀림으로 묘사함으로써 저자는 언약에 대한 불충성과 믿음의 결여를 암시한다. 이렇게 세팅은 플롯과 인물에 영향을 미친다. 참으로 플롯, 인물, 세팅이라는 내러티브의 세 요소는 의사 소통의 통일된 매개체를 이룬다.

룻기에 나오는 또 다른 세팅의 붓놀림을 살펴보자. 독자는 상상 속에서 "보아스에게 속한 밭" 2:3 으로 들어가고, "잠시 집에서 쉬고" 2:7, 성읍 2:18 과 타작마당 3:6 과 성문 4:1 으로 옮겨가게 된다. 시계는 룻이 "저녁까지" 2:17 이삭을 줍고, 보아스가 "밤중에" 3:8 룻을 발견할 때 함께 돌아간다. 달력은 보리와 밀의 추수기 1:22, 2:23 를 통과하면서 넘어가는 소리를 낸다. 이 이야기에는 보는 눈을 가진 자가 볼 때 세팅이 넘친다. 저자가 우리에게 장면이 추수하게 된 밭이나 모압이나 또는 성문에 있다고 말한다면 탐구 정신이 있는 사람들은 주목하라.

세팅의 묘사는 두 가지 수사학적 기능을 담당한다. 첫째는 상상력에 불을 붙이는 것이다. 구약 내러티브의 독자들은 사막의 바람 소리를 듣고, 성전의 향 냄새를 맡으며, 그 날의 작은 배를 밀고 가는 파도의 무너짐을 느낀다. 성경 지도, 백과사전, 핸드북, 그리고 주석 등의 도구들을 사용해서 석의자는 이야기를 살아나게 하는 세팅의 세부 사항들을 발견한다. 그리고 설교자로서 그 석의자들은 생생한 언어를 사용해서 독자들을 고대의 시간과 장소로 옮겨간다. 여기에 유진 피터슨이 엔게디 동굴에 있는 다윗을 묘사한 글을 한 예로 제시한다.

> 다윗과 그의 일행 몇 명은 사해 위쪽에 있는 동굴에 숨어 있다. 날은 뜨겁고 동굴은 시원하다. 그들은 동굴 깊숙한 곳에서 쉬고 있다. 갑자기 동굴 입구에 그림자가 어른거린다. 그들은 그림자의 주인이 사울 왕인 것을 보고 놀란다… 사울은 동굴 안에 들어오지만 그들을 보지 못한다. 광야에서 빛나는 태양의 광채로부터 이제 막 벗어났기

에 그의 눈은 아직도 어둠에 익숙해지지 않은 것이다.[18]

상상력에 불을 붙일 때 반론이 제기된다. 상상력은 부정확함으로 이끌지 않는가? 무엇보다도 본문은 그날이 뜨거웠다고 말하지 않는다. 그날에 어쩌면 드문 소나기가 휩쓸고 지나갔을지도 모른다. 이러한 정당한 반론에 대한 나의 대답은 두 가지다. 첫째, 주의 깊은 석의자는 설교자가 필요로 하는 상상을 위한 모든 음식을 공급한다. 이야기꾼이 집어넣은 모든 것을 끄집어내기 위해 당신의 연구 도구들을 사용하라. 원 저자는 엔게디가 어디에 있었는지, 그 지역이 어떤 지형인지를 알고 있었다. 그는 우리가 그 이야기를 읽을 때 같은 지식을 동원하리라고 전제하고 있었다. 만일 그의 의도가 그렇지 않았다면 그는 세팅을 언급하지 않았을 것이다. 하지만 현대의 독자들은 그 이야기로부터 수천 년의 시간과 수천 킬로미터의 거리만큼 떨어져 있기 때문에 책들을 동원해야 한다. 그렇게 할 때 우리는 저자가 집어넣은 것을 넘어서지 않으면서 그가 집어넣은 것을 끄집어낼 수 있게 된다. 주의 깊은 연구는 상상력에 불을 붙인다.

둘째, 세팅의 정확한 세부 사항(그날의 온도 같은)에 의심이 있을 때는 다음과 같은 제한적 설명을 첨가하라. "그날은 어쩌면 더웠을 것이다. 그 지역의 평균 온도가 …이었던 만큼 통렬히 뜨거웠을 것이다." 이와 같은 간단한 제한적 설명은 상상력의 수사학적 효과를 파괴하지 않으며, 오히려 우리를 '공상의 비행'으로부터 지켜줄 것이다.

상상력에 더해서 두 번째 수사학적 기능은 결합association 이다. 노스롭 프라이Northrop Frye와 존 세일해머John Sailhamer 같은 학자들은 성경이 한 책이라는 사실을 설득력 있게 증명한다.¹⁹ 성경은 비록 수천 년에 걸쳐서 수많은 사람에 의해 쓰였지만 하나의 응집력 있는, 의미를 스스로 되새길 수 있는 찬란한 별자리로 남아 있다. 한 부분은 다른 부분을 언급하고, 저자들은 독자들이 각각의 내러티브를 구속사라는 메타내러티브의 빛 아래에서 이해함으로써 그러한 언급을 파악하리라고 기대한다. 따라서 룻기의 저자는 독자들이 소음으로 시끄러운 '사사 시대'의 무정부 상태를 배경으로 이 구속 이야기의 달콤한 음악을 듣기를 의도하는 것이다. 저자는 독자가 그 땅과 신명기적 언약에 대한 지식을 갖고 있을 것을 기대한다. 그 지식에 의하면, 베들레헴에서 모압으로의 이주에 대한 간단한 언급은 비극을 내다보는 우리의 예측을 가리키는 것이다. 결합을 통해서 내레이터는 신학을 전달하는데, 다시 한 번 말하지만 그들의 솜씨는 은밀하다. 그들은 아이디어를 사람과 장소에 구현시킨다.

성경적 설교자들은 결합의 수사학을 두 가지 방식으로 발휘한다. 첫째, 우리는 단순히 언급된 내용들을 설명할 수 있다. 우리 설교자들은 일면 교사이기도 하며, 하나님이 묶어놓으신 것을 풀어놓는 일을 주저할 필요가 없다. 물론 좋은 교사들은 단지 정보만을 쏟아놓지 않는다. 그들은 자료의 적절성을 가지고 독자들을 참여시킨다. 둘째, 구약 내러티브에서 하는 설교에서 우리는 반복해서 메타내러티브로 되돌아가야 한다. 시간이 경과함에 따라 우리가 이 이야기들을 '최상의 수준'에서 해석할 때 청중은 그들 자신의 지식을 소유하게 되며, 그 결과 그들 자신이 결합을 이룰 수 있게 된다. 그들은 구약을 창조와, 반역과, 구속의 웅장한 이야기로 보게 될 것이다. 그들은 저자들이 의도한 대로 하나님의 이야기의 장엄한 흐름 안에 자신들을 두게 될 것이다.

결론

플롯, 인물, 세팅은 히브리 이야기꾼들이 진리를 전달하기 위해 자주 사용하는 것들이다. 우리는 우리의 귀를 그것들에 집중함으로써만 저자들이 의도한 대로 주의를 맞추고, 동일시하도록 이끌며, 상상력에 불을 붙이는 내러티브의 수사학으로서의 진리를 들을 수 있다. 그렇게 잘 들은 후에 우리 설교자들은 이야기라는 매개체를 통해 현대의 청중에게 그 메시지를 재방송할 수 있는 준비를 갖추게 될 것이다.

연구 및 적용 질문

1. 플롯 구조에 포함되는 다섯 단계는 무엇인가?
2. 구약 내러티브에는 인물들이 어떻게 묘사되어 있는가?
3. 내러티브에서 세팅의 기능은 무엇인가?
4. 당신은 이 장에서 어떤 도움을 받을 수 있을지, 또 그것들을 어떻게 당신의 설교 준비에 활용할지를 생각해보라. 당신의 계획은 무엇인가?

추천 도서

- Alter, Robert. *The Art of Biblical Narrative*. New York: Basic, 1981.

- Larsen, David. *Telling the Old, Old Story: The Art of Narrative Preaching*. Grand Rapids: Kregel, 1995.

- Lowry, Eugene L. *The Homiletical Plot: The Sermons as Narrative Art Form*. Expanded edition. Louisville: Westminster John Knox, 2000.

- Mathewson, Steven D. *The Art of Preaching Old Testament Narrative*. Grand Rapids: Baker, 2002.

- Pratt, Richard L. *He Gave Us Stories: The Bible Student's Guide to Interpreting Old Testament Narratives*. Brentwook, TN: Wolgemuth & Hyatt, 1990.

5. 율법서를 설교하기

더글라스 스튜어트(Douglas K. Stuart)

이 장[1]에서 내가 하려는 말은 설교 그 자체가 아니라 설교를 준비하는 것과 관련된 것이다. 다시 말해서, 이 장의 내용은 보기를 담은 지침서의 형태가 아니라 우리가 구약의 율법서를 설교할 때 그 바탕이 되는 관점에 대한 평가의 형태를 띠게 될 것이다. 이것은 구약 설교의 기법에 대한 토의가 아니라 구약 설교라는 작업으로 우리를 이끌고, 그 작업을 위해 우리로 헌신케 하는, 근본적으로 고려할 사항들에 대한 것이다.

이 장을 월터 카이저에게 헌정하는 것은 기쁜 일이다. 하나님의 뜻을 충성스럽게 설교한 본이 되는 사람이 있다면 바로 그다. 그는 하나님의 법을 사랑했다. 그는 모세 시대에 옛 언약의 신자들에게 처음 계시되었고, 결국에는 새 언약의 신자들에게 사랑을 받도록 의도된 그대로 하나님의 법을 사랑했다. 카이저는 많은 사람들이 종종 깨닫지 못하는 것을 잘 이해하고 있다. 그것은 하나님이 모세에게 구약의 율법서를 쓰도록 영감을 주셨을 때 언젠가 21세기가 도래할 것을 온전히 알고 계셨으며, 하나님이 율법서에 계시하신 말씀이 단지 구약의 이스라엘에게뿐 아니라 모든 시대의 신자들에게 필수적인 진리가 된다는 것, 실제로 삶과 죽음의 문제가 된다는 것을 온전히 알고 계셨다는 사실이다.

왜 우리는 율법서를 설교하기 꺼리는가

우리는 율법서가 우리에게 적절해 보이지 않을까 두려워한 나머지 설교하기를 꺼린다. 모든 사람은 적절한 것을 원한다. 대부분의 사람들은 본능적으로 적절한 것을 "내가 이번 주에 내 삶을 더 행복하게 만들기 위해 사용할 수 있는 충고" 정도로 잘못 정의한다. 이러한 그릇된 관점은 설교자들에게 메시지를 타협하게 하는 압력을 가한다. 왜냐하면 적절한 것을 그런 식으로 생각하는 사람들을 기쁘게 하는 가장 쉽고도 빠른 길은 그들이 실제적이고 즉각적으로 유용하게 사용할 수 있다고 여길 수 있는 따뜻하고, 친절하며, 인간적인 지혜를 그들에게 주는 것이기 때문이다. 그러한 일에서라면 성경의 대부분이, 그리고 확실히 구약의 율법서는, 거의 또는 전혀 도움을 주지 않는 것처럼 보인다. 도움을 주지 못하는 설교자에게 화 있을진저! 사람들은 당신의 설교가 도움이 되지 않는다고 생각하면 어떠한 방법으로라도 그 사실을 표현한다. 예배 출석률이 줄어든다든지, 당신의 사례비를 올리는 일에 무관심하다든지, 또는 당신이 다른 사람들을 지겹게 만들 수 있도록 다른 교회로 당신을 옮기려 한다든지 하는 식으로 말이다. 꽤 겁나는 일이다!

왜 우리는 율법서 설교를 꺼려서는 안 되는가

겁나거나 말거나 우리에게는 율법서가 필요하다. 그 이유는 우리가 직면하는 주된 도전이 도덕적인 것이기 때문이다. 기술의 진보라는 도전에도 유익한 점이 있는 것은 사실이지만, 그러한 진보는 사람을 죄에서 구원할 수 없거나 복음을 거부하는 자를 위해 그가 지옥으로 가는 여행길을 더 편하게 해주는 것 외에 사실 더 해줄 수 있는 일이 별로 없다. 교육에도 유익한 점이 있는 것은 사실이지만 모든 종류의 학문적 지식은 궁극적으로 인간의 지혜일 뿐이며, 잘 교육받은 사람들도 불행해지거나, 비실제적이 되거나, 또는 둘 다가 될 수 있는 소지가 충분해 보인다. 국가 간의 정치적, 사회적, 경제적 협력과 같은 세계적 협력에도 유익한 점이 있는 것은 사실이지만, 그 최상의 결과라 해도 단지 한시적일 뿐이며 역사를 통한 지금까지의 결과는 그다지 인상적이라고 할 수 없다. 누구든지 세상이 백 년 전에 비해서 더 살기 좋은 곳이 되었다고 증명할 수 있겠는가? 사람들의 삶을 더 행복하게 만들려는 모든 인간적 노력은 가치 있는 일이지만, 이 행성 위에서의 행복한 삶이란 하나님이 우리를 위해 두신 목표에는 훨씬 미치지 못한다. 그 목표는 그분이 사시는 곳에서 그분과 함께 영원히, 지금은 우리가 결코 표현할 수 없는 놀라운 기쁨 가운데서 사는 것이다. 그렇다면 그러한 삶으로부터 우리를 멀어지게 하는 것은 무엇인가? 바로 죄라고도 알려진 부도덕함이다.

그렇다면 우리는 죄의 특성을 어떻게 이해해야 하며, 우리가 그분의 언약 백성으로 살 때 그 죄를 피하기 위해 어떻게 하나님의 도움을 구할 수 있겠는가? 그 대답은 그분이 좋아하시는 것과 싫어하시는 것이 무엇인지를 우리가 알아야 한다는 것이다. 하나님은 이것에 대한 많은 것을 구약에서만 밝히셨는데, 이 같은 내용을 신약에서 똑같이 반복할 필요가 없도록 하기 위함이었다.²

종업원이 고용주가 원하는 것과 금하는 것을 알지 못한다면 어떻게 고용주를 기쁘게 할 수 있겠는가? 신약에서는 신자들이 하나님의 영의 도움을 받아 그리스도를 따름으로써 하나님을 기쁘시게 한다. 하나님의 영은 우리의 생각과 행동을 유발하고 충동하시는데, 그렇지 않으면 그것들은 단지 인간적인 것으로 모든 죄악된 한계를 지닌 것일 뿐이다. 성령은 우리의 관점을 형성하시고, 새 언약 아래서 하나님을 기쁘시게 하는 생각과 품행이 어떤 것인지를 파악하도록 우리에게 단지 보기뿐 아니라 일반적인 틀을 주시기 위해 구약 율법에 대한 우리의 지식을 사용하시는가? 물론 그분은 그렇게 하실 수 있다. 그리고 옛 언약의 율법의 저자이신 성령은 당신이 당신의 선지자 모세를 통하여 저술하신 그 자료를 우리가 그렇게 보기를 원하신다.

바로 이것이 구약의 율법이, 성령님이 그것을 사용하실 때 우리를 위해 하시는 일이다. 그리스도를 따르는 자들은 오경의 율법이 우리의 언약의 율법이 아니라는 것을 인식해야 한다 이 말은 그 율법의 대부분이 구약에서 신약으로 넘어오지 않았고, 따라서 이스라엘에게 직접 주어진 그 명령들은 우리에게 직접 해당되는 명령들이 아니라는 뜻이다. 그러나 이 말은 율법이 더 이상 우리를 위한 하나님의 말씀이 아니라는 것을 의미하지는 않는다. 구약의 내러티브나 지혜의 가르침이 우리에게 직접적으로 해당되는 명령을 반드시 담고 있을 필요는 없지만 여전히 우리를 인도하는 것과 마찬가지 방식으로, 비록 우리가 새 언약 아래 있다 해도 율법은 여전히 우리에게 직접적인 의미와 유용성을 지니고 있는 것이다.

특별히 중요한 것은, 율법은 지금 우리가 하나님을 알고 하나님께 복종하기를 원하시는 바로 그 하나님이 자기 백성이 하나님을 알고 하나님께 복종하게 하기 위해서 본래 그들 앞에 두셨던 표준을 우리가 발견할 수 있는 곳이라는 사실이다. 다시 말해서, 율법의 원리는 단지 시간이 지났다고 해서 신자들의 삶에 부적절한 것이 되지 않았다는 사실이다. 율법이 계속해서 우리를 위해 하는 일은 하나님이 인간의 행동에서 원하시는 것에 대한 원리와 우리가 성령의 인도를 좇아 그리스도를 따를 때 우리를 인도해주는 매우 유용한 원리들을 주는 것이다.

그 일은 원리적으로 어떻게 이루어져야 하는가

율법서 설교에서는 '규칙이 없으면 관계도 없다'는 간단하면서도 핵심적인 개념을 빨리 그리고 자주 되새기는 것이 중요하다. 바로 이 개념이야말로 사람들이 그리스도를 따르고자 할 때 그들을 위한 율법의 가치에 대해 이해해야 할 핵심이다. 율법은 우리가 곤경에 빠지지 않기 위해

부지런히 지키도록 의도된 것이 아니었고 또 아니다. 율법이 주어진 것은 그것을 통하여 하나님의 백성이 그분과의 관계 안으로 들어오게 하기 위함이었다. 성경의 율법은 언약의 규정들로서 그 관계가 제공하는 모든 유익과 함께 하나님과 그분의 백성을 연결하는 수단이었다.

우리는 잘못을 책하지도 않고, 압박을 주지도 않으며, 규칙도 없는 그러한 관계가 가능할 뿐 아니라 바람직한 것이라고 여기는 시대와 문화 속에서 살고 있다. 그러한 관계는 가능하지도 바람직하지도 않다. 예를 들면, 많은 커플들이 그냥 함께 들어와 살면서 서로 만족하는 동안 동거하다가 한쪽이나 양쪽 다 원할 경우 헤어지는 '결혼'의 모조품 형태를 시도한다. 이런 종류의 관계 설정은 쉽지만 그것은 관계라고 할 수 없다. 그러한 관계에서 태어나는 아이들은 그들의 부모와 연결되어 있는 안정된 기간에만 의존할 수밖에 없다. 그들은 오랜 기간에 걸친 가족 간의 상호 관계의 유익을 전혀 알지 못한다. 중년과 노년에 외로움을 느낄 확률은 지대하다. 다시 말해서, 규칙이 없는 관계에서는 유익이 적고 잠재적 비참함은 훨씬 더 크다는 것이다.

그러나 규칙이 정해진 관계언약에서는 오래 지속되는 유익이 그 목표가 된다. 바로 그것이 규칙의 목적인 것이다. 규칙을 알고 지킬 때 풍성한 축복이 주어진다. 당신의 백성에게 언약을 베푸시는 하나님은 그들이 하나님을 알고 영원토록 그분을 즐기게 하시려고, 바로 그들에게 유익을 주기 원하는 마음에서 그렇게 하신다.

구약의 언약인 율법은 출애굽기, 레위기, 민수기, 신명기에 정식으로 나온다. 출애굽기-레위기는 언약을 형성하고, 그 언약은 민수기에서 시간의 경과와 함께 주어지는 율법에 의해 보충된다. 마치 미합중국의 헌법이 시간이 흐름에 따라 수정안에 의해 보충되는 것과 같다. 한편 신명기는 그 자체로 하나의 언약을 이루며, 출애굽기–레위기–민수기의 본래의 언약을 이스라엘 백성의 제2 세대와 그 이후 세대들을 위해서 재진술하고 재정리한 것이다.

이 장의 내용을 더 잘 설명하기 위해서 우리는 출애굽기–레위기의 언약에 초점을 맞추고자 한다. 우리는 출애굽기의 율법 부분20:1-31:18이 다음과 같은 레위기의 마지막 말씀이 보여주는 바와 같이 레위기에서 완결됨을 주목해야 한다. "이상은 여호와께서 시내산에서 이스라엘 자손을 위하여 모세에게 명하신 계명이니라"레 27:34. 다시 말해서, 출애굽기는 시내산 언약을 시작했지만 마치지는 못했다.

출애굽기의 법률 부분의 구조가 '종주 계약suzerainty treaties'으로 알려진 고대의 언약 형식을 따라 이루어졌음을 주목하는 것이 중요하다. 그 계약에 따르면, 정복자는 피정복자들과 계약을 맺으면서 그들이 그 계약의 규정에 따르는 한 그들을 보호해주고 돌봐주는 '유익'을 베푼다.[3] 그러한 계약에는 대체로 여섯 조항이 있는데, 출애굽기의 구조와 관련해서 그 사항들을 정리해보았다.

1. 서언Prologue : 언약의 수혜자를 밝힌다 "너의 하나님 여호와로라", 출 20:2.
2. 전문Preamble : 종주가 그 백성과 맺는 관계를 상기시킨다 "너를 애굽 땅 종 되었던 집에서 인도하여 낸", 출 20:2.
3. 규정Stipulations : 백성이 지켜야 할 다양한 율법과 의무들의 목록이

다출 20:3-23:19, 25:1-31:18.

4. 언약의 증인들의 목록 "나는 그들의 하나님 여호와니라", 출 29:46, 31:13, 레 11:44.[4]

5. 문서에 관한 조항: 언약을 기록하여 훗날에도 정기적으로 읽게 하고, 그 내용을 반복해서 배우게 한다출 24:4, 7, 12 참조.

6. 상벌Sanctions : 복종을 촉구하기 위한 축복과 저주를 밝힌다출 20:5-6, 12, 24, 23:20-31, 참조-레 26:3-14(축복), 26:14-39(저주), 26:40-45(축복의 회복).

출애굽기에는 언약의 여섯 조항 중에서 네 개만이 소위 언약의 코드라 불리는 본문20:1-23:32이 나온다. 이것은 출애굽기가 전체 언약의 첫 부분만 담고 있고, 나머지 부분은 레위기까지 이어지며 민수기에 나오는 규정들에 의해 보충되고 있기 때문이다.[5] 더욱이 시내산 언약은 전체 오경 언약 또는 모세 언약의 첫 진술로, 신명기의 마지막 부분에 가서 최종적으로 마무리된다. 그럼에도 불구하고 출애굽기에는 이미 언약의 핵심 내용이 분명히 드러나 있다. 그것은 하나님은 누구시며, 자기 백성들[6]에게 무엇을 원하시는지, 그리고 하나님께 복종하는 것이야말로 언약에 충성하는 길이요, 축복의 길임을 계시하신 것이다.[7]

이 전체적인 틀 안에서 언약이 세우고자 하는 관계의 구조를 규칙이 어떻게 제공하는지 몇 가지 패러다임을 형성하는 핵심 규칙들을 생각해 보자. 먼저 주목해야 할 점은, 소위 십계명이 등장하는 출애굽기 20장에는 '계명'이나 '율법' 또는 그와 비슷하게 묘사된 것이 전혀 없다는 사실이다.[8] 물론 여기서 하나님이 하신 말씀은 그분의 백성들에게 그분의 언약에 합당한 방식으로 행할 것을 엄중하게 명하고 계시지만, 그 명령의 중요성은 일상적인 '율법'의 중요성을 넘어서고 있다. 출애굽기 20장, 특히 열 가지 '말' 하데바림, hadevarim 이 담고 있는 것은 성문화된 율법이나 그와 비슷한 것의 일부분이라기보다는 한 국가의 헌법 내용에 더 가깝다. 미국의 법전을 빌어 유추한다면 출애굽기 20장의 열 가지 말은 미합중국의 헌법 개별적인 법률의 체계라기보다는 가장 근본적으로 법적 효용성을 지닌 에 얼추 해당하고, 그 뒤를 따르는 율법들 "네가 백성 앞에 세울 율례는 이러하니라"-21:1 참조 은 그후 시간이 경과함에 따라 제정된 모든 종류의 특정 문제들을 다루는 연방법의 다양한 부분들에 해당한다고 할 수 있다. 한쪽은 절대적으로 '헌법적' 또는 '근본적' 인 반면, 다른 쪽은 가장 기본적인 '헌법' 에 설명되어 있는 원리들을 따른 것으로 특정한 방식의 규제 성격을 띠고 있다. 십계명의 특별한 성격이 인정되는 한 그것을 '십계명' 이라고 부르는 것은 전통적이고 편리하다. 모세는 신명기 5장 6-21절에서 십계명을 반복해서 선포한 후에 그것들을 명백히 '계명' 이라고 부른다 "여호와께서 이 모든 계명(말씀-한글개역개정)을 산 위 불 가운데, 구름 가운데, 흑암 가운데서 큰 음성으로 너희 총회에 이르신 후에…" 신 5:22 .

성경의 계명들은 세 가지 차원에서 구체성을 띤다. 가장 종합적인 차원에서는 신명기 6장 5절 "너는 마음을 다하고 성품을 다하고 힘을 다하여 네 하나님 여호와를 사랑하라" 과 레위기 19장 18절 "이웃 사랑하기를 네 몸과 같이 하라" 의 위대한 두 계명이 있다. 이 중 첫 번째 것은 다른 모든 관계들보다 더 우위에 있는 하나님에 대한 언약적 충성과 순종을 광의의 용어를 사용해서 요구한다.[9] 두 번째 것은 다른 인간들을 사랑으로 충성스럽게 대할 것을 요구한다. 예수님은 유대교가 이해한 대로 다른 모든 계명들의 종합으로 이 두 위대한 계명의 중요성을 승인하셨다.¹⁰ 그분은 이 두 계명이 다른 모든 계명들의 '강령'이라고 특별히 밝히셨다ᵐ ²²:⁴⁰. 어떻게 그러한가? "하나님을 사랑하라"는 계명은 십계명의 처음 네 계명의 강령이 된다. 왜냐하면 그것은 하나님께 대한 언약적 충성을 나타내는 방식을 묘사하기 때문이다. "이웃을 네 몸과 같이 사랑하라"는 계명은 마지막 여섯 계명의 강령이 된다. 예수님은 이 계명을 대접을 받고자 하는 대로 "너희도 남을 대접하라"는 것으로 설명하셨다ᵐ ⁷:¹². 따라서 처음 네 개의 '수직적' 계명들은 나중 여섯 개의 '수평적' 계명들에 의해 균형을 잡게 되며, 이 계명들은 둘째 차원을 보여준다. 그 뒤에 위계질서에 따라 다른 모든 계명들이 셋째 차원을 이룬다. 따라서 순서는 둘, 열, 그리고 601이다.¹¹ 덩치가 큰 601개의 나머지 계명 중 어떤 것들은 '수직적' 내용을 다루는 계명들이고, 다른 것들은 '수평적' 내용을 다룬다.

그렇다면 어떻게 이 열 가지 '말', 또는 나머지 601 계명들이 무수한 인간의 도전과 경험, 그리고 한 사람이 일생 동안 부딪히거나 범하게 되는 유혹과 죄를 모두 다 적절히 다룰 수 있단 말인가? 어떻게 얼마 되지 않는 적은 수의 율법이 이 행성 위에서 살아가는 우리의 복잡한 삶 속에서, 많은 문화 안에서, 많은 사람을 인도할 수 있단 말인가?

그 대답은 성경의 율법은 패러다임을 제공하며 그것으로부터 하나님께 순종하며 사는 삶의 원리가 추출된다는 것이다. 설교자들이 밝혀내어 사람들의 주의를 집중시켜야 할 것이 바로 이 원리들이다. 설교자들은 그 일을 함에 있어서 율법의 다양한 부분들이 신약의 신자들에게 어떻게 관련되는지를 밝히기 위해 신약의 안내를 받아야 한다.

현대 사회는 이와는 대조적으로 대체로 세세한 법률 조항들을 만드는 쪽을 택했다. 다시 말해서, 현대 사회가 조절하거나 금지하고자 하는 모든 행동은 별도의 법률에 특정하게 언급되어야 한다는 말이다. 이 세세한 법률 체계의 기대에 따라 주법이나 연방법의 코드들은 수천 페이지에 달하며, 수천 가지의 개별적 행동들을 요구, 제한, 조절, 금지라는 방식으로 다룬다. 이런 접근 방식에 의하면 명백히 금지되거나 규제되지 않은 행동들은 다 허용된다. 따라서 범법자들이 법률의 '기술상의 문제'나 '허점'을 이용해서 고소를 피하는 일이 비일비재하게 일어나는 것이다. 그들의 바람직하지 않은 행동은 객관적인 관찰자가 볼 때 처벌을 받아야 마땅함에도 불구하고 성문법에 명확히 금지되거나 규제되지 않았기 때문에 유죄 선언을 받지 않는다.

고대의 율법들은 이런 방식으로 사용되지 않았다. 그것들은 행동의 모델을 밝혔고, 그 행동과 관련된 금지와 처벌의 모델을 밝힘으로써 패러다임을 제공했다. 고대 사회는 결코 세세한 율법 체계를 만들려고 하지 않았다. 우리는 패러다임으로서의 율법의 한 예를 유명한 함무라비 법전주전 1720년경에서 찾아볼 수 있다. 고대 세계에서 이 법전의 각각의 법령들은 실제 재판정의 경우에 결코 인용된 적이 없었다. 그 법령들이 각각의 경우에 결정적으로 관련이 되었는데도 말이다. 함무라비 시대와 그 뒤 수십, 수백 년 동안의 고대 메소포타미아 세계의 수천 가지 재판 기록들이 잘 보관된 상태로 발견되었다. 그것들은 수세기 동안 보전된 토판 위에 설형 문자로 적혀 있었다. 이 재판 기록 중 어느 것도 함무라비 법전을 언급하지 않는데, 그것들의 세밀한 기록을 보면 그 경우들은 함무라비 법전이 그런 경우 어떻게 재판을 해야 하는지 가이드를 제공할 수 있는 그 종류의 것들이었다. 그 이유는 무엇일까? 고대 시대의 사람들은, 율법 조항은 그것으로부터 결론을 끄집어내는 패러다임이지 어떤 주어진 법적 상황에서 취해야 할 형벌이나 행동에 대한 세세한 목록이 아니라고 이해했기 때문이다. 다시 말해서, 재판정에서 판사들은 법률 조항을 그렇게 되어야 마땅한 정의의 예들로 보았던 것이다. 그들은 법률 조항을 어떻게 현명하게 판결해야 하는지에 대한 특정한 처방이 아니라, 모델로 사용해서 그들 자신의 결정에 도달했고, 그들 자신의 판결을 내렸다.[12]

고대의 율법은 규제해야 할 모든 사항들의 완벽한 묘사가 아니라 지침이 되는 원리 또는 샘플을 제공했다. 설교자들이 현대의 청중에게 구약의 율법을 설교할 때 해야 할 일이 바로 그것이다. 고대인들은 율법의 샘플이 말한 것으로부터 율법이 총체적으로 지향했던 일반적인 품행을 추출해낼 수 있어야 했다. 고대의 재판관들은 존재하는 율법에 담긴 말들로부터 다른 모든 상황을 이끌어낼 수 있어야 했다. 그렇게 함으로써 그들은 '기술상의 문제'나 '허점'과 같은 것들로 인해 그들의 법체계를 망치지 않을 수 있었다. 재판관들이 상식적으로 보아서 범죄가 저질러졌을 때[13] 그들은 그들 앞에 놓인 케이스에서 적당한 정의를 어떻게 실현할지를 결정하기 위해 가장 근접한 율법이 요구하는 것으로부터 그들의 판결을 이끌어냈다. 고대 이스라엘의 시민들과 특별히 재판관들은 그들이 다루고 있는 정의를 요하는 상황에 맞게 야훼로부터 그들이 받은 율법으로부터 판결을 이끌어내는 법을 배워야 했다. 정의를 적용해야 하는 어떤 주어진 상황을 다루는 율법의 수는 적었을지라도 정의가 적용되는 것을 막지는 못했다. 모든 당사자들이 지침을 얻기 위해 이미 존재하고 있는 율법에 호소하는 것은 당연한 일이었다. 그 율법이 고려 중인 경우를 특정하게 다루든 다루지 않든 마찬가지였다. 다시 말해서, 이스라엘 백성은 어떤 율법에서도 개별적으로, 궤변론적으로 인용된 율법의 특정 내용들로 인해 율법을 지나치게 협의로 적용하는 것을 피해야 했고, 그 밑에 깔린 원리들을 보는 법을 배워야 했다는 것이다. 우리도 구약의 율법을 사용할 때 같은 방식을 취해야 할 것이다.

하나님이 이스라엘에게 계시하신 언약의 율법은 패러다임을 제공하는 것이었다. 어떤 이스라엘 백성도 "율법은 소나 양을 도적질한 자는 갚아야 한다출 22:1 라고 말하지만 나는 네 염소를 훔쳤으니 갚을 필요가 없다"든지 또는 "율법은 자기 아비나 어미를 친 자는 반드시 죽일지니라출 21:15 고 말하지만 나는 할머니를 쳤으니 벌을 받을 필요가 없다"든지 또는 "사람이 서로 싸우다가 하나가 돌이나 주먹으로 그 적수를 쳤으면… 배상해야 한다출 21:18 고 말하지만 나는 내 이웃을 발로 차고 나무막대기로 때렸으니 벌을 받을 필요가 없다"고 말할 수 없었다. 그런 논증은 관련된 모든 사람의 지성을 모욕하는 것으로 판결을 내리는 사람들에게 어떤 영향도 주지 못했다. 예수님이 유대교의 확립된 전통에 따라 두 계명이 다른 모든 것을 다 포괄한다고 폭넓게 주장하신 것은 바로 이스라엘의 언약적 율법의 이런 패러다임으로서의 성격과 관련된 것이다.

우리가 제대로 이해한다면, 두 가지 계명은 참으로 구약의 전체 법전에 담긴 모든 것을 요약한다. 열 가지 계명열 가지 말/십계명 도 마찬가지고 모든 613 계명도 마찬가지다. 이 수는 그 이상으로 올라가지 않으며 그럴 필요도 없다. 종합적이고 알기 쉬운 율법의 합리적인 수작게는 2부터 크게는 613에 이르는가 합당한 삶을 위한 패러다임으로 백성들에게 공표된다면 사람들은 그들의 죄가 발견되었을 때 어떻게 행해야 할지 몰라서 그랬다고 무죄를 주장할 수 없을 것이다. 대부분의 율법은 남성 단수형의 명령으로 주어진다. 율법의 '너'는 기술적이고 문법적인 관점에서 볼 때 '너 한 남성'을 의미한다. 하지만 독자/ 청자는 "그것은 남성 개개인이 그렇게 하지 못하도록 금한 것이고, 나는 한 여성/ 우리는 한 그룹이기 때문에 율법의 그 조항에서 제외된다"는 식으로 말할 수 있는 근거가 전혀 없었다. 율법을 표현한 말 자체에 단수든 복수든, 남성이든 여성이든 모든 사람에게 해당되는 패러다임으로서의 해석의 필요가 잠재해 있다. 현대의 설교자가 하는 일도 그것과 같다. 단 그는 반드시 신약이 보여주는 방식에 따라 그렇게 해야 한다.

새 언약 안에서 두 위대한 계명의 패러다임은 '그리스도의 법'으로 요약된다갈 6:2. 성령의 도우심으로 인해 이제는 수백 개의 율법 조항들을 다 외우고 기억해야 할 필요가 사라졌다. 율법은 더 이상 돌판에 새겨진 패러다임으로서의 지침의 문제가 아니다. 그것은 이제 하나님의 영에 의해 마음에 새겨진 하나님 사랑과 이웃 사랑에 대한 명확한 의식의 문제가 되었다렘 31:31-34, 참조-롬 2:15. 이 사랑의 의식은 항상 하나님의 뜻을 요약한 두 계명이나, 두 계명과 특정한 상황들과 관련된 그외 모든 계명들을 명확하게 해주기 위해 필요한 옛 언약에 담긴 십계명과 일치한다.

누군가 이렇게 묻고 싶을지도 모른다. "네 마음을 다해 하나님을 사랑하라는 계명과 네 이웃을 네 몸처럼 사랑하라는 계명이 가장 위대한 두 계명이라면 왜 이것이 시내산에서 선포된 계명 중 가장 먼저 등장하지 않는가? 왜 그 중 하나 '네 이웃을 네 몸과 같이 사랑하라', 레 19:18 는 이스라엘 백성에게 훗날 보다 은밀하게 주어지고, 또 다른 하나 '네 마음을 다해 하나님을 사랑하라', 신 6:5 는 거의 40년 후에 신명기라는 새로운 세대를 위한 율법 조항에 나타나는가?" 이 질문에 대한 대답은 너무나 간단하다. 너무나 많은 사람들이 위대한 이 두 계명을 열 개의 대표적인 표현들, 즉 출애굽기 20장에 나오는 열 가지 말/ 십계명을 포함한 다른 계명들과 관련시키지 않고는 이해할 수 없었기 때문이다.

 이 말은 613개의 모든 계명들을 의식하지 않고서는, 또 그 안에 담긴 하나님의 거룩하심의 높은 수준과 거기에 열거된 하나님이 요구하시거나 금하신 특정의 행동들을 보지 않고서는, 타락한 세상에서 사는 오염된 인간이 위대한 이 두 계명이 요약하고자 하는 바가 무엇인지를 쉽게 깨달을 수 없다는 것이다. 우리가 하나님이 거룩한 자기 백성들에게 거시는 기대치의 넓이와 깊이를 배운다면 위대한 이 두 계명이 하나님의 언약 백성들에게 요구되는 모든 것을 얼마나 뛰어나게 전체적으로 상기시키고 있는지를 알 수 있다. 신약의 그리스도 법의 요점도 마찬가지다. 그것은 형태도 없고 내용도 없는 막연한 개념이 아니라 그리스도가 가르치셨고, 보이셨으며, 성경의 다른 곳에서 강화되고 있고, 구약 율법의 특정 조항들 위에 세워진 모든 것에 대한 온전한 순종을 요약하는 방식인 것이다.

 패러다임으로서의 율법의 마지막 함의는 이것이다. 모든 율법이 그

범위에서 똑같이 포괄적인 것은 아니라는 사실이다. 이 말은, 일부는 그 적용 범위가 매우 넓은 반면 야훼 너희 하나님을 사랑하라, 일부는 훨씬 더 좁다는 거짓 증거 하지 말라 뜻이다. 누군가 이렇게 묻고 싶을 것이다. "왜 그냥 '어떤 방식으로도 거짓되지 말라' 고 말하지 않는가? 그 편이 '거짓 증거 하지 말라' 보다 더 포괄적이지 않은가?" 그러나 그렇게 말하는 것은 패러다임으로서의 율법의 역할 방식을 놓친 것이다. 독자나 청자는 구체적으로 명시되지 않은 율법이 다루는 범위가 너무 넓거나 좁기 때문에 모든 상황도, 보다 일반적인 행동의 구체적인 예들과 넓은 범주의 행동에 대한 매우 일반적인 규칙을 대강 섞어놓은 것에 의해 다뤄지고 있음을 이해하게 된다. 다시 말해서, 모든 율법을 함께 고려해볼 때 우리가 받게 되는 인상은 매우 좁고 명확한 이슈들과 매우 넓고 일반적인 이슈들이 둘 다 하나님의 언약의 범위 안에 들어온다는 것이다. 이러한 포괄성의 폭넓음은 변화성 variability은 언약을 지키기 원하는 사람이 다음과 같이 말할 수 있게 해준다. "나는 이제 가장 넓고 일반적인 방식으로뿐 아니라 가장 좁고 자세한 방식으로도 이 율법을, 문자 그대로만 아니라 그 모든 함의에 있어서까지 지켜야 함을 보게 되었다. 어떤 계명들은 의도된 모든 행동들을 포함하는 데 필요한 것보다 그것들이 표현된 방식에 있어서 그 범위가 덜 넓은 편이다. 다른 계명들은 그것들이 표현된 방식에 있어서 그 범위가 너무 넓어서 그것들이 적용될 수 있는 모든 방식을 다 생각할 수 없을 정도다. 이것은 마땅히 그래야 한다. 좁고 넓은 계명들은 함께 당신의 백성을 향하신 하나님의 언약의 전체적인 포괄성을 보여준다.[14]

예수님은 율법의 수여자셨다. 그분은 지상 명령이 보여주는 바와 같이 제자들이 당신의 명령에 순종할 것을 기대하셨다.

> 그러므로 너희는 가서 모든 족속으로 제자를 삼아 아버지와 아들과 성령의 이름으로 세례를 주고 내가 너희에게 분부한 모든 것을 가르쳐 지키게 하라 볼지어다 내가 세상 끝날까지 너희와 항상 함께 있으리라 하시니라.
>
> 마태복음 28:19-20

그분은 그 모든 계명을 새로 만드셨는가? 그분은 구약의 율법에 담긴 계명들이 무시되어야 한다고 생각하셨는가? 결코 그렇지 않다. 그분은 율법과 관련된 그분의 소원을 분명히 밝히셨다.

> 내가 율법이나 선지자나 폐하러 온 줄로 생각지 말라 폐하러 온 것이 아니요 완전케 하려 함이로라 진실로 너희에게 이르노니 천지가 없어지기 전에는 율법의 일점 일획이라도 반드시 없어지지 아니하고 다 이루리라 그러므로 누구든지 이 계명 중에 지극히 작은 것 하나라도 버리고 또 그같이 사람을 가르치는 자는 천국에서 지극히 작다 일컬음을 받을 것이요 누구든지 이를 행하며 가르치는 자는 천국에서 크다 일컬음을 받으리라 내가 너희에게 이르노니 너희 의가 서기관과 바리새인보다 더 낫지 못하면 결단코 천국에 들어가지 못하리라.
>
> 마태복음 5:17-20

우리는 예수님이 이 말씀을 통해 우리에게 율법을 설교하라고 명하셨고, 또 그렇게 할 수 있는 능력을 주셨다고 주장한다. 물론 우리의 언약으로서는 아니다. 왜냐하면 그분은 당신의 피로써 옛 언약을 대체하는 새 언약을 세우셨기 때문이다눅 22:20, 고전 11:25. 그러나 그분의 새 언약 아래서 거룩한 삶을 살도록 우리를 인도하기 위해 패러다임으로부터 추출된 원리들로 그렇게 해야 한다. 이것은 모든 제자들에게 주어진 의무이며, 또한 모든 말씀 사역자들에게 주어진 설교의 책임이다.

연구 및 적용 질문

1. 성령은 오늘날 그리스도인들의 삶에서 구약의 율법을 어떻게 사용하시는가?
2. 오늘날 사람들이 그들을 위한 율법의 가치에 대해 이해해야 할 핵심은 무엇인가?
3. 성경의 율법이 패러다임의 역할을 한다고 말했을 때 저자가 의미하는 바는 무엇인가?
4. 그리스도의 법이 어떻게 구약의 율법 위에 세워졌으며, 우리는 어떻게 그것을 설교해야 하는가?

추천 도서

(※다음의 책들은 주로 비복음주의적 관점에서 쓰인 성경의 율법에 관한 것이다. 하지만 관심 있는 복음주의자라면 유익을 얻을 수 있는 정보를 담고 있다.)

- Boecker, Hans Jochen. *Law and the Administration of Justice in the Old Testament and the Ancient Near East.* Minneapolice: Augsburg, 1980.

- Carmichael, Calum. *The Spirit of Biblical Law.* Athens, GA: University of Georgia Press, 1996.

- Daube, David. *Studies in Biblical Law.* Cambridge: Cambridge University Press, 1947. Reprint, London: Lawbook Exchange, 2004.

- Doorly, William J. *The Laws of Yahweh: A Handbook of Biblical Law.* Mahwah, NJ: Paulist Press, 2002.

- Phillips, Anthony. *Essays on Biblical Law*. Sheffield, UK: Sheffield Academic Press, 2003.

6. 시편과 잠언을 설교하기

_ 듀앤 가렛(Duane A. Garrett)

구조의 중요성

월터 카이저가 기회 있을 때마다 청중에게 강조하는 설교의 두 가지 기본 원칙이 있다. 첫째는 '본문에 충실하라 다른 말로 하면, 성경 본문이 실제로 말하는 것을 선포하고 그것을 당신의 권위로 삼으라' 는 것이다. 또 다른 원칙은 직접 말로 설명되기보다는 언제나 본으로 드러난 것인데, 본문의 구조가 메시지의 구조나 내용을 결정해야 한다는 것이다. 카이저는 설교할 기회가 주어지면 종종 그가 설교하는 본문의 구조 분석을 청중에게 밝히곤 한다. 그는 자신이 어떻게 그 결론에 도달하게 되었는지를 청중이 알기를 원한다. 또한 그는 그들에게 성경 본문의 구조를 현대 설교의 구조로 전환하는 예를 보여주고 싶어한다.

시편이나 잠언에서 설교할 때보다 이 방법이 더 잘 적용되는 곳도 별로 없을 것이다. 모든 시편은 제각기 독립된 시다. 따라서 모든 시편은 그 자체의 구조를 밝히기 위해 분석할 수 있다. 구조가 결정되면 설교자는 그것을 사용해서 시편의 주된 구분을 이해할 수 있고, 그 구조로부터 본문의 중심 메시지와 핵심 요점들을 더 잘 파악할 수 있다. 대부분의 경우 시편 기자의 의미와 메시지는 어떤 방식으로든 그 시편의 구조에 반영되어 있고, 시편 구조의 이해는 종종 그 내용을 명확하게 해준다.

물론 어떤 시편들은 상당히 길기 때문에 전체를 한 편의 설교에 다루는 것이 비실제적인 경우도 있다. 하지만 이 경우에도 설교자는 전체의 구조를 앎으로써 그 시편의 메시지를 정확하게 드러내는 설교를 할 수 있다. 또 이 경우에는 설교자가 구조에 맞게 본문의 한 부분을 택해야 한다. 다시 말하면, 설교자는 본문을 두 개의 다른 부분에서 양다리 걸치기식으로 택하지 말고, 시편 안에서 하나의 단원을 이루는 부분을 택해야 하는 것이다. 예를 들면, 시편 119편의 명백한 구조는 히브리어의 각 알파벳을 따라 첫 단어가 시작되는 22개의 문단으로 되어 있다. 목사는 이 시편 전체의 의미를 드러내는 설교를 할 수 있지만, 자세한 강해를 위해서는 22개의 문단 중 오직 하나에 집중해야 한다(예를 들면, 9-16절에 나오는 베트(beth) 본문에 집중할 수 있다).

나는 본문의 구조를 분석하는 것이 설교 준비에 있어서 매우 중요한 단계임을 제안하고 있지만, 그 일이 단순하다거나 일단 구조를 밝혀낸 뒤에 그것으로 설교를 작성하는 일이 쉽다고 말하는 것은 아니다. 대부분의 경우 성경에 나오는 시의 구조는 비슷한 패턴을 따르고 있다. 때로 그 구조는 단순한 병행법일 때도 있고 기본적인 A-B-C-A'-B'-C'의 패턴이거나 그와 비슷한 것, 또는 교차대구법일 때도 있다A-B-C-C'-B'-A'. 때로 그 구조는 핵심 단어나 절을 포함할 수도 있다예를 들면, 어떤 특정한 단어가 각 연의 서두에 나올 수 있다. 후렴은 주된 연들을 구분할 수도 있다. 때로는 구조가 보다 더 교묘할 수도 있다. 예를 들면, 은유를 바꿈으로써 새로운 연의 등장을 알릴 수도 있다.

해석자들은 일반적으로 히브리어 본문에 분명한 표지들이 나타나지 않는 한 위계적인hierarchical 개요를 경계해야 한다. 그러한 개요는 현대의 서구적 기법으로 히브리 시에 적용될 경우 인위적인 것으로 악명 높다. 다시 말해서, 각 해석자는 종종 자신이 보기 원하는 것을 보게 되며, 한 개요가 다른 개요보다 우월한지를 평가할 수 있는 통제 수단이 별로 없다. 물론 영어 번역에서보다는 히브리어 원문 시편에서 구조를 찾는 편이 훨씬 낫다. 마지막으로, 우리가 본문에서 본다고 생각하는 구조가 실제 거기 있는지는 보장할 수 없다. 문학적 해석의 다른 모든 경우처럼 히브리 시의 구조적 분석은 어느 정도 주관적이고, 해석자의 기술에 달렸으며, 본문에 분명하게 나타나 있는 만큼만 확실할 수 있다. 복잡하고 미묘한 구조를 지닌 시는 분석하기 어렵다.

그렇다면 본문의 개연적인 구조를 확정하고 난 후에는 그 시편에 대해 무엇을 해야 하는가? 그 시편의 구조를 설교의 개요로 삼을 수 있다. 다시 말해서, 어떤 시편이 네 개의 주된 연을 지니고 있고, 각 연이 주된 요점을 말하고 있다면, 우리는 그 시편의 구조와 본문을 그대로 따르는 네 개의 요점을 지닌 설교를 전할 수 있다. 이러한 접근은 때로 잘되기도 하지만 내 견해로는 종종 그렇지 않다. 다양한 이유 때문에 시편의 구조를 설교의 개요로 사용하는 것은 불가능할 수 있다. 첫째, 시편은 시 또는 노래이며 그 구조는 부분적으로 그것이 시로서 성공하기 위한 필요에 의해 결정된다. 시에서 가능한 것이 연설에서는 가능하지 않을 수 있다. 둘째, 시편에서는 한 연이 앞에 나온 연을 길게 반복하는 경우가 발생할 수 있다. 설교에서는 두 대지가 같은 내용을 말하는 것을 원치 않을 것이 분명하다. 셋째, 가장 흔하게는 시편이 설교로는 너무 길거나 너무 복잡한 구조를 지니고 있을 수 있다.

예를 들면, 시편 112편은 또 다른 단순한 이합체acrostic 시다. 이 시편은 스물두 개의 행으로 되어 있으며, 각 행은 이어지는 히브리어 알파벳의 글자로 시작된다. 내 견해로는 이 시편의 구조에 대해 말할 수 있는 것은 이것이 전부라는 것이다. 스물두 개의 각 행들이 악인과 대조되는 의인의 삶과 특성에 대해 하나씩 요점을 말하고 있다. 우리는 이 행들을 더 큰 연으로 묶을 수 있겠지만, 그러한 연들은 해석자가 임의적으로 만든 것에 불과하며, 실제로는 이 시편 자체가 지닌 단순성을 파괴할 뿐이다. 이 시편은 알파벳 순서로 된 스물두 개의 행들이 의인에 대해 각각 한 줄씩의 선언을 전하는 형식을 지녔을 뿐이다. 아무도 스물두 개의 요점을 지닌 설교를 듣고자 하지 않을 것은 당연하다 그리고 그러한 설교는 위에 언급한 유용하지 못한 반복을 포함하기 마련이다. 3절 후반부의 "그 의가 영원히 있으리로다"를 9절 후반부와 비교해보라. 이 시편이 다루고 있는 것처럼 의인의 삶과 특성에 대해 설교하는 것은 좋지만, 이 시편의 순서를 맹목적으로 따라야 하는 것은 아니다. 그렇다면 4절 후반부, 5절 전반부 그리고 9절 전반부를 인용하면서 의인은 관대함과 인자함의 특성을 지닌다고 설교할 수 있을 것이다. 그러한 메시지는 본문에 대한 연속적인 주해밖에 되지 않는 설교의 함정에 빠지지 않으면서도 시편의 구조와 내용에 둘 다 충실한 것이 될 것이다.

잠언 설교

잠언을 설교하고자 할 때 우리는 즉각 잠언에는 두 가지 기본적인 본문 형태가 있음을 알게 된다. 첫째, 잠언 1-9장과 31장 10-31절^{31장 1-9절은 논란의 여지가 있다}을 이루고 있는 지혜의 시들이 있다. 이 시들은 시편과 흡사하지만 일반적으로 꽤 간단한 구조를 지니고 있다^{시편들은 종종 훨씬 더 복잡하다}. 따라서 우리는 보다 직접적인 방식으로 그 구조를 분석하고 설교로 전환할 수 있다. 물론 시편의 경우처럼 지혜시의 개요도 직접 설교의 개요로 전환되는 것은 아니다. 둘째, 잠언 10-30장을 이루는 각각의 격언이나 잠언들의 모음이 있다. 이 장들을 설교하는 일은 더욱 큰 도전이 되지만 위에서 언급한 원리가 여기서도 적용된다.

지혜시들

잠언 2장의 지혜시의 구조는 그 해석과 이 본문을 사용해서 어떤 종류의 메시지를 전할 것인지를 직접적으로 보여준다. 그 구조는 다음과 같다.

1. 삼중의 조건절^{1-4절}

    a. 만일^{히브리어 im} 네가 지혜를 받아들이면^{1-2절}

b. 만일im 네가 명철을 부르면3절

　　c. 만일im 네가 보화를 찾듯이 지혜를 찾으면4절

2. 복합적인 귀결절5-22절

　　a. 최초의 결과들5-11절

　　　　i. 그러면히브리어 az 네가 여호와 경외하기를 깨달을 것이다 5-8절.

　　　　ii. 그러면az 네가 공의를 알게 될 것이다9-11절.

　　b. 이차적인 결과들12-19절

　　　　i. 이것이 너를 악인들로부터 건져줄 것이다 히브리어 lehatstsilka, 12-15절.

　　　　ii. 이것이 너를 음녀에게서 건져줄 것이다lehatstsilka, 16-19절.

　　c. 최종적 결과20-22절

　　　　결국은히브리어 lema'an 네 전 인생이 타락하지 않고 올곧게 될 것이다.

　첫 번째 구분인 1-4절은 세 개의 더 작은 절로 이루어져 있고, 각 절은 'im만일'으로 시작함으로써 시 전체를 하나의 거대한 조건절로 세운다 "만일 네가 X를 하면, Y가 뒤따를 것이다". 그 뒤를 따르는 5-22절은 모두 이 '만일'의 절의 성취로부터 오는 결과 또는 귀결절이다. 위에 언급한 대로 이 부분도 셋으로 되어 있다. 처음 두 부분5-8, 9-11절은 각각 히브리어 'az그러면'로 시작하며 즉각적인 결과들을 보여준다. 여기서 '아들'로 불리는 독자는 여호와 경외하기를 깨닫게 되고 옳고 그름을 이해하게 된다. 그 다음 두 부분 12-15, 16-19절은 둘 다 히브리어 'lehatstsilka 문자적으로 건져줄 것이다'로 시작되며 이차적 결과들을 보여준다. 독자는 포학한 사람이나 음녀와 어울리지 않게 된다. 마지막 부분 20-22절은 히브리어 'lema 'an 그럼으로써, 결국은'으로 시작되며 일종의 결론, 또는 최종적 결과를 보여준다. 독자의 전 인생은 의로운 원리에 의해 지배될 것이며, 그는 의인 중에 포함될 것이다. 이 시 전체에 걸쳐 본문이 말하는 바를 더 잘 조명하고 설명해 주는 많은 설명절들이 나온다. 이 절들은 종종 히브리어 'ki 왜냐하면'로 시작되는데, 시에서 새로운 구분을 만들지는 않는다. 이 절들은 위에 묘사된 더 큰 구조 안에서 추가적인 권면이나 해명을 담고 있을 뿐이다. 예를 들면, 음란한 여인에 대한 본문 16-19절에서 독자는 그러한 여인을 피하는 것이 현명하고 선한 일이라고 듣는다. "왜냐하면 ki 그녀의 집은 사망으로 내려가기 때문이다" 18절 상.

잠언 2장을 충분히 이해하고 선포하기 위해서는 이 장뿐 아니라 모든 잠언이 의도하고 있는 청중에 대한 기본적인 사항을 이해하는 것이 필수적이다. 잠언은 '내 아들'이라고 불리는 젊은 남성에게 주어지고 있다. 다시 말해서, 본문은 일차적으로 그 삶의 길이 아직까지 확정되지 않은 젊은이들을 권면하고 있는 것이다. 그들은 범죄와 성에 끌릴 만큼 나이가 들었지만 아직 자신들의 삶의 길이 확정될 만큼 나이를 먹은 것은 아니다. 그들은 청소년기의 남자들이다. 이 사실을 인식할 때 우리는 잠언 1-10장이 한편으로는 폭력, 범죄, 쉽게 버는 돈의 유혹에 대해, 다른 한편으로는 음란한 여인에 대해 왜 그토록 많이 말하고 있는지 이해하게 된다. 이것은 젊은 청년들이 당면하는 으뜸가는 두 가지 유혹이다. 한 걸음 더 나아가 이 관점은 우리로 하여금 방탕한 삶에 관한 본문들이 왜 언제나 음탕하고 공격적인 남성이 아니라 유혹적인 여성을 취급하는지를 알게 해준다. 본문이 젊은 남성에게 주어진 것인 만큼 여성이 유혹자로 등장하는 것이다. 만일 본문이 젊은 여성에게 주어진 것이라면, 성적 관계를 주도함에 있어서 남성의 역할에 대한 조명은 전혀 다른 것이 되었을 것이다. 이 본문을 적절하게 적용하려면 설교자나 회중은 모두 이 사실을 인지해야 한다.

이 본문을 설교할 때 설교자는 본문 자체를 관장하는 조건절-귀결절 패턴을 어떤 방식으로든지 보전하고 싶을 것이다. 그렇게 하기 위해 설교자는 창조적이고 기발한 방법을 찾아낼 수도 있겠지만, 보다 직접적인 방식으로 본문의 구조를 따르는 설교를 해도 좋을 것이다. 본문을 현대의 회중에게 적용함에 있어서 설교자는 12-19절에 나오는 것들과 함께 다른 적용점들을 포함시킬 필요가 있다. 사업에 종사하는 나이가 더 많은 남녀들을 향한 설교에서는 지혜와 하나님의 말씀에 귀를 기울이는 것이 수상쩍은 사업 관계를 맺는 일에서 어떻게 그들을 건져줄 것인지를 강조할 수 있다. 더 젊은 여성들에게는 지혜가 어떻게 그들을 좋지 않은 남성들에게서 건져줄 수 있는지를 강조할 수 있다. 그러나 본문이 의도한 본래의 강조점인 갱들과 손쉬운 성의 유혹이 소홀히 여겨져서는 안 될 것이다. 현대 문화를 일별해보면 폭력적인 갱들과 성적 방탕이야말로 도시의 젊은 남성들에게 주된 문제가 됨을 알 수 있다.

두 번째로 살펴볼 지혜시는 덕 있는 여성을 칭송하는 노래인 잠언 31장 10-31절이다. 이 본문을 슬쩍 살펴보면 남자들이 아니라 여자들을 위해 쓰인 것으로 보인다. 하지만 세심히 살펴보면 그렇지 않음을 알게 될 것이다. 이전에 나는 이 본문의 구조가 다음과 같이 열다섯 부분으로 이루어진 교차대구의 형식으로 되어 있다고 주장한 바 있다.[1]

```
A  현숙한 아내의 고상한 가치(10절)
   B  아내로부터 유익을 얻는 남편(11-12절)
      C  열심히 일하는 아내(13-19절)
         D  가난한 자에게 베푸는 아내(20절)
            E  눈을 두려워하지 않음(21절 상)
               F  홍색 옷을 입은 자녀들(21절 하)
                  G  아름다운 방석을 짓고 자색 옷을 입은 아내(22절)
                     H  공적으로 존경받는 남편(23절)
                  G'  베로 옷을 짓고 띠를 만들어 팖(24절)
               F'  존귀를 입은 아내(25절 상)
            E'  후일을 두려워하지 않음(25절 하)
         D'  지혜를 말하는 아내(26절)
      C'  열심히 일하는 아내(27절)
   B'  남편과 아이들로부터 칭찬 듣는 아내(28-29절)
A'  현숙한 아내의 고상한 가치(30-31절)
```

위의 구조는 자명하게 교차대구적이다 위에 언급된 평행절들에 대해 더 자세한 설명을 원한다면 내 주석을 참조하라. 여기서 가장 주목해야 할 점은 교차대구의 전환점 또는 정점에 있는 'H'의 위치, 즉 23절이다. 여기서 본문은 갑자기 여인의 남편이 "성문에서" 다시 말해서, 공적 광장에서 얼마나 귀히 여김을 받는지를 말한다. 오직 이 절에서만 덕 있는 여인이 등장하지 않는다. 도대체 이 절에서 무슨 일이 벌어지고 있는 것인가? 종종 교차대구의 전환점 또는 정점은 해석에 결정적인 단서를 제공한다. 그것은 전체 본문이 실제로 무엇을 말하고 있는지를 보여준다. 먼저 여기서 요점은, 여인이 부지

런하고, 지혜롭고, 친절한 이유가 그녀가 중요한 남자와 결혼했기 때문이 아니라는 것은 분명하다. 오히려 남편이 그런 위대한 아내를 가졌기 때문에 그의 동료들에게 귀히 여김을 받게 된 것이다. 간단히 말하면, 존귀히 여김을 받는 남편을 시의 중앙에 둠으로써 본문은 젊은 남성에게 이렇게 말하고 있는 것이다. "만일 네가 성공하고 존귀히 여김을 받고 싶다면, 이런 여자와 결혼해라." 다시 말해서, 이 본문은 젊은 남성에게 주어진 것으로 아내에게서 구해야 할 자질이 무엇인지를 말해주고 있다. 육체의 아름다움, 명랑한 성격, 그리고 남자가 여자에게서 구하는 다른 자질들은 모두 이차적인 것이다. 가장 중요한 것은 그녀가 하나님을 경외하고 강건한 성품을 지녀야 한다는 것이다.

물론 설교자는 이 본문을 설교할 때 회중 가운데서 아직 결혼하지 않은 남자들에게만 말하고 싶지는 않을 것이다. 본문이 남자들에게 어떤 여자를 구해야 할지를 가르치고 있는 것처럼 또한 여자들도 가르치고 있다. 예를 들면, 경건은 가장 최근의 패션을 따르는 것보다 더욱 중요하다는 것 등이다. 이 본문은 집 밖에서 일하는 여성들의 문제에 대해 빛을 던져줄 수도 있다 24절 참조. 그리고 이 본문의 여인이 갖춘 덕들-근면, 정절, 인자함, 경건함 등등-은 모든 사람이 개발해야 할 것들이다.

잠언 31장 10-31절의 구조는 또한 우리에게 때로 본문의 구조가 설교의 구조로 반복될 수 없음을 보여준다. 열다섯 개의 요점을 지닌 교차대구적 설교는 따라가기가 불가능할 것이다. 잘 구성된 설교라면 그 개요를 그대로 반복함 없이 본문이 가르치는 바를 충실하게 전달할 수 있어야 한다.

격언들의 모음집

잠언의 격언들10-30장에 담긴 잠언 모음들을 설교하는 일은 어렵기로 악명 높다. 어떻게 각 절이 그 자체로 완결된, 주변 절들과 연결이 될 수도 있고 그렇지 않을 수도 있는, 잠언인 본문을 근거로 설교를 구성할 수 있겠는가? 각 잠언을 순서대로 그냥 언급하는 설교는 적어도 지루하거나 최악의 경우 회중을 오리무중에 빠뜨릴 수 있다. 그런 설교는, 잠언은 아무 질서도 없다는 인상을 강화시켜줄 뿐이다.

한 가지 흔한 해결책은 관련된 주제들에 대한 잠언들을 모아서 시리즈로 설교하는 것이다. 잠언에는 게으름 10:4, 5, 26, 12:24, 27, 13:4, 15:19, 18:9, 술 취함 20:1, 21:17, 23:20-21, 29-35, 31:4-7, 악이 사망에 이르는 과정 10:25, 27, 11:7, 10, 13:9, 14:32, 21:16, 그리고 다양한 많은 주제들이 있다. 이 경우 우리는 설교를 준비할 때 「네이브의 주제별 성경 Nave's Topical Bible」 식의 접근을 할 수 있으며, 잠언 전체에서 각 주제들을 다루는 본문을 모두 찾을 수 있다. 하지만 이렇게 하는 것은 왜 성경 자체가 잠언들을 주제별로 묶어놓지 않고 겉보기에 관련 없는 방식으로 그것들을 제시하고 있는지에 대한 의문만 불러일으킬 뿐이다.

하지만 잠언 10-30장에 나오는 잠언들이 겉으로 보이는 것처럼 그렇게 관련이 없는 것은 아닐 수도 있다. 첫 번째 단서는 두 개 또는 그 이상의 서로 관련된 잠언들이 나란히 나오고 있는 본문들에서 찾을 수 있다. 고전적인 예는 잠언 26장 4-5절이다. 여기에 NRSV New Revised Standard Version 번역으로 옮겨놓는다.

어리석은 자들에게 그들의 어리석음을 따라 답하지 말라.
그렇지 않으면 네 자신이 어리석은 자가 될 것이다.
어리석은 자들에게 그들의 어리석음을 따라 답하라.
그렇지 않으면 그들은 그들 자신의 눈에 지혜롭게 될 것이다.

이 두 잠언은 얼핏 보기엔 서로 모순되어 보이고 서로 충돌하는 충고를 주고 있는 것처럼 생각된다. 어느 쪽이 옳은가? 물론 그 대답은 둘 다 옳다이다. 때로 우리는 어리석은 자들에게 그들의 어리석음고함, 조소, 호통 등의 방법으로을 따라 답해야 한다. 왜냐하면 그것만이 그들이 이해할 수 있는 유일한 언어이기 때문이다. 하사관은 게으르고 무식한 신병들에게 정중한 제안으로 통할 수 없다. 다른 한편으로 이 같은 방식으로 말하는 것은 습관이 되어 그렇게 말하는 자 자신이 얼마 안 가서 그 대상과 같이 어리석게 될 수도 있다. 어느 쪽 잠언도 전체의 그림을 보여주지 않는다. 그 둘은 함께, 때로 험한 말이 필요하지만 그러한 말을 사용하는 것은 사용자 자신에게 해가 될 수 있다는 진실을 보여준다.

잠언 26장 4-5절과 같은 예들은 잠언에 나오는 각각의 잠언들이 그 자체로도 옳지만, 모음의 한 부분으로 읽힐 때 새로운 의미와 차원이 드러나는 훨씬 더 큰 가르침의 한 부분이 됨을 보여준다. 잠언에서 그러한 모음들을 발견하는 것은 어렵다. 나는 내가 쓴 잠언 주석에서 이 방향으로 잠정적인 노력을 기울였다.[2] 이 모음들은 내가 믿기로 다양한 방법으로 이루어졌다. 어떤 것들은 공통의 주제를 따랐는가 하면, 어떤 것들은 평행 또는 교차대구의 구조를 가지고 있고, 또 어떤 것들은 단어나 구를 반복해서 사용한다(예를 들면, 잠언 26장 4-5절에 나오는 "어리석은 자에게 답하지 말라… 어리석은 자에게 답하라…". 그외 다른 기법들도 있다. 주된 요점은, 그러한 모음에서는 전체가 부분들을 합친 것보다 더 크다는 것이다.

하나의 예로 우리는 지혜의 시들 바로 뒤에 나오는 잠언의 첫 모음, 잠언 10장 1-5절을 살펴볼 수 있다. 본문은 다음과 같다.

> 솔로몬의 잠언이라
> 지혜로운 아들은 아비로 기쁘게 하거니와
> 미련한 아들은 어미의 근심이니라
> 불의의 재물은 무익하여도
> 의리는 죽음에서 건지느니라
> 여호와께서 의인의 영혼은 주리지 않게 하시나
> 악인의 소욕은 물리치시느니라
> 손을 게으르게 놀리는 자는 가난하게 되고
> 손이 부지런한 자는 부하게 되느니라
> 여름에 거두는 자는 지혜로운 아들이나
> 추수 때에 자는 자는 부끄러움을 끼치는 아들이니라.

본문의 주제는 경제적 안정, 즉 우리 모두가 궁핍을 피하고 싶어한다는 사실이다. 1절에서 우리는 아들이 지혜나 어리석음으로 그의 부모에게 기쁨이나 근심을 가져오게 됨을 읽는다. 5절에서 우리는 한쪽 아들이 다른 쪽 아들과 어떻게 다른지를 구별하는 법을 배운다. 지혜로운 아들은 추수를 열심히 거두어들이지만, 미련한 아들은 게으르다. 2절은 경제적 안정을 범죄나 부정한 행동 뇌물을 받거나 사업에서 속이거나 하는 등 으로 찾는 그릇된 방법을 경계한다. 이와는 대조적으로 4절은 열심히 일해서 바르게 번영을 획득하는 방법을 말한다. 이 모든 것의 중앙인 3절에서 본문은 여호와가 의인을 돌보시고 주리지 않게 하신다고 우리에게 말한다. 우리는 이러한 가르침에 대해 무엇을 말할 수 있는가?

- 번영은 가족의 가치에 뿌리내리고 있다. 튼실한 노동 윤리를 실천하고 가르치는 자들은 잘 살 것이다 1, 5절.
- 가족은 상호 의존적인 공동체로서 각 멤버들의 강하거나 약한 성품이 다른 모든 멤버들에게 좋든 나쁘든 영향을 미친다 1, 5절.
- 많은 사람들은 번영에 이르는 지름길을 찾지만 그러한 길은 파멸에 이르고 만다 2절.
- 성공과 번영은 근면한 노동과 정직을 통해서 가장 잘 얻을 수 있다는 격언은 여전히 진리다 4절.
- 무엇보다도 삶의 안정은 하나님 앞에서 경건히 살 때에만 얻을 수 있다. 우리가 얼마나 열심히 일하든지, 우리의 가치관이 얼마나 확고하든지 간에 재난이 언제라도 우리를 삼켜버릴 수 있는 것이다. 우리는 우리가 많은 참새보다 훨씬 더 귀한 존재들인 것과 하나님이 우리의 소망이요 보호가 되신다는 사실을 알 때에만 안정을 누릴 수 있다 마 10:29-31.
- 그와 동시에 우리의 소망이 하나님께만 있다는 사실이 확고한 가족

의 가치와 건전한 노동 윤리의 필요성을 약화시켜서도 안 된다. 우리는 경건을 게으름에 대한 변명으로 삼아서는 안 된다살후 3:6-13.

이 다섯 절이 하나의 구조적 전체를 이루고 있음을 알 때 우리는 번영과 안정에 대해 많은 통찰을 담고 있는 메시지를 전할 수 있다. 잠언에는 그러한 모음들이 많이 있다.

시편 설교

시편 설교는 그 원리적인 측면에서 잠언 설교와 동일하다. 단 예외가 있다면 위에 묘사한 대로 어떤 시편들은 한 번에 설교하기에는 너무 길고, 또 어떤 시편들은 평균적인 지혜시보다 훨씬 더 복잡하다는 것이다. 시편 설교가 어떤 것인지를 보여주는 데는 이미 다른 것들 외에 몇 가지 예를 드는 것으로 족할 것이다.

시편 23편은 모든 시편 중 가장 유명하다. 하지만 그 아름다움에도 불구하고 이 시편은 의외로 복잡하다. 여기에는 우리가 히브리 시에서 찾도록 훈련받은 평행법이 전혀 나오지 않는다유일한 예외가 있다면 2절에 나오는 두 행인데 이 역시 논란의 여지가 있다. 또 행들이 매우 불규칙한 길이를 지니고 있다. 따라서 우리는 여기서 평행절이나 교차대구적 구조를 찾을 수 없다. 우리에게 주어진 것은 단순히 목자 되신 주님1-4절과 집 주인 되신 주님5-6절이라는 이 시편 전체를 주관하는 두 개의 은유뿐이다. 하지만 이 구분은 매우 중요하다. 많은 설교자들이 이 시편 전체를 목자와 양의 이미지만으로 설명하는 오류를 범해왔다. 그러나 5-6절은 마태복음 22장 1-14절에서처럼 잔치에 참석한 손님에 대해 말한다. 시편 23편 5절에서 상은 단순히 상table 일 뿐이다 – 양들을 위한 '고원tableland' 이 아닌 것이다이 단어는 구약에서 후자의 의미로 쓰인 적이 전혀 없다. 고대인들은 그들의 양이 아니라 손님의 머리에 기름을 부었던 것이다고대 목자들에게 그런 풍습이 있었다는 증거는 전혀 없다. 양들이 아니라 사람들이 잔으로 마셨다. 요점은 시편 23편을 설교할 때는 하나가 아니라 두 가지 이미지를 다 전해야 한다는 것이다. 예수님은 선한 목자이신 동시에 성대한 잔치를 배설하신 주인이시다.

또 다른 친숙한 본문인 시편 1편 역시 두 개의 주된 부분으로 나뉘는데, 여기서는 서로 대조되는 평행법이 나타난다. 전반부인 1-3절은 의인들의 특성과 운명을 묘사하고, 후반부인 4-6절은 악인들의 운명을 묘사한다. 이 시편은 3절의 시냇가에 심은 열매 맺는 나무와 4절의 바람에 날리는 겨라는 두 가지 농업의 은유를 대조함으로써 악인의 가변성과 죽음에 대조되는 의인의 불가변성과 생명력을 지적한다.

이와는 전혀 다른 시편이 '성전에 올라가는 노래' 로 알려진 시편 125편이다. 이 역시 두 부분으로 나뉜다. 전반부인 1-3절은 하나님의 백성이 어떻게 예루살렘과 같은지를 설명한다. 예루살렘 또는 적어도 예루살렘이 대표하는 이상형처럼 그들은 영원히 거하고 결코 악의 지배를 받지 않을 것이다. 후반부인 4-5절은 그러한 백성과 이스라엘을 위한 기도다. 하나님이 하나님의 도성의 참된 거주자인 그들을 돌보시고 지키시기를! 여기에서 하나님의 백성의 순수성과 그들이 실제로 하나님의 백성으로 보전되게 해달라는 기도가 합쳐진 종말론적 강조를 보는 것은 놀랍다. 우리는 이 본문을 설교할 때, 교회가 한편으로는 하나님 앞에서 순결한 처녀지만, 다른 한편으로는 우리의 기도를 필요로 하는 타락하기 쉬운 인간적 제도라고 하는 신약의 가르침을 염두에 두어야 할 것이다.

시 설교와 관련된 다른 이슈들

이 에세이는 시적 본문과, 지혜 본문의 구조와, 그 본문들의 해석과, 설교와 관련된 점들에 초점을 맞춰왔다. 이제 다른 중요한 이슈들을 간단히 다루고자 한다.

양식 비평과 설교

모든 신학생은 양식 비평과 시편에 대해 어느 정도 친숙할 것이다. 어떤 시편들은 '찬송Hymns, 공동체의 찬양의 노래'으로, 다른 시편들은 '공동체적 애가도움을 위한 공동체의 기도'로, 또 다른 시편들은 '개인적 감사의 노래전체 공동체가 아니라 개인이 부른'나 '개인적 애가', '제왕적 노래', '토라 시편들' 등으로 묘사된다. 이러한 분류를 아는 것은 우리가 다음과 같은 질문을 던질 때 중요하다. "이 시편은 개인을 위한 것인가, 아니면 공동체 전체를 위한 것인가?", "이 시편은 하나님께 드리는 기도인가, 아니면 독자에게 말하는 것인가?", "이 시편은 축제를 드러내는가, 아니면 재앙을 드러내는가?" 등등. 양식 비평은 나름대로 가치가 있고 어떤 경우에는 매우 유익한 것이지만, 전체적으로는 설교자들에게 그다지 중요하지 않다는 것이 내 견해다. 그것은 단지 도구일 뿐 그 이상은 아니다.

히브리 시의 운율

어떤 주석들은 주석가가 각 시편의 운율이라고 믿는 것을 설명하는 데 주력한다. 이 방법을 따르는 대부분의 사람들은, 히브리 시는 강세가 주어진 음절의 패턴을 따라 지어졌다고 믿는다. 그러한 주석들은 '3+3' 운율, '3+2' 운율, 또는 그와 다른 양적 표시를 지닌 시편들의 행들을 보여준다. 나는 히브리 시에 운율이 존재하는가에 대해 회의적이며, 만일 존재한다면 그것이 어떻게 작용하는지에 대해서는 우리가 아직 모르고 있다고 확신한다. 내 생각에는 시편 주석에서 운율에 대한 언급은 무시하는 것이 좋다.

메시아 시편들

어떤 종류의 시편예를 들면, '개인적 애가'나 '제왕적 시편' 이든지 메시아에 대한 일면을 지닐 수 있다. 시편 2편과 45편제왕적 시편들, 그리고 22편개인적 애가은 모두 강하게 메시아적이다. 따라서 설교자는 단 하나의 '메시아적 시편들'이란 범주가 있다고 가정하지 말고 모든 종류의 시편에서 메시아적 언급을 찾을 준비를 해야 한다. 우리는 이 간단한 에세이에서 시편 23편 '신뢰의 시편'의 메시아적 측면을 주목한 바 있다. 또 시편 125편의 '하나님의 백성'란 주제에도 일종의 메시아적 중요성이 담겨 있다. 하지만 이 시편들은 구약 안에서 그리고 신약을 가리키는 표지판으로서 그 기능을 계속 한다. 시편 23편은, 한편으로는 이스라엘의 하나님에 대한 다윗의 신뢰를 묘사하지만, 다른 한편으로는 예수님 안에서 온전히 성취된다. 설교자는 시편의 한 측면이 다른 측면을 가리지 않도록 주의해야 한다.

연구 및 적용 질문

1. 시편의 구조는 그 의미를 결정함에 있어서 어떤 역할을 담당하는가?
2. 시편이나 잠언에서 교차대구의 기능은 무엇인가?
3. 운율은 시편에서 어떤 역할을 하는가?
4. 당신은 이 장에서 어떤 도움을 받을 수 있을지, 또 그것들을 어떻게 당신의 설교 준비에 활용할 수 있을지를 생각해보라. 당신의 계획은 무엇인가?

추천 도서

- Bullock, C. Hassel. *Encountering the Book of Psalms: A Literary and Theological Introduction*. Grand Rapids: Baker, 2004.

- Garrett, Duane A. *Proverbs, Ecclesiastes, and Song of Songs*. New American Commentary 14. Nashville: Broadman Press, 1993.

- Kidner, Derek. *Psalms 1-72* and *Psalms 73-150*. Tyndale Old Testament Commentaries. Downers Grove, IL: InterVarsity Press, 1981.

- Lewis, C. S. *Reflections on the Psalms*. Glasgow: Collins, 1961.

- Weiser, Arthur. *The Psalms: A Commentary*. Translated by Herbert Hartwell. London: SCM Press, 1962.

7. 선지서를 설교하기

_ 존 세일해머(John H.Sailhamer)

선지서 설교를 준비하는 일은 이 책의 다른 부분에서 다룬 많은 동일한 이슈들을 포함한다.[1] 이 이슈들은 대개 해석학적, 석의적, 신학적, 설교학적 주제들 아래 묶여서 취급된다. 이 이슈들과 더불어 선지서를 설교하는 일은 그 자체의 고유한 문제들을 지니고 있다. 내가 다루고자 하는 근본 문제는 성경이라는 현재의 형태 안에 담겨 있는 구약 선지서들의 메시지가 신약의 복음처럼 '설교될 수 있는가' 하는 것과, 만일 그렇다면 우리는 선지서들 안에서 이 메시지를 어떻게 찾아야 하는가 하는 것이다.

질문에 대한 고찰: '선지자들'은 누구인가?

이런 주제에 접근하는 길은 많이 있겠지만, 선지서가 우리에게 영감된 성경으로 주어졌다는 사실딤후 3:16 을 생각할 때 우리는 그것들이 최종적으로 기록된 형태를 심각하게 취급해야 하고, 또 그것들을 '책' 이라는 의미의 기능으로 이해하려고 더욱 노력해야 할 것이다. 선지서를 저자의 관점에서 본다면 그 책들 안에서 이미 신약의 책들 자체와 동일한 신학적 방향으로 움직이고 있는 생각의 흐름을 볼 수 있다는 것이 우리의 주장이다. 다시 말해서, 선지서의 저술에 있어서 우리는 이미 복음의 발전과, 예수님이 선포하신 복음과, 대부분의 점에 있어서 동일한 '새 언약' 을 발견할 수 있다는 것이다눅 22:20, 롬 16:25-26. 이것은 그리스도가 강림하시기 오래전의 일이다. 그런 유리한 입장에서 볼 때 선지서에서 설교하는 것과 신약에서 설교하는 것 사이에는 상당한 일치가 있다. 둘 다 본문의 이해를 담고 있고, 둘 다 기본적으로 석의적인 성격을 띠고 있다. 가장 중요한 것은 둘 다 기독교 신학의 근거가 되는 동일한 신학적 초점을 가지고 있다는 것이다. 그 중 셋만 든다면 언약의 축복, 믿음, 율법 등을 말할 수 있다. 이 사실은 구약의 정경타나크(Tanakh), 히브리 성경은 율법(Torah), 선지자(Nebhim), 성문서(Kethubim)로 구성되어 있는데, 이들 첫머리 글자를 따서 이렇게 부른다-역주 이 완성될 즈음엔 신약의 중심 주제들이 이미 구약의 책들 자체 안에 대부분 또는 충분히 드러나 있었음을 보여준다.

따라서 정경에 속한 '모세의 책' 의 '형성 과정' 에서 먼저 두드러진 위치에 오른 '선지서' 라는 개념단 9:10 은 선지자들의 설교라는 피할 수 없는 함의를 지니게 된다. 예를 들면, 하나님의 뜻을 안다든지 그분의 임재를 경험한다든지 하는 이스라엘의 오래된 종교적 이상과 갈망은 선지적인 '책'의 등장과 함께, 성전이나 제사 제도와 같은 보다 전통적인 종교 구조보다는 성경을 통해서 더 많이 주어지게 된 것이다. 고대 이스라엘의 종교적 유산에 깊이 뿌리내리고 있음에도 불구하고 히브리 성경의 전체 구조의 신학적 성격이라는 내적 증거는 그러한 종교 제도들이 '책'으로서의 성경을 묵상하는 독자 개인에 대한 강조로 신속히 바뀌어갔음을 보여준다.²

성경을 읽는 일은 그 자체로 예배 행위가 된다(8장). 우리가 다른 데서도 말한 것처럼³ 책으로서의 성경의 '형성 과정'은 점진적이고 불분명한 문예-역사적 과정이 아니었다. 그보다는 한순간에 일어난 진정한 역사적 사건으로서 성경 자체에 담겨 있는 역사적 사건들과 다를 바 없었다. 역사는, 특별히 성경이 그 역사를 개인들이 경험한 것에 따라 다시 이야기할 때, 그 자체로 개인적인 차원에서 하나님의 실재와 영적 진리를 체험하는 방식이 되었다. 따라서 '성경이 책이 되는 과정'에서 성경의 저자들은 필요한 자료들을 모으고, 그들의 생각을 말로 표현하며, 꽤 많은 부분을 글로 써서 읽을 수 있게 했다. 이런 일들에 능숙해진 성경의 저자들은 오래 되었지만 시간이 증명해준 '작문'이라는 방법을 따랐고, 오늘날에도 문서로서의 그들의 글에 대한 역사적 분석(문헌학)을 가능하게 만들었다.

성경의 선지자들은 책을 '만드는' 고대의 기술을 취함에 있어서 그들의 말을 불경건과 위선의 벽을 향해 던질 수 있게 해준 강력한 신무기를 만들어냈다. 그것은 다름 아닌 글이라는 무기였다. 그들에게 책과 글이 주어지지 않았다면 성경의 선지자들에게는 그들의 목소리와 때로 설명하기 어려운 그들의 행동만 남았을 것이다[사 20장]. 제법 이른 시기에 그들은 책이야말로 항상 설명되고 해석되어야 하는 그들의 행동보다 훨씬 더 지적인 지렛대를 제공한다는 사실을 발견했다. 자신의 생각을 책에 옮길 수 있는 능력은 선지자들에게 새롭고 지금까지는 시도되지 않은 신학적 묵상의 수단을 제공했다. 이것은 단지 펜의 힘을 연장한 것 이상의 쾌거였다. 이것은 또한 선지자들의 말이 다른 성경의 저자들의 말과 함께 놓일 수 있고, 심지어는 그분의 신성한 발언에 깊이와 문맥을 주는 방식으로 하나님의 말씀과 함께 놓일 수 있음을 의미하는 것이었다. 책을 만드는 것이 의미하는 바는 누구나, 선지자들의 말을 귀로 들을 수 있는 거리에 있든 그렇지 않든 간에 그들의 말을 '듣고' 그것들을 반복해서 읽음으로써 깊은 숙고와 함께 다른 이들에게 전달할 수 있게 되었다는 것이다. 선지서의 형성 과정은 하나님의 말씀이 시간 안에서의 특정한 순간을 초월하는 문맥과 세팅을 얻게 되었음을 의미했다.

책을 '만드는' 일이 선지자에게 있어서 설교라는 그의 행동의 초점이 되자 결코 바뀐 적이 없는 그의 메시지는 동시에 동일하게 머물지도 않게 되었다. 어떤 이들은 선지자들의 말씀의 '민주화'를 지적하기도 한다. 선지자만의 소유였던 하나님의 말씀이 그 책을 원하고 읽을 수 있는 모든 사람의 손에 들려지게 되었다.[4] 선지자의 '책'이 가정하는 범위는 왕과 제사장들을 포함할 만큼 넓었다. 신명기 17장에 의하면, 왕은 '토라'를 '책'으로 만들어 그의 나라를 다스릴 때 사용해야 했다. 그 목적은 그로 하여금 '평생에 자기 옆에 두고 읽게' 하는 것이었다^{신 17:18-20}. '모세의 책토라'으로서의 성경은 왕이나 제사장도 그 권위에 복종해야 하는 일종의 대헌장이 되었고, 그 두 직분의 영적 책임을 선지자적 비전의 관점에서 규정하게 되었다. 심지어는 아직 책에 들어오지 않은 선지자들의 말도 '율법과 증거의 말씀'⁵에 쓰인 것에 일치하는지에 따라 그 진위성 여부를 판단받아야 했다. 이사야 2장 2-4절에는 모든 민족이 성전을 향해 나아올 "말일에" 나타날 세상에 대한 환상이 담겨 있다. 그들은 성전의 유익_{즉, 제사 제도와 제사들}을 얻기 위해서가 아니라 선지자의 말씀토라을 공부하고 배우기 위해서 오게 될 것이었다. 이 중요한 본문이 명백히 보여주는 바는, 성전은 배움의 집, 즉 성경을 공부하는 장소가 되리라는 것이다. 시온에서 나오는 토라를 기준으로 주님은 열방을 심판하실 것이다. 그 결과는 "무리가 그 칼을 쳐서 보습을 만들고 그 창을 쳐서 낫을 만들 것이며 이 나라와 저 나라가 다시는 칼을 들고 서로 치지 아니하며 다시는 전쟁을 연습지 아니하"^{사 2:4} 게 되는 것이다.

이뿐 아니라 히브리 성경의 주요 부분 사이에 정경적 고리의 역할을 하는 성경 본문들^{수 1:8, 시 1:2}에서도 지혜롭고도 성공적인 삶의 목표를 '책'으로서의 토라를 묵상하는 것으로 설명한다. 성경의 독자들은 그것을 '책'으로 읽음으로써 묵상해야 한다. 그들은 거기서 경건한 지혜^{수 1:8}와 성공^{시 1:2}을 얻는다. 이 본문들의 중요성은 그것들이 구약 정경^{타나크}을 함께 묶는 정경적 접착제의 중심 부분이라는 사실에 있다. 이것들과 다른 프로그램적 본문들^{시 4:6 참조}은 성경의 지혜를 기록된 선지적 성경 말씀과 동일시한다. 이 점에 있어서 그 본문들은 호세아서의 맨 뒤에 나오는 편집자의 언급호 14:9과 매우 흡사하다. 그것들은 선지자들의 글을 하나님의 심판의 선고가 아니라 '성경적 지혜'에 담긴 교훈과 동일시한다.

> 누가 지혜가 있어 이런 일을 깨달으며
> 누가 총명이 있어 이런 일을 알겠느냐
> 여호와의 도는 정직하니
> 의인이라야 그 도에 행하리라
> 그러나 죄인은 그 도에 거쳐 넘어지리라.
>
> 호세아 14:9

선지적 전통에서 기록된 성경을 그처럼 강조하는 것을 볼 때, 선지자들을 어떤 특정한 사회적 세팅에서 하나님의 심판과 구원을 선포하는 자들로 보기보다는 책의 저자로 이해하는 것이야말로 선지자들의 설교를 다룰 때 중심 초점이 되어야 한다. 그러한 초점은 우리의 생각에 어떤 조절을 요구할지도 모른다. 특별히 우리가 신약의 신자들에게 선지서를 설교하는 문제를 염두에 두고 있다면 더욱 그렇다. 무엇보다도 우리는 고대의 청중에게 선포된 것이 아닌 영감된 책에 담긴 선지적 말이라는 개념에 더 민감해져야 한다.[6] 그와 더불어 선지자들에 관한 한 우리는 그들이 자기 책의 저자로서뿐 아니라 그 책의 틀 안에서 화자로서 지금 우리에게 말하고 있다는 것에 좀 더 주의를 기울여야 한다렘 36장 참조. 이 말은, 선지자들을 이해하기 위해서는 무엇보다도 좋은 독자가 되어야 함을 의미한다. 다시 말해서, 우리는 플롯, 성격 묘사, 주제적 구조, 그리고 구성 전략 등과 같이 책과 관련된 내용들을 의식해야 한다는 것이다.

무엇보다도 우리는 우리가 읽고 있는 책들의 저자에게 온전히 의존하고 있음을 의식해야 한다. 그런 것들이 우리에게 전해내려온 선지적 메시지의 구성 요소들이다. 우리는 이런 사항들을 이해함으로써 선지자들로부터 무엇을 어떻게 설교해야 할지를 이해하게 된다. 선지자들을 설교하는 것은 선지자들의 말을 새롭고 다른 세팅에서 반복하는 것 이상의 일이다. 선지자를 이해하고 설교하기 위해서는 책과 저자의 의도를 이해하는 법을 아는 실력 있는 독자가 되어야 한다. 많은 경우 그 일을 위해서는 다른 사람의 설교를 설교할 수 있어야 한다. 헤셀Heschel이 논했듯이 선지자를 이해하는 일은 종종 석의자의 석의자가 되어야 하는 문제다. 선지자들의 책은 단지 그들의 설교를 이전에 기록해놓은 것의 모음집이 아니다. 선지자들의 책은 책의 형태로 전달된 그들의 설교다. 우리의 역할은 그들의 책을 설교하는 것이다.

선지서를 읽기 위해서는 선지서가 의도하는 독자와 고대 선지자들의 청중을 혼동하지 않아야 한다. 선지자들은 그들의 말을 책으로 묶어서 이스라엘에게 나눠주지 않았다. 그들의 말은 우선적으로 책의 한 부분이 되었을 때 들렸고, 기억되었으며, 설명되었다. 선지자들의 우선적인 역할은 경고의 말로 불경건한 자들을 대면하는 것인 반면, 선지서의 우선적인 역할은 그것을 읽는 자들에게 위로를 주는 것이었다. 그 위로는 당신의 '새 언약'의 약속에 대한 하나님의 신실하심을 재확증함으로써 주어졌다. 그것이 선지서의 저자들이 그들의 독자들에게 지속적인 소망의 근거로 제시하고자 의도했던 것이었다. 선지자들로부터 설교하는 것은 궁극적으로 '새 언약'에 대한 그들의 성경적 설교의 범위를 교회의 청중에게까지 확장하는 것을 의미한다.

선지서에 대한 그러한 이해는 교회 안에서 또 교회를 향해서 선지서를 많이 설교할 수 있는 기회를 제공한다. 선지자들의 많은 경고의 내용은 시내 언약인 반면, 선지서의 실제 메시지는 '새 언약'7을 중심으로 한다. 다시 말해서, 책으로서의 선지서는 신약의 책들과 같은 신학적 목적을 갖고 있다. 그것은 이스라엘과 열방을 '새' 언약을 통해 복 주시기로 한창 12:1-3 당신의 언약적 맹세를 지키시는 하나님의 지속적인 헌신에 대해 말한다. 그 맹세의 중보자는 '아브라함의 씨' 다창 22:18, 갈 3:18. 당신의 맹세를 실현하시는 하나님의 수단은 신성한 율법을 모든 신자의 마음에 새기시는 것이다. 선지자들은 독자들에게 시내 언약을 가르치기 위해 그들의 책을 쓰지 않았다. 그들의 의도는 모세와 같이 독자들을 새 언약 아래 있는 믿음의 삶으로 초청하는 것이었다 사 7:9 하.

선지서의 저자들이 모세 오경을 비롯한 성경 가장 초기의 책들에 친숙했음을 보여주는 상당한 증거가 있다. 선지서를 읽은 자들은 누구나 그들이 모세로부터 많은 부분을 끌어왔음을 안다. 선지자들은 그렇게 함으로써 자신들의 메시지에 명료성과 깊이를 더하고자 했다. 또한 다른 선지적 저자들의 글을 읽어보면 그들이 오경 외에 선지서로부터 많은 부분을 끌어왔음도 분명하다. 모세의 경전을 부지런히 공부했던 자들처럼 후대의 선지서 저자들은 자신들을 우선적으로 오경을 포함해서 초기 선지자들의 말을 석의하는 자들로 보았다. 모세가 오경의 '형성 과정'에서 자신에게 주어진 고대 자료들의 석의로부터 많은 내용을 끌어온 것처럼 선지서 저자들은 말씀을 이해하기 위해서 오경과 초기의 선지적 경전들8에 대한 그들의 석의로부터 많은 것을 끌어왔다. 이 선지자들은 강해 설교자의 역할을 하면서 성경의 나머지 부분을 오경에 대한 자신들의 석의와 연결시킴으로써 성경적 문맥을 제공하는 것을 목표로 삼았다. 그들은 실제로 우리가 오늘날 성경 강해라고 부르는 일을 하고 있었다.

따라서 선지서의 일반적인 의미는 보다 고대에 속한 초기 성경의 장들 속에 근거하게 되었다. 그보다 앞서 고대의 성경 자체도 또 모세의 책에 근거하고 있었다. 각 본문은 다른 본문을 반향한다. 예를 들면, 호세아는 그의 메시아적 비전을 민수기 23장과 24장을 자세히 읽고 그려냈다. 그는 오늘날에도 우리가 추적할 수 있는, 오경에 대한 자신의 석의로부터 메시아가 새로운 모세이며 유다 집에서 나올 미래의 왕이심을 보았다.9 바로 이러한 선지자들이 수세기 동안의 무관심에도 불구하고 '모세의 책'에 대한 관심을 계속 살아있게 만든 장본인들이다단 9:10. 우리는 일차적으로 구약의 성립에 대해 이들에게 빚지고 있다. 선지서들의 말은 오경에 대한 그들의 의존과 그들이 오경에서 끌어온 연결들을 볼 때 모든 면에서 헹스텐버그가 일전에 선지적 '반향'이라고 부른 그림과 같다. 에른스트 빌헬름 헹스텐버그Ernst Wilhelm Hengstenberg가 묘사한 것처럼 선지적 반향이란 하나님의 말씀을 새롭고 더 심원한 방식으로 다시 제시함으로써 살아 있고 적절한 것이 되게 하려는 선지자들의 노력을 표현한 것이다. 선지자들은 오경에서 모세의 말을 들었을 때 그들 자신의 말로 반응했다.10 그들의 말은 설명적이었고, 그런 만큼 질문을 가지고 본문을 파고들고자 의도된 것이었다. 이 말은 그들의 믿음에 대한 그들 자신의 개인적 이해가 종종 '성경' 신학의 성격을 띠었음을 의미한다.

이 선지적 저자들에게 성경의 '책들'은 과거의 유물 이상의 것이었다. 결국 구약 정경에 자리잡게 된 이 고대의 책들은 그들의 신앙에 영양분을 공급하는 수단이 되었다. 모세가 성경의 운문을 전략적으로 사용함으로써 약속된 아브라함의 씨를 유다의 집에서 나올 한 개별적 왕과 동일시했을 때 그는 후에 예레미야 4:2와 시편 72:17이 장차 올 메시아적 왕을 식별하는 방식으로 확인하고 취한 저술의 기초를 놓고 있었던 것이다.

이러한 선지적 성경주의는 얼마나 더 뒤로 거슬러 올라가는가? 앞의 예가 보여주듯이 모세 때까지다. 모세는 성경의 처음 책들, 즉 오경의 저자일 뿐 아니라 오경 안에 담긴 선지적 반향을 생각해볼 때 선지적 저자의 원형으로 여겨질 수 있다. 선지적 저자들은 지속적으로 모세를 그들의 미래의 소망과 연결함으로써 궁극적으로 그 소망을 신약으로 이어지는 '새 언약'까지 연결시켰다.

본래의 질문으로 되돌아와서 우리가 설교해야 할 메시지의 선지자들은 누구인가? 그들은 성경의 선지서를 쓴 선지적 저자들로서 그들의 메시지는 모세의 책에 뿌리를 두고 있고, 그들의 비전은 '새 언약'의 믿음의 복음을 내다보고 있다는 것이다. 만일 그것이 합당한 목표라면 그리스도인들이 구약의 선지자들로부터 설교하는 것을 막는 것은 없다고 보아야 할 것이다.

우리도 선지자들이 그들 자신의 시대에 설교했던 것을 설교해야 하는가?

교회 안에서 선지자들의 설교의 적합성은 아직 미결된 문제이지만, 아마도 오늘날 다음과 같은 메시지를 전하려고 하는 사람은 거의 없을 것이다. 아모스 2장 4-5절^{저자의 번역, 역자의 재번역}은 이렇게 말한다.

> 유다의 세 가지 혹은 네 가지 반역으로 인해 나는 그를 돌려보내지 않을 것이다. 그들이 주의 토라(율법)를 거부하고 그분의 율례를 지키지 않았기 때문이다. 그들의 조상들이 좇았던 그들의 거짓들(우상들)이 그들을 곁길로 이끌었다. 그래서 나는 유다에 불을 보낼 것이고, 그 불은 예루살렘 성벽을 사를 것이다.

아모스처럼 심판과 하나님의 징벌에 대한 '선지적' 설교를 전하는 일은 많은 '성경적' 설교자들의 트레이드마크였다. 빌리 선데이Billy Sunday와 같은 유명한 설교자들은 그들의 설교 모델을 성경의 선지자들의 설교에서 가져왔으며, 복음뿐 아니라 하나님의 심판의 경고에도 초점을 맞추었다.

그러한 설교뿐 아니라 선지자에 대해 설교하는 것은 사회 악과 정치적 타락을 규탄하는 입장을 취하는 것을 뜻했다. 그런 선지자적 모델들은 현대 설교자의 목록에서 영예로운 위치를 점하게 되었다. 그러나 그러한 설교들이 강조하는 것은 성경의 선지자들과 오늘날의 설교자들 사이의 기본적인 유사점이 아니라 오히려 거대한 차이점들이다. 하나님의 말씀을 우리의 세계에 전하는 선지자들의 모델은 선지자적 메시지에 근본적인 변화를 가져오게 하지 않는가? 우리가 선지자들의 설교를 교회 안에서 전할 때 그들의 메시지를 전혀 다른 맥락에서 잘못 전하는 것이라면 그 일은 정당화될 수 있는가? 많은 복음주의자들이 그러한 선지자적 설교가 가능하다고 인정하면서도 대부분은 여러 가지 경고들을 첨부한 후에 그렇게 하는 형편이다.

    결론적으로 말한다면 우리는 고대 선지자들이 그들의 맥락에서 전한 메시지와 우리가 오늘날 전하는 메시지 사이에는 진정한 차이가 존재함을 기억해야 한다. 그것은 신학적 차이뿐 아니라 사회적이고 정치적인 차이이기도 하다. 문제는 우리가 그 차이점을 어디에서 찾는가 하는 것이다. 모든 설교자는 개인적으로 어디서 선을 그을 것인지 결정해야 한다. 이 이슈에 있어서 우리는 선지자들에 대한 월터 카이저의 보기를 귀담아들을 필요가 있다. 카이저는 선지자들을 침묵케 하는 일을 줄기차게 거부했던 반면, 그들에게 최후의 발언을 허용하는 것을 반복해서 경고해 왔다. 그는 선지자들로 하여금 그들 자신의 말을 하게 하는 반면, 그들이 마이크를 잡는 것을 결코 허락하지 않는 것도 배웠다.

    선지자들의 메시지가 교회에 주어진 복음 메시지로 재생될 수 있는가 하는 질문에 대한 카이저의 대답은 그가 선지적 말을 어떻게 이해하고 있느냐에서 찾을 수 있다. 카이저의 출발점은 성경의 선지자들이 사회적 구조와 제도를 향해 설교했다는 개념을 거부하는 것이다. 그는 선지자들이 개인적 호소에만 근거해서 국가 전체를 향해 외쳤다고 논증한다. 그들의 메시지는 언제나 개인적 구원에 관한 것이었다. 카이저에 따르면, 선지자들을 대중을 동원하고 거대한 규모의 사회적 변화를 꾀하는 21세기 혁명가들의 선구자들로 보는 것은 잘못이다. 이와는 반대로 선지자들은 그들의 공적 사역 전반에 걸쳐서 언제나 개인들을 향해 메시지를 전했다고 그는 주장한다. 선지자들은 사람들의 집단적인 물리적, 정치적 환경에서의 변화가 아니라 그들의 마음에 일어나는 변화를 제공했다. 그렇게 마음의 변화의 결과로 뒤따르는 사회적 구조에서의 변화의 가능성은 장차 하나님이 하실 일로 남겨졌다. 카이저는 이렇게 결론짓는다.

> 선지자들이 사회에서 거대한 변화를 일으키기 위해 우선적으로 개인들(사사들이든, 다른 정부의 관리들이든, 상인들이든 또는 성직자이든)에게 설교했다는 사실은 우리가 그들의 메시지를 우리 시대에 어떻게 새롭게 전해야 할지에 대한 단서를 제공한다. 하지만 그들의 메시지를 단지 현대의 남녀를 향해 그대로 전하는 것만으로는 충분치 않다. 고대와 현대의 청중 사이에는 어떤 종류의 연결이 있다고 말하는 것만으로는 해석자/ 설교자를 도울 수 없다.[11]

'선지자적 저자' 의 설교

선지 문학에 대한 최근의 연구들은 선지자와 그의 설교가 개인적으로 제시되었다고 주장한 카이저의 관찰을 확증하는 방향으로 가고 있다. 그러한 연구들은, 선지자들의 책12의 형성 과정을 통해 보전된 그들 선지자들의 유산과 더불어, 고대 선지자들의 관점과 자기 민족의 악에 직면해야 하는 그들의 소명 둘 다에 초점을 맞춘다. 이스라엘의 선지자들이 자기 민족을 개인적으로 직면하도록 부르심을 받았는지에 대해서는 논쟁의 여지가 있지만, 그들의 책을 자세히 읽어보면 그것이 그들이 한 바로 그 일이었음을 알게 된다. 선지자적 저자들은 그들의 메시지를 개인적인 형태로 전달하고자 많은 주의를 기울였다. 이 측면이 흔히 비평학자들이 선지자들의 발언 뒤에서 '발견'했다고 주장하는 재구성된 '전역사'의 '조각들'에서가 아니라, 본문에 대한 석의로부터 논증될 수 있다는 점을 주목하는 것이 중요하다. 더욱 중요한 것은, 그러한 논증이 선지자들의 글에 있는 많은 개인적인 예들에서 참인 것으로 입증되는 두 가지 큰 관찰에 근거하고 있다는 것이다.

첫 번째는 선지자들의 책에서 볼 수 있는 저자들의 저술 전략에 의한 신학적 방향이다. 이들은 전통적인 의미와 정경적 작업이라는 두 관점 모두에서 저자들이다. 이들의 정경적 작업은 구약 타나크 전체를 함께 엮는 것과, 새로운 혁명적 사회가 아니라 하나님 앞에서 자신의 삶을 사는 데 필요한 개인적인 '지혜'와 '명철'을 얻기 위해 "이 말씀을 주야로 묵상하라"는 훈계를 주석으로 덧붙이는 것을 의미한다수 1장, 시 1편. 그러한 주의들은 타나크 전반에 걸쳐 임의로 흩어져 있지 않다. 또 그것들은 특정하게 사회 제도와 권력 구조를 겨냥하고 있는 것 같지도 않다. 그것들은 오히려 책 자체의 저술 구조의 윤곽을 따르는 폭넓은 분배 패턴이라는 관점에서 제시된 것으로 누구나 그것들을 '읽고 들을 수 있도록 하기 위한' 것이었음을 보여준다. 한 마디로, 그러한 정경타나크은 개인적인 독자들을 겨냥함으로써 선지적 말씀을 이해하는 것이 카이저가 선지자와 그의 개인적 메시지에 대해 논증한 것과 동일한 초점을 갖고 있음을 보여준다.

두 번째 관찰은 선지자들을 시내산과 구별하는 '새 언약'의 사역자들로 제시하는 본문들을 중심으로 한다신 28:69(29:1), 렘 31:31. 이 본문들은 구약의 최종적 형태 뒤에 있는 개념들과 매우 가까운 아이디어들을 갖고 있던 성경 저자들의 임재를 드러낸다. 그러한 '새 언약'의 특징들은 '새 마음'을 받을 것이라는 약속의 개인화겔 36장, 사람의 마음에 쓰여짐으로써 이루어지는 토라의 내면화렘 31장, 그리고 새 마음이 선지서들에 표현된 하나님의 뜻에 복종하게 하시는 성령의 역할느 9:20 등을 포함한다. 우리가 선지 문학 전반에 걸쳐서 이 '새 언약'의 전략을 따르는 구약 선지서 설교의 종합적 계획을 세우는 일은 가능할 뿐 아니라 바람직하다. 그런 생각의 방향은 신약으로 직접 연결되는 비슷한 저술 전략을 우리에게 보여준다히 8장 참조.[13] 한스-크리스토프 슈미트Hans-Christoph Schmitt 가 오경과 구약 전반에 걸쳐 추적한 선지적 '믿음의 주제Glaubens Thematik' 또한 개별적 선지서의 저술 전략과의 관련성을 보여준다예를 들면, 이사야. 이와 동일한 전략들이 요한복음요 20:30 과 히브리서11장 같은 신약의 책들에 다시 등장하고, 또한 종종 '메시아적' 왕의 도래에 대한 초점을 포함하기도 한다.[14] 이 본문들은 성경에 기록된 선지자들의 메시지인 '선지서'가 자신들을 '새 언약'의 중보로 제시하는 방식으로 개인을 직면하는 것을 보여준다. 이러한 최초의 관찰들이 보여주는 것은 '책을 만드는' 과정이라는 수단을 통해 고대 선지자들의 메시지가 새로운 삶의 세팅, 즉 신성한 복과 지혜를 발견하는 수단으로서 성경을 개인적으로 읽고 묵상하는 쪽으로 독자의 주의를 끄는 그러한 세팅에 맞게 재조정되었다는 것이다. 그러한 '새 언약' 의 환경에서는 '새 마음' 이 하나님의 말씀에 의해 영양을 공급받으며, '성령' 에 의해 생명을 공급받고 자라가는 것으로 제시된다. 그러한 생각들은 명백하게 에베소서 4장에 나오는 교회의 패턴과 같다.

· 에이브러햄 헤셀Abraham Heschel[15]은 일찍이 선지적 본문에는 언제나 적어도 두 개의 설교가 존재한다고 제안한 바 있다. 하나는 선지자가 그와 동시대 사람들에게 전한 설교이고, 다른 하나는 선지서의 저자가 그의 책이라는 수단을 통해 전한 설교다. '선지자의 설교' 가 있고, '선지자에 대한 설교' 가 있다는 말이다. 선지자의 설교는 그 시대를 향한 하나님의 말씀이었다. 그것은 우리 시대를 향한 선지서의 메시지가 아니다. 반면에 선지서 안에서가 아니라 선지서로 우리에게 전해오는 선지서 저자의 설교는 그 책을 읽는 모든 사람에게 주어지는 것이다. 이것이 정경이 의미하는 바다. 선지자의 설교는 하나님을 떠나간 이스라엘에 대한 하나님의 반응이다. 선지자에 대한 설교는 성경의 저자가 그 선지자의 말을 묵상하고 해석한 결과다. 그것은 선지자와 그의 말을 전해주는 선지서로서 우리에게 전해온다. 선지자의 설교는 그가 받은 신성한 소명으로부터 사람들에게로 나아가며, 하나님이 그에게 주신 말씀을 선포한다. 성경 저자의 설교는 그가 선지자의 말을 수집하고 책으로 묶어내는 기능이다. 성경의 선지자는 하나님이 그에게 주신 말씀으로부터 그의 설교를 '만든

다.' 성경의 저자는 성경의 선지자의 말에서 책을 '만듦'으로써 그의 설교를 '만든다.'

요나 선지자의 설교는 오직 다섯 개의 히브리 단어로 이루어져 있다. "사십 일이 지나면 니느웨가 무너지리라" 욘 3:4 .16 요나서의 설교는 그 책이 담고 있는 705개 단어의 나머지 부분의 의미로 구성되어 있다. 요나서를 설교하는 일은 교회의 멤버들에게 요나가 전한 다섯 개 단어로 이루어진 설교를 반복하는 데 있지 않다. 요나서 저자의 설교는 그가 그 책의 나머지 부분을 '만든 것'으로 구성되어 있으며, 그것은 그 책의 사건들을 통해 '새 언약'을 선포하고 있다. 그 책의 '새 언약'의 의미는 그 초점이 요나 욘 1장 와 니느웨 욘 4장 에 대한 하나님의 심판에 있지 않고, 1장과 3장에 나오는 이방인 뱃사공들과 니느웨인들에게 베푸신 하나님의 은혜에 있다. 이와 더불어 하나님이 이방인들을 은혜로 대하시는 것에 대한 요나의 이기적인 불평에 있다 욘 4:11 . 니느웨인들을 향한 요나의 말은 하나님의 심판의 위협이다. 그 책이 독자들에게 주는 말은 믿음으로의 초청이다. 그 책은 마치 창세기 이야기에 나오는 아브라함이 그랬듯 이 창 15:6 이방인 니느웨인들도 '하나님을 믿었음' 욘 3:5 을 우리에게 일깨워준다.

선지자 요나와 요나서의 저자는 둘 다 그 책에서 자신들이 할 말을 가지고 있다. 니느웨인들을 향한 요나의 다섯 마디는 그 책의 나머지 말들에 비하면 작고 하찮게 여겨질 것이다. 그 책에서 저자는 이방인들의 구원에 대한 새 언약의 소망을 강조하는 믿음의 복음을 기록했다. 니느웨를 향한 선지자 요나의 심판의 메시지 욘 3:4 하는 믿음의 말씀의 문맥을 제공한다. 요나서 전체의 메시지는 믿음의 말씀과 하나님의 은혜를 제시한다. 확실히 우리는 요나의 다섯 마디를 하나님의 말씀으로 여겨야 한다. 하지만 우리는 요나서를 이루고 있는 저자의 나머지 705개의 영감된 말씀 역시 성경의 한 부분이며 선지자들을 설교하는 우리의 주제임을 또한 기억해야 한다. 요나서의 기록 속에 요나와 그의 책 둘 다 우리 앞에 서 있다. 하지만 오직 그의 책만이 지금 우리에게 말한다. 우리는 오늘날 "사십 일이 지나면 니느웨가 무너지리라"고 외친 요나의 설교를 반복하려고 애쓸 필요가 없다. 그 선지자의 말씀은 위에서 언급한 아모스가 그의 세대에게 외친 말과 마찬가지로 우리의 설교에서 더 이상 자리를 차지하지 못한다. 사도 바울이 때로 "성경이… 이르시되"롬 9:17 라고 표현하듯이, 이방인들의 믿음의 중요성을 보여주는 권면적 내러티브인 요나서는 요나가 니느웨 사람들에게 전했던 것처럼 오늘날 우리에게 여전히 말씀하고 있다. 요나서에서 성경은 특이하게 그 책을 통해 하나님의 말씀을 선포하는 선지자 그 자신의 역할을 맡고 있다. 요나서 같은 선지서를 읽는 것은 마치 선지자 자신이 하나님의 말씀을 우리에게 외치는 것처럼 성경의 각 본문을 대해야 함을 의미한다. 이것이 바로 크리스토퍼 자이츠Christopher Seitz 가 "본문이 '사람처럼 행하게' 하라"17고 부른 그것이다. 선지서는 그 자체로 마치 선지자가 독자와 우리 회중들에게 메시지를 갖고 오듯이 우리에게 다가온다. 우리는 그 책을 읽음으로써 그 메시지를 알게 된다.

여기서 우리가 요나서에 대해 말한 것은 성경의 다른 선지서에도 똑같이 해당된다. 그것들은, 마치 오경에서 운문과 내러티브들이 그러한 것처럼, 하나님의 진리와 은혜의 메시지를 전달한다. 그것들은 우리에게 어떻게 '하나님 앞에서' 살아야 하는지, 그리고 어떻게 은혜와 성령이라는 그분의 놀라운 선물에 반응해야 하는지를 보여준다. 그것들은 또한 우리에게 내러티브와 그 저술 전략을 이해해야 할 책임을 부과한다.

선지서의 저술 전략

우리가 선지서를 '사람처럼' 취급한다면 어떻게 그로 말하게 할 수 있겠는가? 더 정확히 말한다면 어떻게 우리가 이해할 수 있는 방식으로 그로 하여금 말하게 할 수 있겠는가? 우리가 이 책들에서 만나는 선지자들은 종종 이해하기 힘든 것이 사실 아닌가? 그들의 말의 간결성, 최소한의 문예적 문맥, 그리고 그들이 사용하는 불명료한 이미지들은 종종 우리가 거의 아는 것이 없는 사건이나 아이디어를 묘사하는 '소리 조각' 정도를 남겨주지 않는가? 선지자들의 말에 종종 따라다니는 불명료함뿐 아니라 그들이 자주 사용하는 고대의 희귀한 어휘들과 또 결여된 역사적 문맥 등도 문제다. 예를 들면, 이사야 28장 10절의 말씀을 우리는 어떻게 이해해야 하는가?

> 대저 경계에 경계를 더하며 경계에 경계를 더하며 교훈에 교훈을 더하며 교훈에 교훈을 더하되 여기서도 조금, 저기서도 조금 하는구나 하는도다.[18]

선지자들이 주는 어려움의 또 다른 측면은 의심할 바 없이 그들의 본래의 말의 운문적 성격에 있다. 성경의 운문은, 비록 그것에 뛰어난 표현 능력이 있음을 부인하는 것은 아니지만, 본래적으로 불명료하다. 그러나 운문적이지 않은 다른 본문들, 즉 스가랴 5장 1-3절에 나오는 "날아가는 두루마리" 같은 것들은 설명을 찾을 수 있는 별다른 여지를 남겨주지 않는다.

의미에 대한 이런 문제들에 대한 해답은 선지서의 저술 전략의 목적을 이해하는 데서 얻을 수 있다. 우리가 위에서 제안했듯이 저술 전략이란 한 책의 다양한 부분들을 전체로 묶어주는 계획이나 구조로 이해할 수 있다. 그것은 책의 조각들을 저자가 어떻게 더 큰 전체에 맞춰 넣는가를 보여줌으로써 그 의미를 파악하게 해주는 방식이다.[19] 그러한 전략에 대한 개념은 그 책이 그 책의 다른 부분들과 또 구약 정경타나크의 다른 부분들과의 상호 연결이나 내적 고리들을 보이기 위해 저자의 작품을 재추적할 수 있도록 단서를 제공해준다. 그러한 연결들을 의식할 때 우리는 선지서와 구약 정경 둘 다의 전체 의미를 파악할 수 있다. 성경의 저자들이 의도를 갖고 있었고, 그 의도를 그들의 책을 통해 알리고 싶어했다는 것을 인정한다면 선지서 해석자의 중심 과제는, 전체 의미의 차원에서, 한 책의 부분들의 의미를 찾는 것이 될 것이다. 선지서의 의미를 찾는 일은 설교를 작성하는 것과 크게 다르지 않다. 우리는 '큰 아이디어'를 갖고 시작해서 그 책 전체를 그 아이디어나 주제에 맞춰 형성한다. 책 뒤에 깔려 있는 전략이나 지적 설계라는 개념은 그 책 안에서 저자가 어디로 가고 있으며 그 책이 무엇에 관한 것인지를 우리가 볼 수 있게 해준다. 우리는 저자 자신의 정체와 종교적 신앙의 표현인 저자의 책이 저자의 성격을 띠기 시작하고 거의 '저자처럼 행하거나' '생각하게' 된다고 말할 수 있다. 독자인 우리는 자신에 대해, 그리고 하나님에 대한 자신의 신앙에 대해 무엇인가 말하기 원하는 사람과 교류하는 것과 같은 방식으로 책의 저자와 교류할 수 있다.

이런 종류의 상호 연관은 선지서의 저자가 자신의 책에서 의미를 발전시켜가는 것을 우리로 볼 수 있게 해준다. 또 그것들은 내적, 외적으로 묘사될 수 있다. 어떤 책의 내적 연관들 내적원문성은 그 책의 더 큰 주제가 발전되어가는 일차적인 방식이다. 선지서의 외적 고리들 상호원문성은 그 책의 저자가 그 책과 구약 정경의 다른 책들과의 관계를 어떻게 이해하는지를 보게 해준다. 예를 들면, 이사야서의 저자는 자신의 아이디어와 오경의 저자인 모세가 발전시킨 아이디어 사이의 연결점들을 보여주는 데 많은 시간을 할애한다. 이사야서의 저자는 그의 책이 선지자 이사야와 '같이 행하기'를 원하고, 마찬가지로 이사야는 제2의 모세와 같이 행동한다. 우리가 그러한 상호 연관성을 느낄 때 이사야서 안에 있는, 특별히 모세의 책을 배경으로 하는 보다 큰 이해의 문맥에 눈을 뜨게 되는 것이다. 슈미트[20]가 보여주었듯이 오경과 이사야서는 둘 다 후에 이신칭의以信稱義 라는 신약적 개념이 될 내용을 이미 염두에 두고 쓰였다. 그 주제는 심지어 신약 형성의 중심부에서도 계속 그 모습을 드러내고 있다 비교. 요 20:31 [21] 과 히 11장.

선지자들과 그들의 저술이 가져다주는 또 다른 어려움은, 그들의 책이 성경의 다른 책들과 맺고 있는 상호 연관성을 끌어내고자 할 때 그들은 종종 성경의 후미진 본문에서 끌어오고 또 평균적인 성경 독자의 수준을 넘어서는 일종의 '성경 지식'을 전제하고 있다는 사실이다. 호세아서 예언의 결론 부분에서 저자는 그의 독자들에게 호세아의 메시지를 이해하기 위해서는 지혜와 명철이 필요하다고 경고한다. 호세아 14장 9절 저자의 번역은 이렇게 말한다.

> 누구든지 지혜롭거든 이것들을 이해하라.
> 그리고 누구든지 분별력이 있거든 이것들을 알라.
> 왜냐하면 주의 길은 곧기 때문이다.
> 의인들은 그 안에서 걷고,
> 반역하는 자들은 그 안에서 넘어진다.

이 말은 선지자가 전제하는 것만큼 자신들이 많은 것을 알지 못한다는 사실을 알고 있는 현대의 독자들에게는 그다지 용기를 주지 못한다. 이것은 호세아와 같은 선지서를 이해하는 수준을 현대 독자들의 수준보다 훨씬 더 높게 올린다. 누가 이 본문이 말하고 있는 필수적인 '지혜'를 갖고 있다고 말할 수 있겠는가? 혹시 누가 그러한 '지혜'를 갖고 있다 할지라도 그것이 호세아서를 이해하는 데 어떻게 사용되는가? 지혜는 그 책에 있지 않은 의미를 드러내는가, 아니면 거기에 있는 의미를 더욱 명료하고 적용할 만하게 만드는 것인가? 다행스럽게도 우리가 오경과 구약 정경의 더 큰 부분을 이루고 있는 다른 선지서들을 자세히 살펴본다면, 비록 저자가 말하는 모든 상호 연관성과 언급들을 '얻지' 못한다 할지라도 선지자들과 그들의 책의 일반적인 의미 정도는 이해할 수 있다. 하지만 그러한 상호 연관성이 있음을 알 때 우리는 연관성을 찾는 경험을 하게 되고, 그럼으로써 고대의 저자와 친밀한 생각을 공유할 수 있게 된다. 선지자들의 설교에서 그러한 생각을 공유하는 것은 진리를 오래 기억할 수 있게 해준다. 성경적 용어로는 그러한 진리의 순간을 통찰이라고 부른다sekel, 느 8:8, 13.

선지서 본문을 이해함에 있어서 역사적 배경이 하는 역할

선지자들을 이해함에 있어서 이처럼 잘 알려진 어려움들에도 불구하고 선지서에서 설교하는 것이 그 미래가 밝음을 보여주는 몇 가지 긍정적인 표지가 있다. 구약을 고대의 문학으로 연구하는 많은 사람들에게 선지 문학의 미래는 그 과거에 있다. 그들이 보는 것처럼 고대의 역사와 문화를 이해하는 것은 선지자들의 설교의 의미, 또는 기능에 대한 이해로 들어가는 새로운 길을 열어준다. 선지자들은 고대 세계에서 그들과 대응되는 자들과 대조되는데, 종종 그렇듯이, 그들의 메시지의 내용과 기능에서의 차이점들은 성경 예언의 의미를 여는 결정적인 열쇠로 주목받고 있다. 구체적인 석의를 바탕으로 하기보다는 종종 역사적이고 사회적인 접근에서의 설명들이 선지자들의 말의 의미를 결정함에 있어서 본문을 자세히 숙고하는 것의 중요성과 경쟁 관계를 이루게 되었다. 한 복음주의적 구약 학자는 이렇게 말했다.

학자들은 선지자들의 인격과 역할을 보다 넓은 사회적 맥락에 두고 자 했다. 이 일을 위해서는 선지자들이 사회에서 군주제나 제사 제 도 등과 같은 다른 제도들과의 관계에서 담당했던 역할을 주목함으 로써 그들의 위치를 찾는 것이 필요하다… 이보다 새로운 사회학적 접근은 메신저를 선지자로 인정함에 있어서 메시지를 듣는 자들의 중요성을 강조하며, 그러한 인정에 근거해서 그 선지자의 신분을 확 정한다.22

이스라엘 예언의 맥락을 찾는 전통적인 문법적, 역사적 추구와는 사 뭇 다른 방식으로,23 많은 학자들은 선지자들과 그들의 메시지의 역사적 상황을 이해하는 것이 그들 본문의 의미에 대한 핵심적인 단서를 제공해 줄 것이라는 데 희망적이다.

우리가 이 장에서 증명하려고 시도했듯이 많은 학자들은 선지자들을 설교하는 데 가장 확실한 접근법으로 성경 본문 그 자체를 보다 자세히 살펴볼 것을 요구하기 시작했다. 최근에 성경 학자들은 선지자들과 그들 의 책 둘 다를 이해하는 데 유용한 길잡이로 선지자들의 역사적 배경과 그 책의 저술 성격을 둘 다 주목하기 시작했다. 그러한 방법론적 관심은, 그것이 선지자 개인에 대한 것이든, 아니면 그의 책에 대한 것이든 세 영 역, 즉 선지자의 메시지의 '전-역사pre-history', 그의 메시지의 '역사적 맥락', 그리고 선지자의 메시지의 '후-역사after-history' Nachgeschichte 24 중 하나에 초점을 맞출 수 있다. 미국의 복음주의자들은 일반적으로 선 지자의 말의 '전-역사'를 기피해왔다. 그들은 종종 그러한 접근이 영감된 본문에서 떠나 선지자의 메시지를 추측으로 재구성한 것에 빠지게 될 것을 염려했다. 나는 선지자 이사야의 메시지와 비평학자들이 재구성한, 8세기에 활동했던 같은 이름의 선지자의 글 뒤에 붙여졌다고 여겨지는 제2의 이사야 사이의 구별과 같은 상황을 염두에 두고 있다.

현대 복음주의 학자들이 더 선호하는 접근법은 선지자의 메시지를 그 자신의 역사적 세팅이라는 맥락 안에서 본래 이해되었던 것처럼 설교하는 일에 주의를 돌리고 있다. 때로 그러한 세팅은 호세아 1장 1절에서처럼 그 책의 첫머리에 주어지고 있다. 다른 경우에는 역사적 맥락이 선지자의 말에 담긴 힌트와 단서들로부터 복구되어야 한다. 예를 들면, 하박국 1장 6절의 "갈대아인"에 대한 언급은 그 책의 사건과 하박국 자신의 말을 주전 6세기에 있었던 바벨론의 예루살렘 침공이라는 역사적 맥락 안에서 읽도록 인도한다. 19세기에 나타난 이 접근법에 따라서 밀턴 테리Milton Terry는 이렇게 썼다.

> 그러므로 해석자는 자신을 현재로부터 저자의 역사적 위치로 옮겨 가야 하며, 그의 눈을 통해서 보고, 그의 주변을 둘러보며, 그의 심장으로 느끼고, 그의 감정을 파악해야 한다. 여기에서 우리는 문법적-역사적 해석이란 용어의 중요성을 보게 된다. 우리는 단어들과 문장들의 문법적 중요성을 붙잡을 뿐 아니라 저자에게 영향을 미쳤을 역사적 상황의 힘과 관계도 느껴야 한다… 저자의 개인성, 그의 지역적 환경, 그의 욕구와 소원들, 그가 독자들과 맺는 관계, 그의 국적과 그들의 국적, 그가 글을 쓸 당시의 시대적 성격, 이 모든 것들이 성경

의 여러 책들을 철저히 해석하기 위해서는 너무나 중요하다.25

선지자의 책의 역사적 세팅으로부터 그런 '진정한' 선지자를 재구성 해내는 일은 자이츠Seitz가 "본문이 '사람처럼 행하게' 하라"는 말로 의미한 것과는 반대되는 것이다. 그러한 접근이 갖고 있는 단점은 과거 선지자의 메시지를 현재와 거의 연관이 없게 만들고, 또 설교에서 선지자의 말의 역할을 분리시킨다는 것이다. 그러한 접근은 선지자의 메시지가 한때 그의 청중에게 의미했던 바에 대해서는 많이 가르쳐주겠지만, 우리가 어떻게 그 메시지를 설교하고 오늘날에 적용해야 하는지를 이해하는 데는 아무 도움도 주지 못한다. 그런 접근은 그런 관점에서의 본문의 의미에 대한 질문을 고려하지 않는다. 복음주의자들의 입장에서는 그것이 영감되지 않은 역사적 사건의 재구성을 영감된 성경의 본문보다 더 위에 올려놓는 위험을 감수하는 것이 될 수 있다딤후 3:16.

성경 예언(후-역사)의 해석에 대한 본문적 접근

최근에는 책의 형태 안에서 우리에게 주어진 선지자의 메시지에 대해 상당한 관심이 쏟아지고 있다.26 이것은 선지자의 말의 '후-역사after history'27에 대해 새롭게 관심이 대두되고 있음을 의미한다. 선지자가 그의 메시지를 전한 후에, 그 자신의 시대 동안에 그리고 그 후에, 그 메시지에 무슨 일이 생겼는가 하는 질문은 그의 말이 결국 우리가 영감된 성경이라고 부르는 책에 들어오게 되었다는 사실에 비추어볼 때 상당한 흥미를 자아낸다.28 선지자의 말의 '후-역사Nachgeschichte'는 우리가 오늘날 그의 메시지를 이해하고, 전하는 일에 어떤 도움을 주는가? 책이 되는 과정이 선지자의 말의 의미에 미치는 영향은 무엇인가? 나는 이 에세이에서 이런 방식으로 의미에 대한 질문을 던질 때 우리가 선지자의 메시지를 전할 때 부딪히게 되는, 예를 들면 합당한 문맥의 필요와 같은, 많은 해석적인 문제들을 선지자 자신이 해결해주고 있음을 깨닫게 된다고 주장했다. 그 일은 선지자의 말을 책으로 '만들고', 그 책을 구약 정경의 특정한 위치에 포함시키는 과정을 통해서 이루어진다. 선지자 자신의 말로 꾸며진 책은 그 말들을 이해하고 설교하는 데 유용한 맥락을 제공해줄 수 있다.

하박국에 주어진 바벨론 문맥에 대해 우리가 앞에서 말한 것이 한 예가 될 수 있다. 선지서를 읽을 때 우리는 해석적으로 광범위한 핵심 문제들을 위해 저자로부터 도움이 주어질 것을 기대할 수 있다. 선지서의 저자는 본문 그 자체로부터 결코 멀리 떨어져 있지 않으며, 때로 불분명한 말들의 의미를 알게 해주는 필요한 단서를 제공해줄 준비가 되어 있다. 우리가 선지서에서 볼 수 있는 책 안에는 선지서 저자들이 사용한 의도적이고 의미 있는 저술 전략의 형태로 도움이 주어진다. 그것은 또한 저자가 본문 자체 안에 끼워놓은 설명적 주석으로부터 올 수도 있다. 필사자의 주해가 아니라 저자 자신이 주는 그러한 도움은 가장 높은 권위를 지니고 독자에게 다가온다. 그것은 영감된 성경인 것이다. 하나의 예로 이사야 6장 13절에서 저자가 베임을 당한 나무의 그루터기를 "거룩한 씨"로 여긴 것을 들 수 있다.

결론

나는 이 장에서 논의한 요점들을 간략하게 요약하고자 한다.

1. 선지서 설교에 대한 복음주의적 접근들은 대체로 두 가지 핵심 목적에 초점을 맞추어왔다. 첫째, 고대의 선지자와 그의 메시지를 그가 속한 사회적, 역사적 맥락 안에서 이해하는 것이다. 둘째는, 우리에게 그들의 영감된 글을 통해 고대 선지자들의 말을 전해주는 성경 저자들의 메시지에 초점을 맞추는 것이다. 이 두 견해가 함께 취해진 적은 거의 없지만 복음주의적 성경 연구는 이중 어느 쪽 초점도 잃어버릴 수 없다. 선지자의 메시지를 우리가 고대 이스라엘의 신앙과 사상을 재구성한 것에 국한시키는 것은 선지자들의 의미를 부당하게 과거의 사건과 세팅에만 제한하는 것이 된다. 선지서 설교가 제기하는 궁극적인 문제는 선지서의 메시지에 관한 것이다. 이 점은 우리를 두 번째 요점으로 이끌어간다.

2. 결론적으로 우리가 설교해야 할 선지자들의 말은 선지자들의 글 안에서 우리에게 주어지는 그 말씀이다. 선지자의 메시지를 역사적으로 재구성하는 것이 중요한 것은 사실이지만, 선지자들이 신약의 신학과 함께한 데 모여야 할 지점은 히브리 성경의 최후 저술 형태라는 차원에서다.

3. 선지서에서 설교하는 것은 저자가 선지서 안에서 횡단한 생각의 길과 그 책의 '후-역사'를 따라가는 것을 의미한다. 선지서의 메시지를 아

는 것은 그 메시지가 구약의 나머지 부분에서뿐 아니라 신약 안에까지 통과한 길을 따라 그것을 인식하는 것을 의미한다.

4. 지나치게 단순화하는 것으로 보이지 않기를 바라면서, 우리는 구약 선지자들의 메시지가, 그들의 책에 구현되어 있는 대로, 신약 저자들의 메시지와 동일하게 보인다고 말할 수 있다. 우리는 선지자 자신과 오늘날 우리가 그들을 이해하는 것 사이에 어느 정도 역사적 거리가 있음을 인정해야 하지만, 분명한 것은 선지 문학의 한 부분으로서 성경의 선지자의 메시지는, 그들의 책에 구현되어 있는 대로, 우리가 신약에서 보는 신학의 근거라는 것이다. 우리가 오늘날 선지서를 설교하는 것은 그 신학의 문맥 안에서다.

연구 및 적용 질문

1. 선지서의 좋은 독자가 되는 것은 무엇을 의미하는가?
2. 선지자들은 어떤 방식으로 독자 개인을 겨냥하는가?
3. '새 언약'의 특징은 무엇이며, 그들이 설교에 대해 갖는 함의는 무엇인가?
4. 선지자의 저술 전략이 설교와 관련해서 갖는 유용성은 무엇인가?
5. 당신은 이 장에서 어떤 도움을 받을 수 있을지, 또 그것들을 어떻게 당신의 설교 준비에 활용할 수 있을지를 생각해보라. 당신의 계획은 무엇인가?

추천 도서

- Kaiser, Walter C. *Malachi: God's Unchanging Love*. Grand Rapids: Baker, 1984.

- Sailhamer, John H. *Biblical Prophecy*. Grand Rapids: Zondervan, 1998.

- _____. *The Pentateuch as Narrative: A Biblical-Theological Commentary*. Grand Rapids: Zondervan, 1992.

- Schniedewind, William M. *How the Bible Became a Book*. Cambridge: Cambridge University Press, 2004.

8. 구약을 그 문화의 빛 안에서 설교하기
_ 티모시 라니악(Timothy S. Laniak)

    복음주의자들은 성경을 신성한 계시로 높이 평가한다. 우리는 하나님 이야말로 정경의 궁극적인 저자이심을 확증한다. 이와 동시에 우리는 성경의 인간적인 특성도 고려한다. 성경은 오랜 세월에 걸쳐서 다양한 저자들과 편집자들에 의해 기록된 각각의 책들의 서고다. 각 책은 그 저자들과 의도된 청중, 그리고 그들이 공유하는 셀 수 없이 많은 특정한 상황과 실상들이라는 독특성을 반영한다. 십 수세기에 걸친 시간적 간격이 우리를 이 실상들로부터 분리시킨다. 뿐만 아니라 거대한 상이한 문화적 전제들과 관점들이 미묘한 방법으로 이 간격의 요인이 되고 있다.

    때때로 복음주의 설교자들은 성경 본문의 맥락을 조명하기 위해 성경 외의 문서나 고고학적 발견, 또는 최근 성지를 방문하면서 얻게 된 일화들을 사용한다. 월터 카이저의 「구약의 어려운 말들Hard Sayings of the Old Testament」[1]이나 다른 자료들의 도움을 빌어 설교자들은 곤란한 본문들에 대해 매우 분명한 설명을 찾아내기도 한다. 하지만 성경의 세계에서 따온 일화나 예화들은 갈수록 더 드물고 대개 미시적 관점에서 사용되고 있음을 인정할 수밖에 없다. 배경 자료들은 변증적 목적으로 사용되든, 교훈적 목적으로 사용되든 더 넓은 사회적, 역사적, 경제적 맥락을 고려함 없이 제시될 때가 많다. 고대 세계는 그 근본적인 가치관과 내가 '구성contexture'이라고 부르는 그 제도들의 상호 연관성이라는 관점에서 이해되고 있지 않다. 이 장의 일차적인 목적은 본문의 구성에 대한 체계적인 이해를 얻는 방법을 제시하는 것이다. 또한 우리는 그 목적을 위해 유용한 자료들을 식별하고자 한다.

우리의 설교가 구성에 대한 안목이 결여된 것은 우리의 무지 때문이기도 하지만 또 다른 요인이 있을 수 있다. 어쩌면 우리 중 일부는 우리 상황에 적합하지 못하리라는 두려움 때문에 성경의 고대적 세팅을 자세히 연구하지 않을 수도 있다. 성경에 대한 무지가 널리 퍼져 있는 이때에 우리는 우리의 세계에서 의미를 지니는 단순한 용어들로 본문을 설명해 주기를 많은 사람들이 원할 것이라고 생각한다. 우리는 청중에게 우리와 성경 저자 시대의 간격을 일깨워주기보다는 신속히 성경의 인물들을 우리의 상황으로 끌어들이는 다리를 놓기를 원한다. 고대 저자들과의 형평성이 결여된 만남으로 여겨져야 마땅할 것이 그 대신 길들여진 본문에 대한 친숙한 논의로 여겨지고 있는 것이다.

타문화와의 만남

성경의 지속적이고 보편적인 호소력이 문화적 일치성과 동일한 것으로 취급되어서는 안 된다. 우리가 기대해야 할 것은 즉각적인 이해가 아니라 문화적 충격이어야 한다. 2,500년이나 3,000년 전에 쓰여진 법이나 시, 또는 역사적 기록 등은 현대 독자들에게 낯설게 느껴져야 마땅하다. 이것은 성스러운 성경에 대해서도 마찬가지다. 성경을 읽는 것은 일련의 타문화와의 만남이다. 거리와 차이는 명백하다. 오히려 일치하는 면이 있다는 것이 놀라운 일이다. 설교자들이 민감성을 가지고 이 만남으로 청중을 인도할 때 거기에는 다양한 폭의 반응이 나타날 것이다. 이 만남은 황홀하고, 계몽적이며, 매혹적이고, 으스스하며, 신비스럽고, 영감 넘치는 등 이 모든 반응을 동시에 가져올 것이다.

헤이즈Hays 와 두발Duvall 2은 우리에게 성경 해석학에 대한 최상의 서론 중 하나를 제공했다. 이 저자들은 해석학적 여행을 '우리 동네'에서 '그들의 동네'로 갔다가 되돌아오는 것으로 묘사한다. 첫 번째 해석학적 행동은 이 둘을 갈라놓은 '강'의 넓이를 재는 것이다. 그 다음에 우리는 그들 동네의 실상을 조사해야 한다. 우리 동네로 돌아오기 위해서는 '원리 찾기principalizing 다리'를 건설해야 하며, 우리는 이 다리 위로 보편적인 함의가 담긴 두드러진 원리들을 나르게 된다. 적합성을 위해서 성경의 부분을 가볍게 '우리 동네'에만 두고자 하는 설교자는 아이러니하게도 우리 세계를 도전하는 능력을 제한하는 것이다.

성경의 문화적 문맥을 조사하기 위해서는 본래의 청중에 대한 '암시적 지식'을 재구성해야 한다. 이것은 성경 번역자들이 본문을 새로운 언어로 옮기기 위한 가장 효과적인 방법을 고려할 때 사용하는 문구다. 각주의 도움 없이 성경 번역은 종종 본래의 저자가 암시적으로 남겨놓은 것을 명시적으로 만들어야 한다. 이 개념은 해석학에서 사용되는 '전이해preunderstanding'라는 용어와 흡사하다. 이 말은 저자와 청중이 공유하는 공동의 지식뿐 아니라 그들의 전제들과 관점들도 가리킨다. 이러한 암묵적인 실상들의 재구성이 잠정적이고 임시적인 작업이라면 그에 대한 유일한 대안은 암시적인 정보를 현대 독자들의 상상력에 맡기는 것뿐이다. 필름은 좋든 나쁘든 성경 이야기에 대한 대중적인 이해를 채우는 일에 결정적인 역할을 한다. 때로 성경의 기록또는 설교이 영화와 맞지 않는다고 도전을 받기도 한다!

이 장의 전제는, 모든 성경 본문은 먼저 본래의 문맥 안에서 본래의 의미라는 관점에서 이해되어야 한다는 것이다. 이 최초의 단계가 이루어진 후에야 비로소 현대 신자들을 위한 적절한 의미를 결정할 수 있다. 이것은 월터 카이저가 저자의 의도의 우선성그리고 접근 가능성에 대해 자주 강조했던 것과 그 맥을 같이 한다. 우리는 이제 문화적 맥락을 정의하고, 그 맥락을 탐구하기 위해 현재 우리가 가지고 있는 도구들을 살펴보고자 한다.

성경 세계의 층들

지리적, 역사적 층들

성경 본문의 세계는 지리적, 역사적, 문화적, 정치적, 경제적, 이데올로기적인 많은 층들을 가지고 있다. 이 다층적인 환경은 역사지리학, 고고학, 역사학, 인류학, 사회학, 정치학, 경제학 등등 다양한 사회 과학 학문들의 도움을 요청한다. 문화적 시스템의 독특하면서도 상호 연관된 차원들은 쉽게 손에 잡히지 않는 '자이트가이스트 Zeitgeist' 또는 '시대 정신'을 반영하는데, 이를 파악하는 일은 중요하다.

성경 세계의 재구성은 지리, 즉 몬슨 Monson 3이 놀이판 playing board 이라고 부른 것을 공부하는 것에서 시작된다. 놀이판을 이해하면 사람들이 어디서 살았고, 여행했으며, 그들이 기른 것과 교환한 것은 무엇이며, 왜 그들이 싸웠고, 또 누구를 경배했는지를 납득하게 된다. 그리고 '게임의 법칙'을 이해하기 시작한다. 역사지리학이라는 학문은 성경 이야기에 나오는 거의 모든 중요한 지역을 밝혀내는 데 기여했다. 좋은 성경 지도의 도움으로 설교자는 대부분의 성경 이야기의 지리적 세팅을 염두에 둘 수 있게-또 두어야 하게-되었다. 요즘에는 '로고스 Logos'와 '그램코드 연구소 Gramcord Institute'에서 제공하는 전자 지도들도 나와 있다.

지역을 식별하는 일 외에 역사지리학은 지역의 특성들에 대한 점증적인 자각에도 기여했다. 문화적 시스템들, 특히 산업화 이전 시대의 사회에 존재하는 문화적 시스템들은 지리적 상황에 뿌리박고 있기 때문에 우리는 성경 각 지역의 특징적인 사건들과 활동의 타입에 친숙해질 수 있다. 예를 들면, 갈릴리의 '개방적인' 성격과 유대의 '폐쇄적인' 성격을 이해하면 왜 어떤 도시들이 쳐들어오는 군대에 넘어갔고, 왜 페니키아의 바알 숭배가 어떤 지역에서 번성했으며, 어떻게 유대가 종교적으로, 정치적으로 보수적이 될 수 있었는지 등을 설명할 수 있다. 유대 광야와 네게브의 최저 강우량 패턴을 이해하면 룻의 이삭 줍기 이야기와 다윗 일가의 혼합 경제의 배경을 알 수 있다. 북부와 남부 사이의 강우량의 다양성은 세 가지 추수 축제 유월절, 오순절, 초막절은 모두 추수와 관련된 절기들이었다 – 역주를 중심으로 예배를 중앙화하는 일을 어렵게 했다. 이 점을 생각하면 북왕국에서 여로보암이 이 절기들을 한 달 앞서 지키려고 했던 이유를 이해할 수 있다.

이 분야의 고전적인 작품은 스미스 G. A. Smith 의 「성지의 역사지리학 Historical Geography of the Holy Land」인데, 이 책은 1894년에 출판된 이후 여러 차례 재판되었다. 몬슨[4]의 작품은 놀이판의 간략한 최근판을 제공한다. 성경 배경 Biblical Backgrounds[5]이 출판한 관련된 자료 모음집도 있다. 클리브 Cleave[6]의 지도와 CD-ROM은 이스라엘의 지리를 위에서 내려다 볼 수 있게 해주고, 주요 도시들의 고해상도 이미지들을 끌어올릴 수 있게 해준다. 각 지역에 대한 마틴 Martin[7]의 해설을 곁들인 헬리콥터 여행은 매우 유용하며, 사진으로 보는 성경의 땅 Pictorial Lands of Bible[8] 모음에 담긴 6천 개의 슬라이드들은 뛰어난 지면 사진들과 많은 유용한 해설들을 제공한다.

지리는 단지 전쟁과 일과 예배를 위한 물리적 세팅만을 의미하지 않는다. 그것은 성경의 저자들이 그들의 열망, 실망, 지혜와 신학 등을 묘사하기 위해 사용한 이미지들의 보고이기도 하다. 시편 기자는 메마르고 건조한 땅에서 하나님을 갈망하면서 사슴이 시냇물을 찾기에 갈급함같이 영적인 소생을 찾고 있다시 42:1. 현자는 개미와 독수리를 보면서 지혜를 얻는다잠 30:19, 25. 사사는 야훼께서 당신의 즐거움과 불쾌함을 이스라엘의 기후적 상황에 따라 표현하심을 알았다삼상 12:17. 선지자는 사해조차도 물고기들로 넘치게 할 한 강이 성전에서부터 흘러나가게 될 어떤 날을 고대한다겔 37장.

하나님의 활동의 성스러운 공간인 이스라엘은 약속의 땅이요, 그 자체로 구약의 일차적인 신학적 범주가 되는 언약적 환경이다. 현대의 설교자들은 그 땅이 얼마나 강력하게 '선물, 유혹, 일, 위협'[9]의 땅이 되는지를 이해하기 위해서 이러한 성경적 적응을 회복해야 할 필요가 있다. 약속의 땅은 신약에서 우리 소망의 대상으로 제시되는 우리의 하늘 본향을 고대한다.

고고학적 층

역사지리학은 성경에 언급된 유적지들과 지역들의 역사적, 신학적 중요성을 상고할 수 있게 해준다. 우리는 이 중요성을 자매 학문인 고고학의 도움을 통해 이해할 수 있다. 고대 정착 언덕인 '텔tells'들을 발굴함으로써 고고학자들은 이전에 점유되었던 층의 '물질적 문화'를 밝혀낸다. 유물들은 일상 생활취사 도구, 연장, 무기, 놀이 기구 등의 실상을 보여주는 물건들과 가정적, 정치적 기관들집, 성벽, 성전, 궁전 등의 구조를 반영하는 유물들을 포함한다.

고고학자들은 단지 주어진 장소가 제공하는 발견물들에만 관심을 두지 않는다. 그들은 또한 물질적 문화가 보여주는 사회적, 경제적 경향과 정치적 실상에도 관심을 갖고 있다. 만일 미케네 도기가 후기 청동기 시대에 속한 블레셋 지역에서 발견된다면 이것은 '바다 민족들'의 더 큰 이동이 에게 해에서 시작되었다는 이론을 확증해주는 것이다. 이 도기가 초기 철기 시대에 속한 이스라엘 지역에서 발견된다면 그것은 이스라엘과 블레셋 사이에 교섭이 있었음을 보여주는 것이다. 이와 비슷하게 무기류, 건축 그리고 기록 문서들은 각 사회가 서로 주고받은 영향을 보여준다.

20세기 초반에 레반트Levant, 시리아-팔레스타인에서 고고학이 출현한 이래 이 학문에 주된 변화들이 일어났다. 처음에는 화려한 발굴 업적을 위해서 중요한 유적지들이 마구 파헤쳐졌다. 여리고에서는 세 번에 걸친 주된 발굴이 이루어졌는데 이는 부분적으로 가장 초기의 고고학적 활동들을 재구성하기 위한 것이었다. 시간이 지남에 따라 '이랑들balks' 사이에 위치한 정사각형의 격자들 안에서 발굴하는 등 보다 세심한 발굴 절차가 적용되었다. 이 방법을 통해 수직적 단면들에 드러나는 층들의 배경 안에서 발견물들을 기록할 수 있게 되었다.

고고학에서 일어난 가장 중요한 변화 중 하나는 방법론적이기보다는 철학적인 것이다. 일상 생활에 대한 관심이 높아짐으로 이제 과거의 역사적, 지정학적 사건들에 대한 관심과 균형을 이루게 된 것이다. 이 점은 원숙한 사회사에 대한 헌신을 보여준다. 더 큰 인물들과 그들의 극적인 행정 및 군사 행동들이 종종 공식적인 역사 기록에서 더 많이 주목을 받게 되었다. 예를 들면, 고고학은 거주 패턴을 설명하는 환경적 동향을 조사함으로써 평범하거나 대중적인 역사를 재구성하고자 한다.

비록 지금은 놀랍도록 복잡한 학문이 되었지만 고고학은 아직도 과학 못지않게 예술이라고 할 수 있다. 과거의 말 없는 유물들은 해석을 요구한다. 우리는 또 우리가 발견하고 싶어하는 것들의 대부분이 더 이상 존재하지 않는다는 사실을 염두에 두어야 한다. 고대의 유적지들은 쳐들어오는 군대들에 의해 정기적으로 파괴되었고, 우리가 발견한 유물들은 종종 매우 무작위적이다. 불행하게도 기록상의 공백은 발견된 것들보다 더 인상적이다.

설교자들에게 고고학과 성경에 대한 안내자가 있다면 매우 유익할 것이다. 호어스Hoerth [10]는 훌륭한 복음주의적 자료를 썼다. 그 분야의 표준은 마자르Mazar 다.[11] 이 두 사람을 비교해보면 보수주의적 학문과 주류의 학문이 어떻게 다른지를 쉽게 알 수 있다. 이 두 자료를 사용할 때 고고학적 연대에 대한 차트를 가까이에 두고 있으면 유용하다. 그렇게 함으로써 성경 역사와의 연결이 분명해지기 때문이다.

'성서 고고학회 The Bible Archeological Society'는 수많은 고고학 슬라이드 세트들을 CD-ROM으로 제작해냈다. 여기에는 각 발굴에 대한 자세한 설명이 담겨 있다. 영사기를 사용해 이 세트에 담긴 이미지들을 볼 수 있다면 설교할 때 유익한 배경을 제공해준다. 수많은 '풍습과 관습'에 대한 책들이 그동안 출판되었다. 이것들은 종종 성경의 세계를 설명하기 위해 고고학적 발견들을 언급한다. 주제별로 또는 연대기별로 정리해둔 자료들은 주어진 성경 본문에서만 아니라 더 큰 역사-문화적 맥락 안에서 특정한 현상들을 감상할 수 있도록 해준다.

역사적 층

역사지리학과 고고학은 역사학에 기여한다. 역사가들은 고대 세계를 재구성하기 위해 이들 다른 학문들의 결과를 체로 걸러낸다 기록된 자료들에 특별한 관심을 갖고. 지난 두 세기 동안에 이루어진 수많은 문서들의 발견으로 성경 본문과 고대 근동ANE, Ancient Near Eastern 의 '평행점들parallels' 사이의 수많은 접촉점들을 분별할 수 있게 되었다. 프리차드Pritchard 12, 매튜Matthews 와 벤자민Benjamin 13, 그리고 할로Hallo 와 영거Younger 14 등에 의해 성경 밖의 유용한 관련 자료들의 수집이 이루어졌다. 평행점들로부터 연역해내려는 경향이 일종의 학풍이 되자 1961년에 샌드맬S. Sandmel 은 그의 '성서문학회Society of Biblical Literature' 회장 취임 연설에서 피상적인 '광적 평행주의parallelomania' 의 위험성을 경고했다.

이스라엘의 역사를 재구성하는 과정이 일부 극단적인 모습을 불러일으킨 것은 사실이지만, 그 노력이 결실을 맺은 여러 방법들도 있다. 월터 카이저의 「이스라엘의 역사History of Israel」15 는 그 작업에 빛을 비춰주는 성경 밖의 자료들에 대한 여러 언급들을 담고 있다. 예를 들면, 투트모스 3세Thutmose III 의 기록장은 전투 이야기 기록을 위한 이집트의 판형을 보여준다. 우리는 여호수아에서 이 모델을 발견함으로써 그 책의 연대를 정할 수 있고, 그 책이 포함하고 있는 것과 포함하지 않은 것을 식별할 수 있다. 다른 성경 이야기들은 그들의 적들에 의해 작성된 동시대의 기록들을 갖고 있다. '모압 돌판Moabite Stone' 은 어떻게 메샤Mesha 왕이 '오므리 집안' 과의 투쟁을 바라보았는지를 기록하고 있다. 이스라엘처럼 모압인들도 전쟁에서의 승리와 패배를 그들이 모시는 신의 활동의 결과로 보았다. 메사는 그들의 신 그모스를 달래기 위해 자신의 아들을 제물로 바쳤다. 주전 701년에 앗수르가 유다를 침공했을 때 히스기야가 살아남은 이야기는 신 앗수르 제국의 산헤립 왕의 '테일러 프리즘Taylor Prism'에 요약되어 있다. 산헤립이 히스기야를 새장에 가둬놓았다고 뽐내는 동안 선지자 이사야는 야훼께서 어떻게 이 건방진 위협으로부터 당신의 도성을 구출하셨는가를 설명한다사 36-39장. 우리는 이러한 평행 기록들을 통해 실상에 더 근접하게 되고, 어떻게 믿음이 실제적으로 발휘되는지를 더 잘 이해할 수 있다.

역사가들이 역사성 – 어떤 사건들이 일어났다는 것 – 에만 관심을 두는 것은 아니다. 그들은 또한 그 사건들이 어떻게 해석되었는가에 대해서도 관심을 둔다. 평행 기록들은 역사 기술 자료들에 숨어 있는 중심적인 관점들을 밝히는 데 도움을 준다. 성경의 저자들은 냉정한 '객관적' 기록자들이 아니라 역사 신학자들이었다. 유대인들의 전통에서는 여호수아에서 열왕기에 이르는 책들을 '전 선지자'로 부른다. 이 명칭은 저자들의 선지자적 관점을 잘 포착하고 있다. 롱Long 16은 역사를 사실역사적과 설명역사기술적 둘 다로 보는 유용한 통찰을 제공한다.

사회사적 층

고대 이스라엘의 사회사social history를 풀어내기 위해서는 다른 사회과학 학문들의 도움을 받아야 한다. 인류학은 문화를 비교 연구하는 학문이다. 고대 문화에 대한 인류학적 접근은 지리에 대한 친숙함과 유물과 자료들에 대한 세밀한 조사를 요구한다. 고고학은 인류학의 한 분야이다. 비교

학문으로서의 인류학은 사회적 가치와 조직의 종류와 분류를 개발하기 위해 비슷한 사회들이 제공하는 모델들을 사용한다. 부족 동맹으로 출발해서 군주제로 옮겨간 이스라엘에 대한 연구는 이런 종류의 연구 대상이었다.[17] 근동에서의 유목민들과 정착된 농업 인구와의 관계에 대해서도 훌륭한 연구가 진행되어왔다. 인종-고고학ethno-archaeology은 고대 사회를 이해하기 위해 현대 사회를 연구하는 하위 분야의 학문이다. 이 연구는 품행의 형태가 오래 지속되는 전통적인 문화 가운데서 가능하다.

인류학적 렌즈는 가족 관계, 결혼, 성별 역할, 물물 교환, 노예와 종, 손님 접대, 교육, 애곡 등을 포함하는 가족과 마을 생활의 패턴을 명료하게 해준다. 그것은 또한 도시 개발이나 국가 차원과 관련된 더 큰 시민 제도들에 대한 통찰을 제공한다. 도시적 상황은 관료 제도, 공공 건축 사업, 복지 제도, 성전과 종교의 시민 생활과의 통합, 선지자들의 역할 그리고 법전 편찬 등을 포함한다. 이들 주제 중 일부는 인류학의 범위를 넘어서 경제학, 사회학, 정치학, 법률에까지 미친다. 이들 각 영역은 성경 연구자에게 무엇인가를 제공한다.

이들 사회 과학의 중요성은 그것들이 제공하는 설명의 가치에 있다. 우리는 이 학문들의 도움을 빌어 문화적 모체cultural matrix를 이해할 수 있으며, 그 결과 입다의 서원그리고 그 딸의 동의, 사울에 대한 다윗의 충성그의 죽음 후까지 이어지는, 또는 애가 속에 드러나는 복수의 집념 등과 같은 놀라운 일들에 대한 설명을 얻을 수 있다. 호프스테데Hofstede[18]는, 비록 문화에는 물질적, 객관적 측면관습, 품행, 의식, 제도적 구조이 있지만 문화를 규정하는 것은 공유되고 있는 주관적 차원관점, 가치, 전제이라고 설명한다. 그는 결과적으로 문화를 '정신의 소프트웨어'로 정의한다. 어떤 사회를 하나로 묶는 것은 구성원들이 그들의 품행과 건물, 그들의 관습과 전통에 부여하는 공통의 해석이다. 이것이 그들의 세계관이다.

자료를 종합하기

성경 문화의 객관적이고 주관적인 차원을 함께 엮는 일은 결코 엄밀한 학문이 될 수 없다. 그 일을 위해서는 다양한 자료들을 종합하고, 재구성된 모델들을 고려하며, 해석학적 판단을 내려야 한다. 고대 이스라엘인들의 삶에 대한 균형 잡힌 접근을 위해서는 매튜와 벤자민[19], 킹King과 스태이저Stager[20], 그리고 보로우스키Borowski[21] 등의 작업이 포함되어야 한다. 실험 기록인 「세메이아Semeia」는 「구약의 선지자들Old Testament Prophets」1981과 「영예와 수치Honor and Shame」1994에 대한 에세이들을 모아놓은 것이다. 로빈슨H.W. Robinson의 「고대 이스라엘의 집단 성격Corporate Personality in Ancient Israel」[22]과 앤더슨G. Anderson의 「통곡할 때A Time to Mourn」[23]는 다른 흥미로운 통찰들을 제공한다. 내가 쓴 「내 마음에 합한 목자들Shepherds After My Own Heart」[24]은 리더십에 대한 성경의 논의에서 지속적으로 등장하는 목자의 이미지를 탐구한다. 이 책들은 이스라엘인들의 삶의 주요 측면을 설명해주는 토착적인 원리나 내적 논리에 대한 연구 샘플들이다.

이스라엘의 종교에 대한 인류학적 연구는 구약학에서 주목할 만한 영향을 끼쳐왔다. 더글라스M. Douglas[25]는 이스라엘의 법에 대해 인류학자로서의 관점을 제공했고, 리치E. Leach[26]는 이스라엘의 제사에 담긴 논리를 탐구했다. 유대인 학자인 밀그롬J. Milgrom[27]은 비교 연구를 활용해서 쓴 방대한 레위기 주석을 제공했는데, 그는 이 책에서 성스러운 공간과 시간에 대한 개념들과 이스라엘의 제사 제도그리고 선지자들의 성격을 인류학적으로 조사했다. 밀러P. Miller[28]는 다양한 예배 주제에 대한 유용한 종합을 시도한다. 그는 또한 고대 이스라엘에서 대중적인 종교와 공식적인 종교 사이에 존재했던 중요한 차이점을 논한다.

전제의 관점

이 학문들과 자료들은 유용한 만큼 바른 관점으로 보아야 한다. 학자들은 우리 시대의 정신적 소프트웨어를 보여주는 개념적 모델들을 사용한다. 순진한 '질문들' 과 중립적인 '도구들' 로 비쳐지는 것들이 종종 식별 가능한 전제들을 지니고 있는 학문적 길드의 표현일 때가 많다. 여기 언급된 자료들로부터 유익을 얻고자 하는 설교자는 그 밑에 깔린 이슈들을 전체적으로 볼 수 있어야 한다.

첫째, 우리는 반초자연주의적 편견을 고려해야 한다. 많은 학자들이 합법적으로 과거를 재구성하기 위해서는 계몽주의적 합리주의가 부과하는 제한들을 고수해야 한다고 주장한다. '비평 시대 이전' 의 학자들과는 대조적으로 현대 역사학자들은 자료들에 대한 비평적 태도와 초자연적 요소들을 무시하는 태도를 견지하고 있다.[29] 고고학적이고 역사적인 많은 자료들은 하나님의 손길을 언급하지 않고 이스라엘의 역사를 설명하기 위한 시도들이다. 이와 비슷한 우월한 위치에서 보는 구약의 평행점들은 종종 이스라엘의 독특성에 대한 주장에 반하는 증거로 사용된다.

이스라엘은 범근동적 상황으로 축소된다.

이러한 회의적인 성향이 때로 유익할 때도 있다. 신앙 공동체는 종종 성경 본문에 대한 전통적인 이해를 무비판적으로 받아들이곤 한다. 하지만 우리의 전제들도 우리 시대에 의해 오염되어 있다. 대안적인 관점을 다룸으로써 우리는 본문이 진정으로 확증하는 것과 확증하지 않는 것을 구별할 수 있다. 예를 들면, 평행적 창조 기사들은 창세기 1장이 보여주는 강력한 유일신론의 주장을 강조한다. 수많은 홍수 이야기들은 실제 사건에 대한 광범위한 기억이 존재함을 보여준다. 법 조항들 사이의 유사점들은 모세 율법의 평등주의적 특성을 강조한다. 월튼 J. Walton 30은 이러한 비교 조항들을 탁월하게 소개하고 있다.

사회 과학에는 이면에 흐르는 다른 경향들이 존재한다. 브라우델 F. Braudel과 가장 많이 연관되는 아날레 Annales 학파는 과거의 사회들을 재구성함에 있어서 물질적 자료들을 기록된 문서들보다 더 우위에 둔다. 이 점은 고대의 문서들을 국가의 '공식적인' 목적을 이루기 위해 이데올로기적으로 편중된 선전물로 보는 광범위한 의심을 반영한다. 이 의심이 성경도 선전물로 보는 연구에까지 미친 것은 사실이지만, 일반 역사에 대한 균형 잡힌 관심이 유용한 역할을 해왔다. 지금은 이름 없는 대중, 여인들, 사회적 주변인들의 삶에 대해 훨씬 더 많은 논의가 이루어지고 있다. 가정 생활과 마을 생활도 제국을 건설한 자들이 세운 도시의 중심지들과 더불어 함께 주목받고 있다.

'현대성'에 대한 널리 퍼진 비판의 한 요소는 과학적 객관성을 환상으로 치부하는 경향이다. 고대 저자들의 의도에 대한 비평은 역사학계에서 일어나는 현대적 의도에 대한 자각으로 이어졌다. 이 자각은 어떤 이들에게는 문제가 되지 않는다. 만일 의미가 본문에 있지 않고 우리가 본문에 참여한 결과라면 우리의 다양한 공동체들의 관점으로 우리의 자료를 비판해야 할 것이다. 급진적인 여성 운동 비평은 현대의 도덕적 잣대를 고대의 본문에 적용할 것을 요구한다. 저자들의 남성 중심적 성향을 분리해내는 것이 우선적인 목표다. 마르크스주의 경제학에 뿌리를 둔 해방 신학의 일부 표현에서도 이러한 접근을 볼 수 있다. 석의는 본문이 드러내는 억압적 구조를 식별해내는 작업이 된다. 이런 종류의 학문 활동은 본문을 해체하는 일에서 시작하고 그것을 자신들의 주장의 근거로 사용한다.

복음주의 설교자들은 이런 식으로 자료를 읽는 일을 피하고 싶겠지만, 훌륭한 통찰이 종종 자신의 의도를 이루기 위한 주장들과 괴상한 추론과 섞이곤 한다. 우리는 이 자료들을 비판적으로 사용하든지 키친[K. Kitchen]이 "애굽인들 노략하기"라고 부른 아니면 성경의 성격에 대해 우리와 동일한 확신을 가진 저자들만을 읽을 것인지 둘 중 하나를 선택해야 한다. 불행한 일은, 많은 복음주의 학자들이 두 번째 접근을 택함으로써 종종 많은 학문의 영역에서 다수를 점하는 학문적 성과를 무시하게 된다는 것이다. 그렇게 되면 우리는 또한 사물을 다르게 보는 관점에서 차단되고 만다. 우리도 성경 길들이기에 빠질 수 있고, 성경을 우리의 의도를 이루기 위해 사용할 수 있다. 성경의 비평가들이 질문을 던질 때 누리는 자유는 우리의 눈을 벗어난 전제들에 도전하는 일을 더 손쉽게 만들어준다.

광범위하게 읽으라

광범위하게 읽는 것 또한 우리 자신의 세팅에서 문화적 경쟁력을 위해 필요하다. 때로 보다 자유주의적인 성향의 책들이 베스트셀러 목록에 오른다. 브루스 파일러Bruce Feiler 의 「성경 돌아보기Walking the Bible」31나 바룩 할펀Baruch Halpern 의 「다윗의 은밀한 악령들David's Secret Demons」32 은 단시일 안에 성경의 인물들과 시대상, 그리고 역사적 가치에 대한 권위 있는 자료가 되었다. 이 책들은 지금 마치 영화처럼 우리 시대의 문화적 상황의 일부가 되었고, 성경에 나오는 초상들을 논할 때 출발점이 되었다. 우리는 이 책들을 읽음으로써 우리와 동시대인들이 흥미 있게 느끼는 것이 무엇인지를 이해할 수 있고, 전통적인 견해들을 재평가할 수 있는 기회를 얻을 수 있다.

이 장의 목적은 목사들의 구약 설교 준비를 돕는 것이다. 우리는 지금까지 문화적 세계를 연구해야 할 필요성과 그 일을 위해 자료들을 제공하는 학문들에 친숙해지는 일에 대해 논의해왔다. 이제 우리는 설교 준비를 위한 실제적 지침으로 방향을 돌리고자 한다.

설교 준비하기

나는 주어진 본문에 대한 설교 준비는 먼저 그 본문에 푹 잠기는 일에서 시작할 것을 권한다. 본문을 보다 넓은 문맥 안에서 여러 차례 읽고,

그 주된 강조점, 핵심 아이디어들과 이미지들, 그리고 그 본문이 책 전체에서 어떤 위치를 차지하는지 등을 파악하라. 그후 당신 자신의 전 이해 preunderstanding 를 고대 독자들의 이해에 맞추기 시작하라. 카이저의 「구약 역사History」와 같은 자료를 사용해서 역사적 시기에 대해 읽으라. 본문이 이야기를 담고 있다면 지도를 펴놓고 이야기의 전개를 따라가보라. 본문 설명에 도움이 되는 모든 배경적 주제들의 목록을 만들라. 예를 들면, 룻기 1장에 대한 목록은 죽음, 애곡, 친척 관계, 종족 간의 결혼, 가정에서의 역할, 가뭄, 여행, 모압인들 그리고 초기 철기 시대의 마을 생활 등을 포함할 것이다. 주석을 펼치기 전에 귀납적으로 관찰하는 것이 중요하다. 이 주제들을 성경 사전, 백과 사전, 또는 성경 핸드북 등에서 찾아보라. 주석들이 문화적 배경을 자세히 설명해줄 것이라고 기대하지 말라. 대부분의 주석들은 저자와 세팅에 대해 논하는 서론을 담고 있지만, 당신은 제도, 아이디어, 이미지에 대한 폭넓은 지식을 원할 것이다. 「존더반 삽화 성경 배경 주석Zondervan's Illustrated Bible Background Commentary」과 「IVP 성경 배경 주석Bible Background Commentary」시리즈는 이런 종류의 배경 설명을 제공하기 위해 고안되었다. 「IVP 참고 문헌 CDIVP Reference CD」는 그 안에 담고 있는 다음의 모든 자료들에 걸쳐서 주제를 찾을 수 있도록 만들어졌다. 「성경 배경 주석: 구약Bible Background Commentary: Old Testament」, 「신 성경 사전New Bible Dictionary」, 「신 성경 지도New Bible Atlas」, 「성경 이미지 사전Dictionary of Biblical Imagery」 이외에도 다른 신약 자료들이 함께 들어 있다. 핵심 단어를 갖고 찾도록 만들어졌기 때문에 특정 입력어의 범위 밖에서도 관련된 자료들을 찾을 수 있다. 할로Hallo 와 영거Younger 33

는 찾기 기능을 갖춘 전자Libronix 형식으로 저장된 성경 밖의 평행점들의 자료 모음을 세 권으로 발행했다.

또 다른 유용한 자료는 연합성서공회United Bible Society 의 「핸드북 시리즈Handbook Series」로 리브로닉스Libronix, 성경 소프트웨어들을 운행하는 프로그램 – 역주 환경에서 사용할 수 있다. 이 자료들은 전세계에서 성경 번역 사역을 하고 있는 선교사들에게 큰 도움을 주고 있는데, 각 본문 뒤에 있는 '암시적 정보'를 풀어주고 당연하게 취급되는 문화적 배경을 설명해준다. 이것들은 또 '역동적 동등성dynamic equivalence, 문자보다 의미의 일치를 추구하는 번역 원칙 – 역주'에 입각한 번역을 해내는 방법들을 탐구한다. 이런 자료들을 사용하는 것은 우리가 스스로 목표 청중이 되어 우리 자신의 문화에 대해 생각해볼 수 있는 훌륭한 방법이 된다.

성경 문화를 체계적으로 이해하는 것은 특정 본문에 대한 배경 연구만으로 이루어지지 않는다. 때때로 우리는 성경 지리, 고고학, 역사, 또는 인류학 등에 대해 일반적인 사항들도 읽어둘 필요가 있다. 이들 분야들에 익숙해질 수 있도록 소박한 독서 계획을 만들어보라.[34] 「성경 고고학 리뷰Biblical Archaeology Review」나 「성경과 스페이드Bible and Spade」 등의 잡지를 구독해도 좋을 것이다. 고고학과 신앙에 대한 채팅이 벌어지는 웹사이트를 정기적으로 방문하는 것도 좋다.[35] 마지막으로, 다시 한 번 성지를 방문해보라. 유적지들과 박물관들은 성경의 구성에 가장 집중적으로 접근할 수 있는 최상의 기회를 제공해줄 것이다.

연구 및 적용 질문

1. 성경을 타문화적으로 읽는다는 것은 무슨 뜻인가?
2. 설교자가 설교를 위해 연구할 때 지리적, 역사적, 고고학적, 사회사적 층들이 그 자신에게 어떤 방식으로 영향을 미치는가?
3. 우리는 저자가 취하고 있는 신학적 관점을 어떻게 식별할 수 있는가?
4. 당신은 이 장에서 어떤 도움을 받을 수 있을지, 또 그것들을 어떻게 당신의 설교 준비에 활용할 수 있을지를 생각해보라. 당신의 계획은 무엇인가?

추천 도서

- Hoerth, Alfred J., Gerald L. Mattingly, and Edwin M. Yamauchi, eds. *Peoples of the Old Testament World*. Grand Rapids: Baker, 1998.

- Kaiser, Walter C., Jr. *Hard Sayings of the Old Testament*. Downers Grove, IL: InterVarsity, 1988.

- _____. *A History of Israel: From the Bronze Age through the Jewish Wars*. Nashville: Broadman & Holman, 1998.

- Laniak, Timothy. *Shepherds After My Own Heart: Pastoral Traditions and Leadership in the Bible*. Leichester, UK: Inter-Varsity, 2006.

- Walton, John H. *Ancient Israelite Literature in Its Cultural Context*. Grand Rapids: Zondervan, 1989.

9. 구약을 인용하는 신약 본문을 효과적으로 설교하기

_ 로이 시암파(Roy E. Ciampa)

구약 본문을 인용하거나, 그 본문에 근거하거나, 아니면 그 본문에 영향을 받은 신약의 본문을 설교하는 일은 청중이 설교 본문의 의미와 메시지를 충분히 파악하도록 돕고자 하는 설교자들에게 특별한 도전과 기회를 제공한다.[1]

이 특별한 도전은 고대의 저자들이 그들보다 더 오래된 본문들과 그들 자신의 논증 사이의 관계를, 그리고 고대의 저자들이 본문을 인용하고 사용했던 방식과 오늘날 우리가 사용하는 방식 사이의 유사점과 차이점을 이해하는 것과 관련되어 있다. 구약의 본문은 그 자체를 위해서가 아니라 신약 저자의 수사학적 필요를 채우기 위해 신약에 인용된 것이다. 다시 말해서, 신약의 저자들은 구약 본문의 의미에 대해 무관심한 주석을 제공한 것이 아니라, 다양한 목적을 위해 특별히 그들의 논증을 더 명확하고, 더 설득력 있고, 더 권위 있게 만들기 위해 그 본문들을 사용했다는 말이다. 구약을 인용하는 신약 본문을 효과적으로 사용하기 위해 설교자는 그 구약 본문이 본래의 청중에게 기능했던 것과 같은 역할을 자신의 청중에게도 행하기를 원할 것이다. 그렇게 되려면 몇 가지 이슈와 오해를 다루어야 한다.

신약에서 이루어진 다양한 구약의 사용

성경을 읽는 대부분의 평신도들은 신약의 저자들이 자신들의 신학적 논증을 변호하거나 지지하기 위한 증명 구절로 항상 구약을 사용했을 것이라고 전제하는 경향이 있다. 하지만 이 이슈를 주의 깊게 살펴보면 신약의 저자들은 다양한 목적을 가지고 구약 성경을 인용하거나 언급했으며, 자신들의 입장을 변호하는 것 또한 그러한 목적 중 하나였음을 알 수 있다.[2] 성경의 여러 기능 중에는 예화를 사용하여 뜻을 명료하게 하는 것, 저술 당시의 사건이나 상황의 중요성을 드러내는 것, 저자 자신의 신빙성을 강화하는 것 성경 해석자로서의 자신의 능력을 보임으로써,[3] 또는 독자들과의 관계에서 신뢰감이나 친밀감을 확립하는 것 등이 포함된다.[4]

각각의 경우에 구약 본문이 인용되고 있는 신약 본문의 해석자는 그러한 인용의 목적을 고려하되 미리 판단해서는 안 된다. 이 인용문은 저자의 논점을 증명하기 위한 것인가, 아니면 단순히 그것을 예증하거나 명료하게 하기 위한 것인가? 그렇지 않으면 증명보다는 어떤 수사학적 목적 때문인가?[5] 예증의 목적을 위해 구약 본문이 인용되고 있는 것이라면, 그 본문이 친숙한 것이 아닐 경우, 설교자는 그 예화를 명료하게 설명하는 것이 중요하다. 왜냐하면 그렇게 하지 않을 경우 저자의 요점이 불분명해지기 때문이다. 만일 구약 본문이 신약 저자의 논증을 지지하기 위한 것이라면, 그 본문이 그 목적을 어떻게 이루는지 청중이 이해하게 하는 것이 중요하다. 왜냐하면 그렇게 하지 않을 경우 저자의 요점이 무산되거나 비논리적으로 보이기 때문이다.

성경 석의자와 성경 신학자로서의 신약의 저자들

신약에서의 구약 인용을 살펴볼 때 우리가 종종 대면하게 되는 핵심 이슈 중 하나는 신약의 저자들이 그들의 신학과 윤리학을 발전시키고 전달하는 방식이다. 많은 평신도들은 그리고 일부 목사들은 마치 성경의 저자들이 단지 그들의 자료를 '신성한 다운로드'를 통해 받은 것처럼 본문을 취급한다. 다시 말해서, 그들은 신성한 영감이란 저자들이 그들의 책을 쓸 때 갑자기 "아하!" 하고 깨달으면서 하나님으로부터 새로운 아이디어와 생각을 제공받는 것이라도 되는 것처럼 본문을 취급한다는 말이다.[6] 우리의 청중 가운데도 어떤 이들은 사도들이 새로운 교리를 느닷없이 마음대로 만들어낼 수 있으며, 마치 그들은 운 좋게도 하나님의 보호를 받아 참되지 않은 것을 말하거나 쓰는 잘못을 저지를 수 없기라도 한 듯 생각한다. 어떤 학자들은 사도들이 그들의 환경에서 찾게 된 아이디어나 개념들, 그들이 끌리거나, 그들이 처한 상황에 유익하게 보이는 아이디어나 개념들로부터 자신들의 교리적 가르침을 끌어왔다고 생각한다. 어떤 경우에는 바울이 바리새주의를 바탕으로 해서 소량의 스토아 철학과 견유 철학을 약간 섞어 자신의 신학적 국을 끓여냈다고 상상한다. 성경의 증거 그리고 그것에서 끌어낸 훨씬 더 강고한 영감론 는 이와 다른 방식으로 일이 진행되었음을 보여준다.

바울이 디모데에게 준 "너는 말씀을 전파하라"와 "범사에 오래 참음과 가르침으로 경책하며 경계하며 권하라" 딤후 4:2 는 명령은 "모든 성경은 하나님의 감동으로 된 것으로 교훈과 책망과 바르게 함과 의로 교육하기에 유익하니"라는 그의 확증 바로 뒤에 나온다. 물론 바울의 말은 신약에도 적용될 수 있지만 그가 여기서 가리키고 있는 것은 우리가 구약이라고 부르는 초대 교회의 성경을 말한다. 우리는 바울의 서신들과 신약의 나머지 부분이 구약에 직접적으로 의존하고 있다는 사실에 놀라지 말아야 한다. 신약의 책들은 성경이 그것을 위해 유익하다고 바울이 말한 바로 그 일에 헌신되어 있기 때문이다.

누가가 "베뢰아 사람은 데살로니가에 있는 사람보다 더 신사적이어서 간절한 마음으로 말씀을 받고 이것이 그러한가 하여 날마다 성경을 상고" 행 17:11 했다고 우리에게 말한 것은 매우 의미심장하다 . 이 말은 매우 놀라운 진술이다. 왜냐하면 이 말은 베뢰아 사람들과 누가, 그리고 바울이 모두 바울과 그의 메시지에 대한 베뢰아 사람들의 태도가 부적절한 것이 아니라 칭찬받을 만한 것이라는 데 동의하고 있음을 암시하기 때문이다! 바울의 입장은 "오 제발, 성경은 치워버리시오. 이것은 하나님이 내게 주신 새로운 계시이기 때문에 여러분은 이것을 성경에서는 찾을 수 없소" 하는 것이 아니었다. 오히려 누가의 묘사에 의하면, 바울은 그들이 자신의 메시지와 성경을 비교해보는 것을 적절하고 건전한 일로 생각했음이 틀림없다. 누가는 베뢰아 사람들을 칭찬함으로써 그들의 행동을 자신의 독자들에게도 권하고 있는 것이다.[7] 신약의 저자들은 구약이 하나님의 감동으로 되었다는 것과 주 예수 그리스도가 그들을 위해 그 말씀을 해석해주신 대로 구약은 주님 자신의 가르침과 함께 그들과 그들의 교회에 궁극적인 권위가 됨을 확실히 붙잡고 있었다.

이 장은 구약을 인용하고 있는 신약의 본문을 설교하는 것에 초점을 맞추고 있지만 처음부터 분명히 해둘 것은, 신약을 연구하고 설교하기 위해서는 신약 저자들의 메시지가 하나님이 당신의 백성에게 이전에 전달하신 계시와 어떻게 맞고, 또 거기에서 어떻게 흘러나오는지를 고려해야 한다는 것이다. 이 말은 신약의 저자들이 구약의 특정 본문을 인용하거나 언급할 때 그리고 그렇게 함으로써 그들의 메시지가 그 안에서 이해되기를 바라는 더 특정한 문맥을 분명히 알릴 때 특별한 이슈들이 생겨난다는 뜻이다.[8]

성경의 저자들이 그들의 관점과 논증이 성경에 어떻게 근거하고 있는지를 보여주는 본문들은 우리에게 호소력이 크며, 그들이 말한 것뿐 아니라 그들이 신학화하는 방법, 어떻게 그들이 그 결론에 도달하게 되었고, 그 논증이 어떻게 작용하는지를 우리가 이해할 수 있는 기회를 제공한다. 현명한 설교자들은 청중이 본문의 논증과, 또 신학적 토대에 대한 더 심원한 이해로 나아가도록 도울 수 있는 기회를 붙잡고자 할 것이다. 그들은 성경 저자의 석의와 신학화 작업을 주의 깊게 재추적하면서 이 본문들을 읽어나간다.

신약 문서들의 신학적 문맥으로서의 구약

신약은 구약으로부터의 인용, 구약에 대한 암시와 언급, 또 구약의 반향으로 가득 차 있다. 이런 방식으로 신약의 저자들은 그들의 메시지가 그 안에서 이해되기를 바라는 신학적, 문예적 문맥을 보여준다. 교회 역사에서 많은 시간 동안 신약의 책들은 일차적으로 신약의 나머지 부분그리고 후대의 기독교 신학의 문맥 안에서 읽혀졌고, 구약은 신약의 해석에 있어서 이차적인 역할을 감당했다. 신약의 책들이 최초로 쓰여졌을 때 독자들은 예수 그리스도가 그리고 그분이 제공하시는 구속이 구약의 비전과 약속의 궁극적 성취라는 이해와 더불어 구약의 빛 아래서 그것들을 이해해야 했다.

목사나 설교자는 청중이 신약의 논증과 신학이 구약의 이해에 달려 있음을 더 깊이 깨달을 수 있도록 도움으로써 신약 저자들의 성경이었던 구약에 대한 개인적 사랑과 열정을 드러내고, 또 교회 안에서 그러한 사랑과 열정을 개발할 수 있을 것이다. 그때 비로소 교회는 마르시온적 사고 방식에 빠지지 않고 보다 더 베뢰아 사람들처럼 될 수 있을 것이다.

고대의 석의와 현대의 편견

현대 석의의 문제 중 하나는 특별히 설교자와 관련해서 생각할 때, 신약의 저자들이 우리에게는 이상하게 보이는 방식으로 구약을 사용했다는 것이다. 그들이 인용하는 구절들은 종종 우리 성경에서 읽는 것과 똑같지 않으며, 처음 보기에는 그들이 부여한 의미를 담고 있지 않은 것 같다. 확실한 것은, 신약의 저자들은 우리가 우리의 논증을 뒷받침하기 위해 구약을 인용한다면 취할 것 같은 방식으로 구약을 인용하거나 사용하고 있지 않다는 것이다. 우리가 이 주제를 다룰 때 직면하는 이슈 중 하나는 우리가 마치 다른 모든 이들이 우리의 방식을 결여하기라도 한 듯 우리 자신을 성경 해석에서 궁극적인 권위로 여기는 성향이 강하다는 점이다이는 모든 세대가 지닌 성향이다. 각 세대는 그들 자신의 해석 방식이야말로 해석학적 발전에 있어서 최고 정점에 이르렀고 따라서 이전 세대의 해석자들은 자신들의 기준으로 비판받거나 변호되어야 할 것처럼 생각하는 것 같다. 이러한 태도는 현대인들이 다른 시대와 문화의 해석자들로부터 무엇인가를 배울 수 있는 가능성을 앗아가는, 인식론적으로 불행한 거만함을 보여주는 것이다.

나는 〈버치 캐시디와 선댄스 키드Butch Cassidy and Sundance Kid〉라는 영화에 나오는 유명한 한 장면을 기억한다. 거기서 두 산적은 회사의 급료를 경호하는 경호원이라는 아이러니하게도 합법적인 직업을 구하고 있다. 키드는 명사수로 소문난 그의 능력을 보이라는 요청을 받는다. 돌을 던지면 닿을 만한 거리에 있는 작은 물체를 맞추어볼 것을 요청받는다. 그는 자리에 서서 모두의 기대를 따라 그의 팔을 벌리고선 권총을 주의 깊게 내려다보며 천천히 방아쇠를 당긴다. 하지만 그는 맞추지 못한다. 그를 고용하고자 했던 사람이 경멸하면서 돌아설 때 키드는 묻는다. "움직여도 됩니까?" 그가 그 말을 이해하지 못하자 키드는 시범을 보인다. 눈 깜짝할 사이에 그는 옆으로 움직이면서 권총 지갑에서 총을 뽑아 두 발로 표적을 공중으로 날려 보낸 뒤 즉시 날아가는 그 물체를 산산조각 내 버린다. 다시 권총을 지갑에 꽂으면서 그는 말한다. "나는 움직일 때 더 잘 쏘지요." 그는 일등 사수였던 것이다. 다만 다른 이들이 기대하는 방식이 아니라 그 자신의 방식으로 쏠 수 있게 해주어야 했을 뿐이다.[9] 성경의 저자들도 성경의 뛰어난 그리고 영감받은 해석자들이다. 우리는 그들이 우리가 원하는 방식을 따르느냐의 여부에 의해서가 아니라, 그들 자신의 방식그들과 동시대인들도 이해했던 방식을 따라 그들을 이해해야 한다.

우리가 신약에서 발견하는 성경의 해석은 우리의 해석 방식과 비슷하지만, 우리가 기대하는 한두 가지 점이 결여되어 있다고 우리는 종종 생각한다. 그들에게 결여되어 있다고 생각하는 점 중 하나는 인용되는 본문의 본래의 문예적, 역사적 문맥을 존중하지 않는 것이다. 성경의 저자들은 종종 우리에게 '가벼운 해석Interpretation Lite, 의도는 좋지만 문맥은 무시하는'을 제공하는 듯이 보인다.[10] 하지만 증거를 볼 때 고대의 저자들은 우리보다 더 깊은 이해를 하고 있는 것일 수 있다. 그들이 본래의 문맥에 주의를 기울이지 않는 것으로 생각하게 하는 그 요소들은 오히려 구약을 인용하는 성경 저자들이 염두에 두고 있었던 다른 문제들을 포함하고 있음을 보여준다.[11] 다시 말해서, 우리가 하는 식의 구약 해석을 살펴본 성경의 저자가 있다면 그는 우리야말로 '가벼운 해석분리된 본문에 더 많은 주의를 기울이는 한편, 다른 적합한 정보를 통합하는 일은 가볍게 취급하는'을 하고 있다고 결론지을 것이다. 이 점은, 세심히 통제되고 오염이 방지된 환경에서 과학적으로 조사하는 것에 우리가 부여하는 가치야말로 후기 계몽주의적인 우리의 해석법을 구별하는 특징 중 하나라는 사실을 반영한다. 이것을 성경 해석에 적용하면 우리는 각 본문이 그 문법과 구문론, 각 단어의 의미와 문예적, 역사적 문맥 등등에 맞춰 그 자체로 해석될 것을 기대함을 의미한다. 그후 우리는 각 본문이 그 자체로 각기 구별된 기여를 할 것을 기대한다. 우리의 이상적인 세계에서는 각 본문의 의미와 적용이 언제나 구별된다. 신약의 저자들은 그들의 해석에 있어서 문법, 문맥, 단어의 의미 등이 갖는 중요성을 날카롭게 의식하고 있었다.[12] 그러나 그들은 우리처럼 구획화와 해석학적으로 밀폐된 작업 환경을 가치 있게 여기지 않았다. 따라서 그들의 성경 본문 해석은 종종 신학적 통찰이나 관련된 요소들, 또는 정보의 조각들 등을 통해 이루어진 본문 읽기가 가져다준 통찰이나 이해를 반영한다. 그리고 그들은 대체로 우리가 하듯이 그렇게 자신들의 석의와 해석을 구분하지 않는다.[13]

고대 또는 사도시대 해석자들이 어떤 특정 본문의 문맥이나 의미보다 더 많이 자신들의 해석에 도입하고자 했던 가장 두드러진 방식은 두 개 또는 그 이상의 본문들을 함께 묶음으로써 각각 다른 본문 위에 해석의 빛을 비추게 한 것이었다때로 랍비들의 용어로는 '줄로 엮다'라는 의미의 하라츠(charaz)로 불린다. 함께 연결하기에 가장 명백한 본문들은 공통의 용어나 표현을 공유한 것들이었다. 후에 랍비 문학은 용어나 표현을 공유하는 두 개의 본문을 서로의 빛 안에서 해석하는 성경 해석법을 게세라 샤와gezerah shawah 로 부른다.14 예수님이 율법을 요약한 가장 큰 두 계명이 레위기 19장 18절 "이웃 사랑하기를 네 몸과 같이 하라" 과 신명기 6장 5절 "너는 마음을 다하고 성품을 다하고 힘을 다하여 네 하나님 여호와를 사랑하라" 이라고 말씀하셨을 때 그분은 "…를 사랑하라"는 표현을 공유하고 있는 두 개의 본문을 함께 엮으신 것이었다.15 로마서 4장에서 칭의를 논할 때 바울도 창세기 15장 6절 "아브람이 여호와를 믿으니 여호와께서 이를 그의 의로 여기시고" 과 시편 32편 2절 "여호와께 정죄를 당치 않은 자는 복이 있도다"을 함께 엮고 있는 것이다. 두 본문은 무엇인가를 다른 이의 장부에 이전시키는 것을 의미하는 동일한 용어를 공유하고 있다.16 후대 랍비들의 해석에서는 성경이 종종 공유된 단어를 통해 두 개 또는 그 이상의 본문을 함께 묶는 창조적인 해석이 이루어지는 거대한 하이퍼텍스트 hypertext로 취급된다. 이보다 앞서 유대인들과 신약의 게세라 샤와에서는 여기에 인용된 경우처럼, 한데 모여진 아이디어들이나 본문들이 단지 말의 연결뿐 아니라 주제의 연결주로 내러티브의 플롯과 신학적 배경, 그리고 본문의 주제도 공유하는 경향이 있었다.17

월터 카이저는 본문 해석에 있어서 '선행 신학antecedent theology' 18의 역할을 분별하는 것이 중요함을 강조해왔다. 그는 성경의 본문은 "계시의 역사에 있어서 그 앞에 선행했던 모든 것으로부터 분리된 추상적인 상태로 취급"될 수 없음을 지적했다. 그는 이렇게 묻는다. "해석자로 하여금 동일한 주제에 대한 자료가 계시의 동일한 장르에 새롭게 추가되기 이전에 등장했던 성경의 자료를 적절히 연상시키는 것은 무엇인가?"19 우리는 "각각의 성경 본문을 '밝혀주는' 신학"20을 분별해야 한다. 그는

'본문에 담긴 선행 신학에 대한 몇 가지 단서'를 지적한다.

1. '씨', '종', '안식', '나라', '거룩하신 이' 등과 같이 지금 와서는 특별한 용도를 얻고 구속사에서 전문적인 위치를 획득한 용어들의 사용.
2. 하나님이 이전에 주신 말씀의 부분 또는 전체에 대한 직접 인용.
3. 성경의 더 오래된 본문에서 발견되는 구, 절, 문장, 또는 형식에 대한 암시.
4. 이스라엘 역사에서 그 당시와 후대의 모든 신자들을 위해 특별한 의미를 지닌, 이전에 일어난 사건들에 대한 암시나 직접적인 언급.
5. 우주의 창조와 구속의 질서를 위한 하나님의 약속-계획의 실체를 형성하는 수많은 약속이나 언약의 내용들에 대한 언급.[21]

성경의 본문을 밝혀주는 선행 신학에 대한 이 단서들에 세심한 주의를 기울이는 것은 카이저의 중요한 요청인 "우리의 석의의 한 부분으로서 성경 신학의 충분한 사용"[22]을 이행하는 데 필수적이다. 이 단서들은 또한 신약 저자 자신의 본문뿐 아니라 주어진 본문 안의 인용문에 대한 인용문 자체의 본래의 의미와 문맥과 함께 그의 해석에도 빛을 던져주는 선행 신학의 몇몇 단서가 될 수 있다. 그러한 선행 신학은 신약의 구약 본문 사용을 밝힐 때도 주의 깊게 고려되어야 한다.

구약의 본문을 인용 또는 암시하는 신약의 본문을 설교할 때 설교자는 어떤 다른 본문이나 신학적 개념들 또는 배경이 저자의 본문 이해 및 사용에 빛을 던져주는지 청중이 이해할 수 있도록 도와야 한다. 배경의 이런 중요한 부분들은 대개 본문의 표면에서는 발견되지 않으며, 적절한 배경 지식에 친숙한 독자청취자 또는 설교자에게 달려 있다.

성경 신학을 밝혀주는 해석학적 전제들의 몇 가지 핵심 부분은 다음과 같다.23

- 집단 연대성이나 대표성으로 인해, 이스라엘의 참된 왕이신 그리스도는 당신의 백성을 대표하시고 참된 또는 이상적인 이스라엘의 역할을 성취하신다. 구약의 특정 본문들에서 볼 수 있듯이, 대표적인 인물과 하나님의 백성 전체에 관련된 진술 사이에는 유동적인 관계가 있다.24

- 하나님은 역사 안에서 일하시며 인류와 피조물의 구속을 위한 당신의 계획을 펼치고 계신다. 그리고 그 계획은 창세기 초두에 밝혀져 있듯이 인류와 피조물을 위한 하나님의 본래 의도를 회복하는 것을 수반한다 하나님이 당신의 부왕[副王]으로 정하신 인간을 통해 온 피조계에 반영되는 하나님의 형상, 영광, 의와 함께. 이 회복은 이스라엘의 출애굽과 회복의 때에 이루어질 이스라엘의 구속을 통해, 그리고 출애굽의 패턴을 따르게 될 따라서 '제2의 출애굽'으로 불리게 될 또 하나의 위대한 구속 행위 안에서 열방에게 미칠 구원의 확장을 통해 성취된다.

- 하나님의 주권과 일관 되심의 관점에서 볼 때 '과거에 하나님의 백성에게 일어난 일과 지금 또는 미래에 일어나는 일 사이에는 일치가' 존재하고 또 존재할 것이다. 하나님의 미래의 행동에 대한 기대

는 '이스라엘 역사의 절정적 사건들'에 의해 규정되며, 이들 사건들은 또한 '새로운 사건들을 설명하는 패러다임이 된다.'[25]
- 신약의 독자들은 종말론적 성취의 시대가 시작되고 그 완성을 기다리는 과도기의 시대에 살고 있다. 성경은 기본적으로 종말론적 성격을 띠고 있으며, 특별히 유일한 목적은 아니지만 하나님이 당신의 종말론적 공동체교회를 지도하시기 위해 특히 그리스도와 복음의 이해를 위해 주신 것이다.[26]
- 하나님이 이전에 주신 계시와 약속들은 이후에 그분의 궁극적인 의도를 더 완전히 보여주신 계시의 빛 안에서 이해되어야 한다.[27]

서로 다른 본문들의 문제

우리가 그리고 회중이 현대 성경에서 신약에 인용된 구약을 읽고 그후 같은 성경의 구약 원문을 읽을 때 많은 경우 그 둘은 일치하지 않는다. 이런 차이점에 대해서는 적어도 두 가지 다른 이유가 존재한다. 첫 번째 이유는 신약의 저자들이 때로 그들이 알고 있던 본문의 형태를 조금 바꾼 것이다. 이것을 이해하려면 우리는 오늘날 합당한 인용문 사용에 적용하는 많은 기준이 신약 시대에는 적용되지 않았음을 깨달아야 한다. 우리 사회에서는 특별히 법률적 맥락에서는, 인용문이 절대적으로 정확해야 하고, 따옴표로 표시되어야 하며, 누락이나 변경에 대해서는 특별한 표식이 있어야 한다 생략부호(…)나 괄호 안의 추가 설명과 같은. 인용문이 원문에서 벗어난 부분을 명시하지 않고 어떤 방식으로든 말을 바꾸는 것은 우리 사회에서는 속이는 행위요, 부도덕한 것으로 간주된다. 하지만 신약 시대에는 따옴표 같은 것이 전혀 없었으며,28 사람들은 훨씬 더 자유롭게 인용문을 사용했다. 명료성과 적합성에 대한 저자와 독자들의 필요가 본문을 인용할 때 무엇이 받아들여지고 무엇이 받아들여질 수 없는지를 결정하는 데 더 큰 역할을 했다. 따라서 원문의 일부가 그 본문을 인용하는 사람의 논증에 적합하지 않을 경우 빼버릴 수도 있었다. 또는 삼인칭 호칭 '그' 또는 '그들'을 이인칭 호칭 '너'으로 바꾸는 것이 인용문의 요점을 더 명확하게 하고 독자들에게 직접적인 적합성을 더 잘 보여준다면, 그렇게 하지 않을 이유가 없었던 것이다.29 우리가 신약의 저자가 어떤 부분은 강조하고, 어떤 부분은 무시하면서, 어디서 본문을 변경하는지 분별할 수 있다면, 그 본문이 그의 논증에 특별히 적절함을 보여주는 중요한 단서를 얻을 수 있을 것이다.

신약의 저자가 인용문에 어떤 변경을 가했는지를 결정하는 것은 대부분의 독자들이 가정하는 것보다 훨씬 더 복잡한데, 이는 신약에 인용된 일부 본문들이 왜 오늘날 우리가 현대 성경에서 읽는 것과 일치하지 않는지에 대한 두 번째 이유 때문이다. 마소라 히브리 원문을 사해 사본, 사마리아 오경, 70인역, 그리고 다른 고대의 헬라어와 다른 번역들신약에서 발견되는 인용문들을 포함한과 비교해보면 구약은 신약 시대에 다양한 본문 형태로 유포되고 있었음을 알 수 있다. 신약의 저자들은 종종 우리의 현대 성경에 번역되어 있는 본문에 따라 구약을 인용한다. 그러나 인용문이 우리가 우리 성경에서 발견하는 것과 다르고 그 당시 사용되었다고 알려진 다른 번역의 형태와 일치할 때, 우리는 저자가 자신이 친숙한 번역^{어쩌면 헬라어역}에 따라 성경을 인용했던 것이라고, 그의 독자들도 그 번역을 알았을 것이라고 청중에게 설명해주는 것이 좋을 것이다. 성경 저자들의 이러한 풍습은 많은 현대 설교자들에게서도 발견되는 것과 비슷한 지혜를 보여준다. 지혜로운 설교자들은, 비록 자신은 원문으로 연구하고 읽어서 알고 있다 해도, 그들이 사용하는 번역에 동의하기 힘든 여러 작은 경우들을 논하는 일을 자제한다. 그들은 번역의 문제가 그들이 전하고자 하는 주된 요점에 필수적인 것이 아닌 한 그들이 사용하는 ^{그리고 대다수의 회중도 사용하기 마련인} 번역을 교정하거나 비판하는 일을 피한다. 불완전한 번역들도 ^{물론 모든 번역이 이곳저곳 불완전한 면을 갖고 있다} 대체로 본문의 주된 요점을 효과적으로 전달하며, 이 점은 신약의 저자들과 최초의 독자들이 사용한 구약의 헬라어 번역에 대해서도 참되다고 할 수 있다. 원 저자가 자신이 인용하는 본문을 히브리어로 읽었는지, 아람어로 읽었는지 아니면 단지 헬라어로만 읽었는지에 대해서는 우리가 분별하는 것이 불가능하다.[30] 그가 다른 번역들의 가능성을 의식하고 있었다 해도 그는 그의 독자인 교회들에서 알았고, 읽었던 번역을 사용하는 것이 최선이라고 생각했을 것이다.

많은 경우 설교자는 우리 성경에 나오는 구약 본문과 신약에 인용된 본문 사이의 차이점에 대해 어떤 언급도 할 필요가 없다. 하지만 어떤 경우에는 다른 성경 번역들의 사용과 가치에 대해, 그리고 신약의 저자들과 독자들이 그것을 사용했다는 사실에 대해 설명을 해주는 것이 청중으로 하여금 그들이 사용하거나 듣는 다른 번역들의 가치와 초대 교회에서 다른 번역들이 차지했던 위치를 이해하는 데 도움을 준다. 본문의 문자적 정확성에 대한 충성과 본문의 의미와 요점에 대한 충성 사이의 차이에 대해서, 그리고 신약의 저자들이 커뮤니케이션과 적용의 명료성을 위해 인용문을 변경한 자유에 대해서 설명하기 위해서는 청중이 그들에게는 이상하게 보이는 현상을 이해하도록 돕기 위해 먼 길을 가야 할지도 모른다.

구약과 신약의 문맥 둘 다의 중요성

대부분의 현대 독자들은 신약에서 발견되는 구약의 인용문들이 신약의 저자가 사용한 정확한 단어들에만 관련되어 있다고 가정하는 경향이 있다. 비록 아직까지 격렬한 논쟁 중에 있긴 하지만,[31] 많은 학자들은 이제 다드C. H. Dodd의 다음과 같은 논증에 동의한다. 그에 따르면 신약의 저자들은

> 종종 하나의 구나 문장을 그 자체를 위해서가 아니라 전체 문맥을 가리키기 위해서 인용했다. 이러한 풍습은 랍비 문학에서도 발견되는 것처럼 그 당시 유대인 교사들에게는 결코 드문 일이 아니었다. 독자는 문맥 전체를 연구하고, 거기서 펼쳐지는 '플롯'을 상고하도록 도전받았다. 어떤 면에서 플롯을 이해함으로써 예수의 삶과 죽음, 그리고 그 뒤에 따르는 일들에서 나타나는 이상한 사건들의 의

미를 볼 수 있게 될 것이다.32

예를 들면, 우리가 마태복음 3장 3절, 마가복음 1장 3절 그리고 누가복음 3장 4절에서 발견하는 이사야 40장 3절의 말씀은 단지 요한의 메시지가 이사야에서 따온 것이기 때문이거나, 그가 그 메시지를 선포함으로써 그 본문을 성취했기 때문에 인용된 것은 아니었다. 이사야 40장의 보다 넓은 문맥은 바벨론 유배 단지 땅으로부터만 아니라 그들의 하나님으로부터 분리된 시기로서가 끝이 날 것이고, 하나님의 백성이 그분의 위로와 용서와 임재를 체험하게 될 것이라는 좋은 소식을 말하고 있다. 이사야 40장에서 인용한 본문의 한 간결한 단편에서 복음서 저자들은 약속된 구속의 시간이 마침내 성취될 때가 왔고, 요한은 사람들을 불러 거기에 들어가도록 또는 들어갈 준비를 하지 않은 것에 뒤따르는 결과를 경험하도록 준비시키고 있었다는 사실에 대한 확증을 우리가 깨닫기를 원하고 있다. 물론 복음서 저자들이 인용한 말들은 저자의 요점에 특별히 적합하다. 그들은 구약 책의 어떤 장이나 부분에서 아무 본문이나 마구 인용한 것이 아니었다. 마태복음 3장 1절의 인용문 바로 전에 나오는 "광야에서 전파하는" 요한에 대한 묘사나, 마가복음 1장 4절의 인용문 바로 전에 나오는 "광야에서 죄 사함을 받게 하는 회개의 세례를 전파하는" 요한에 대한 묘사, 또는 누가복음 3장 2절의 인용문보다 두 절 앞서 나오는 하나님의 말씀이 "빈들에서" 그에게 임했다고 하는 묘사 등은 바로 이사야의 예언이 그에게서 성취되고 있음을 보여주는 방식들이다.33 "주의 길을 예비하라. 그의 첩경을 평탄케 하라"는 외침은 요한이 하나님의 나라에 들어가기 위한 준비로 회개를 요구한 것에 대한 언급으로 해석된다.34 좋은 설교자들이 세심한 주의를 기울여 자신들의 설교의 단어들을 다듬을 때, 그들은 성경의 저자들이 자신들의 요점을 실수 없이 전달하기 위해 구약의 인용문들이 등장하는 주변의 본문 단어들을 주의 깊게 다듬은 방식에 주의를 기울여야 할 것이다.35

인용된 본문의 영향력은 인용된 그 단어들의 차원을 넘어선다. 위에서 밝힌 것처럼 저자는 종종 독자의 생각을 단지 인용된 말 자체에만 아니라 그 문맥에까지 끌어가고자 한다. 마태가 이사야 40장 3절을 인용한 문맥에서 우리는 요한의 메시지가 "천국이 가까웠다"마 3:2 는 것이었음을 듣는다. 이사야 40장에서 우리는 전령이 하나님의 임재가 그분의 백성들에게로 돌아오시고, 주님이 "장차 강한 자로 임하실 것이요 친히 그 팔로 다스리실 것이라"40:10 는 좋은 소식을 전하는 것을 듣는다. 이사야 52장 7절에서 시온에 전파될 좋은 소식은 "네 하나님이 통치하신다"는 것이라고 더욱 분명히 밝혀진다. 여기서 요한의 말이 이사야서에서 발견되는 것과 정확히 동일한 것은 아니지만, 독자는 요한의 메시지는 하나님의 통치에 대한 이사야의 메시지가 그의 독자들의 눈앞에서 펼쳐지고 있다고 선포하는 것이었음을 이해해야 한다. 마가는 그의 복음서에서 이사야 40장을 인용하기 직전에 "예수 그리스도의 복음"막 1:1 을 언급하면서 이사야 40장 9절에 나오는 "좋은 소식을 전하는 것"에 해당하는 동사의 명사형을 사용하고 있다.36 독자는 예수 그리스도의 오심이 이사야가 구원의 때에 하나님의 백성에게 선포될 것이라고 약속했던 "좋은 소식"임을 이해해야 한다.37

때로 본문은 해석되기 위해 인용되거나 언급된다. 또 다른 경우 본문은 독자들이 다른 것 대개는 독자들이 처한 상황을 해석하도록 돕기 위해 인용된 다고 말하는 것이 더 정확할 것이다. 어떤 경우도 이 중 어느 한쪽에만 해당되는 것은 아니지만 신약에 등장하는 구약 인용의 많은 부분은 일차적으로 두 번째 경우에 해당되며,38 이사야 40장 3절의 인용문들도 주로 후자에 해당된다. 마태가 이사야를 그의 독자들을 위해 해석하고 있는 것은 이사야를 언급하는 것이 독자들로 하여금 요한의 사역의 의미와 중요성을 이해하도록 도울 것이라고 희망했기 때문은 아니었다. 물론 이 상황에서도 구약 본문의 해석은 가정되거나 암시되고 있다. 저자가 구약 본문의 중요성을 이해하고 있었다고 전제한다면 설교자는 회중이 그 중요성을 확실히 이해하기를 바랄 것이다. 이사야 40장 3절 인용문의 경우 회중은 이사야 40장의 보다 넓은 문맥과 중요성을 이해해야 한다. 그것은 하나님이 당신의 백성에게 돌아오셔서 그들을 구원하실 때 그 약속된 회복의 때를 위해 준비하도록 이스라엘을 부르는 외침이었다. 만일 이사야 40장의 메시지가 세례자의 사역과 예수 그리스도의 오심의 중요성을 이해하는 출발점이 된다면, 그 사실은 맨 먼저 설명되어야 할 것이다. 하지만 강조점은 이사야의 해석에 있지 않고, 이사야의 빛 안에서 요한 그리고 예수님 의 해석에 있다. 따라서 예를 들면, 마태의 요점은 구약 본문 그 자체에서 발견되지 않으며, 구약 본문이 요한의 때에 발생하기 시작하고 그 자신의 시대에까지 계속된 일을 이해하는 해석학적 열쇠가 되는 것이다.

구약을 인용하는 신약의 본문을 해석하거나 설교할 때 우리는 보다 넓은 신약의 문맥 안에서 구약 본문의 기능을 고려해야 한다. 그 구약 본문은 그것이 인용되고 있는 특정한 본문을 훨씬 벗어나는 역할을 수행할 수도 있기 때문이다. 예를 들면, 그의 복음서 처음 세 절에 나오는 마가의 인용문들은 복음서 전체의 신학과 성경 해석을 위한 열쇠 역할을 한다. 리키 와츠Rikki Watts가 말하듯이 "마가의 서론적 문장1:1-3은 그의 복음서의 개념적 틀을 보여준다."39 어떤 책의 서두 또는 그 가까이에 나오는 인용문들은 종종 독자들로 하여금 그 책 전체의 신학적 강조점을 이해하도록 준비시키는 핵심 역할을 담당한다.40 그런 본문들을 설교할 때 우리는 구약 인용문의 역할을 단지 어떤 특정한 본문 안에서뿐 아니라 그 책 전체에서 주의 깊게 고려해야 한다. 이것은 물론 그런 책을 차례로 설교할 때 특별히 중요한 문제가 된다.

성경의 인용문들과 해석이 신약의 어떤 책의 뒷부분에서 만나게 될 때 석의자와 설교자는 뒤에 나오는 본문을 밝혀주는 선행된 성경 해석이 있는지 살펴보아야 한다. 예를 들면, 마태복음에서 이사야 40장 3절마 3:3의 인용문은 복음서 맨 앞에 나오지 않고, 많은 문맥이 지나가고 해석이 이미 주어진 후 그 뒤에 나온다. 그 절의 인용은 그 자체로 분리되어 해석되어서는 안 되고, 마태복음을 시작하는 족보이스라엘의 역사를 아브라함, 다윗, 포로, 그리고 그리스도의 오심이라는 주요 전환점들을 중심으로 나눔으로써 그리스도의 오심을 선지자들이 약속했던 이스라엘의 포로와 최후의 회복이라는 궁극적 종말의 열쇠로 이해하게 하는 와41 이사야 7장 14절그리고 이 절이 환기시키는 이사야의 임마누엘 주제의 인용과 해석, 그리고 이 절에 이르기까지의 나머지 성경 해석의 빛 안에서 해석되어야 한다.

회중이 신약에서 발견되는 성경 해석을 그 인용문이 발견되는 구약의 문맥과, 또 보다 넓은 문맥인 신약의 같은 책에 나오는 성경 해석의 매트

릭스 안에서 이해하게 함으로써 설교자는 그들이 지나치게 세분화된 해석의 접근을 피하고, 또 구약과 신약 둘 다의 보다 큰 신학적 플롯과 주제 안에서 그러한 해석을 이해하도록 도울 수 있다.

선행적 성경 해석의 중요성

구약은 신약에서 해석되기 전에 여러 세기 동안 밀폐된 공간에 갇혀 있지 않았으며, 신약의 저자 중 어느 누구도 자신의 해석 작업을, 마치 그 이전에는 본문의 의미에 대해 아무도 의견을 내지 않았던 것처럼, 진공 상태에서 수행할 수 있으리라고 기대할 수 없었다. 어떤 경우에 신약의 저자들은 그들의 독자들에게 친숙한 성경 해석을 반대하고, 다른 경우에는 그런 해석을 공통의 기반으로 전제하거나 추천하며, 또 다른 경우에는 그런 해석에 제한을 가하거나 뉘앙스를 부여한다. 어떤 경우에 그들이 다루는 해석들은 명시적으로 나와 있고^{마 5:21-48}, 다른 경우에는 그 해석에 대한 저자의 반응에서 저자의 입장을 연역해낼 수 있다^{갈 2:14-21}. 성경의 저자들이 다루고 있는 성경의 본문과 주제에 대한 고대의 해석들에 친숙할 경우 우리는 그들의 논증과 해석을 더 잘 이해할 수 있다. 좋은 석의적 주석들은 그러한 정보를 담고 있고, 효과적인 설교자들은 그 정보를 회중과 나눔으로써 그들이 성경 저자들의 논증과 입장을 더 잘 이해하도록 돕고자 할 것이다.[42] 예를 들면, 아브라함과 그의 칭의^{창 15:6}에 대한 바울의 논의는 다른 유대인 교사들이 아브라함에 대한 성경의 그 자

료를 해석하고 있던 방식의 빛 안에서 이해되어야 한다는 것이다.[43]

결론

신약에서 사용된 구약 이해와 관련된 이슈들은 다양하고 복잡하다. 우리는 회중이 숲에서 길을 잃지 않으면서 신약 본문을 최대한 이해하기 위해 이 이슈들에 대해 얼마나 알아야 하는지를 분별할 수 있는 지혜를 가져야 한다. 대부분의 경우 구약의 인용문이나 언급은 신약 본문의 요점은 아니지만 그러한 요점을 지원하는 역할, 대체로 매우 중요한 역할을 맡고 있다. 지혜로운 목사는 본문의 주된 요점에 초점을 맞추고, 설교가 고대의 성경 해석이나 논증에 대한 강의가 되지 않게 하면서 구약의 본문이 어떻게 신약 본문에 빛을 던져주고 또 지원하는지를 회중이 이해할 수 있게 도울 것이다.

여기에 설교자가 구약의 인용문을 담고 있는 신약 본문에 대해 던져야 할 몇 가지 질문을 소개한다.[44] 구약 본문의 본래 문맥은 무엇인가? 신약의 사용이 구약 문맥의 영향을 반영하는가? 그 구약 본문은 구약의 뒷부분이나 다른 초기의 유대인 본문, 아니면 신약의 본문에서 해석된 적이 있는가? 신약의 사용이 그러한 이전의 해석들에 대한 친숙함을 반영하는가? 이외에도 인용되거나, 언급되거나, 반향을 일으키거나 혹은 신약의 본문에 빛을 던져줄 수 있는 다른 구약 본문이 있는가? 신약의 인용은 우리가 알고 있는 그 당시의 본문 형태 중 하나를 반영하고 있는가?

신약의 저자는 그 본문을 어떤 방식으로든 변형시켰는가? 만일 그렇다면, 그러한 본문의 변형은 의미에 영향을 미쳤는가, 아니면 단지 그 본문이 그들의 상황에 대해 갖는 적합성을 독자들이 보게 했을 뿐인가? 구약의 본문은 신약 저자의 논증이나 내러티브의 문맥에서 어떤 기능을 담당하는가? 구약의 본문이 본래의 독자들에게 행했던 방식으로 회중을 위해 기능하게 하려면, 이러한 정보를 그들이 얼마나 알아야 하는가?

연구 및 적용 질문

1. 신약의 저자들이 구약을 인용했던 이유는 무엇인가?
2. 신약에 나오는 구약 본문의 인용에서 신학은 어떤 역할을 하는가?
3. 신약의 저자들이 구약 본문을 인용할 때 문맥의 기능에 대해 논의하라.
4. 당신은 이 장에서 어떤 도움을 받을 수 있을지, 또 그것들을 어떻게 당신의 설교 준비에 활용할 수 있을지를 생각해보라. 당신의 계획은 무엇인가?

추천 도서

- Beale, G. K., ed. *The Right Doctrine from the Wrong Texts? Essays on the Use of the Old Testament in the New*. Grand Rapids: Baker, 1994.

- Carson, D. A., and G. K. Beale, eds. *Commentary on the Use of the Old Testament in the New*. Grand Rapids: Baker, 발간 예정.

- Dodd, C. H. *According to the Scripture: The Sub-structure of New Testament Theology*. London: Fontana, 1952.

- Ellis, E. Earle. *The Old Testament in Early Christianity*. Tübingen: J. C. B. Mohr Siebeck, 1991. Reprint, Grand Rapids: Baker, 1992.

- Hays, Richard B. *Echoes of Scripture in the Letters of Paul*. New Haven and London: Yale University Press, 1989.

- Kaiser, Walter C., Jr. *The Uses of the Old Testament in the New*. Chicago: Moody, 1985.

- Longenecker, Richard N. *Biblical Exegesis in the Apostolic Period*. Grand Rapids: Eerdmans, 1999.

10. 오늘날의 구약 설교

_ 데이빗 라슨(David L. Larsen)

구약 설교의 전제들

영감으로 기록된 구약 정경의 양만 놓고 보아도 우리는 성경의 4분의 3을 차지하는 이 부분에 우리의 주의를 기울이지 않을 수 없다^{딤후 3:16-17에서 바울이 말하는 성경은 구약을 가리킨다}. 사도 바울은 "하나님의 뜻을 다 전하기"^{행 20:27}에 꺼리지 않았다. 구약은 우리 구세주, 사도들 그리고 초대 교회의 성경이었다. 우리는 그들이 마셨던 샘물 또는 그들이 읽었던 권위적인 서고를 무시하면서 그들이나 그들의 작품을 이해할 수 없다. 또한 구약이 강론될 때마다 기쁨으로 빛을 발하는 모든 청중은 구약에 대한 특별한 애정을 갖고 있다. 그들은 언제나 우리에게 용기와 힘을 북돋아준다.

물론 신자들을 위한 무게 중심은 신약이다. 신약은 우리의 신성한 구세주요, 주님이신 그리스도를 장엄하게 제시하고, 묘사하며, 그분의 전적 충족성에 대한 사도들의 증거를 담고 있다. 그렇기에 우리는 이 후대의 문서들 안에 머물면서 그것들이 제공하는 풍성한 즙을 만끽하고 싶은 유혹을 쉽게 받게 된다. 이런 점에 있어서 우리는 현대판 마르시온주의자들이런 자들은 모든 지역 교회에서 발견된다의 선동을 받을 수 있다. 그들은 고대에 그 이름을 지닌 자를 따라 구약에 대한 거부감을 느끼면서 자신들의 목사들에게 그 사실을 표현한다. 그들은 종종 구약에 대한 그들의 혐오에 대해 변명을 늘어놓지만, 어쨌든 그 감정은 실제적이고 고통스럽다.

우리의 설교에서 다양성과 균형을 위해서라도 우리는 구약 본문을 설교하는 비율을 검토해볼 필요가 있다. 설교의 3분의 1이 구약의 놀라운 부요를 다루고 있다면 평균 이상이라고 할 수 있다. 그러나 4분의 1에 미치지 못한다면 이는 병적 현상이라고 할 수 있다. 10퍼센트나 그 밑일 경우라면 끔찍하게 낮은 것이다. 그러한 구약에 대한 무시는 지적되어야 한다.

모든 설교자는 구약 설교의 적합성을 재강조하는 바탕에 깔린 전제들을 정기적으로 검토해야 한다. 이 점과 관련해서 나는 구약 설교의 필요성을 '향한toward, 잘 알려진 카이저의 겸손한 표현을 빌자면' 몇 가지 고려 사항들을 제시하고자 한다.[1]

구약은 그 뒤에 나오는 모든 것의 기초를 놓기 때문에 우리는 구약을 설교해야 한다

뿌리를 지닌 가족이든지, 기초를 갖춘 건물이든지, 아니면 어떤 역사적 사건이든지 간에 앞에서 일어난 일은 대단한 중요성을 지닌다. 역사를 경멸하는 현대의 경향으로 인해 우리는 연결성을 잃게 되었고, 마치 잘려진 꽃처럼 소외되었다. 우리에게는 구약이 필요하다.

1. 하나님이 만물을 창조하신 창세기 이야기는 모든 실재의 서론에 해당된다. 창조주와 피조물의 구분은 우리의 예배에 필수적이며, 우상 숭배를 막는 안전 장치가 된다. 인간의 가치는 우리가 하나님의 형상을 따라 지음받은 사실에 근거하며, 결혼의 성격은 하나님이 아담과 하와를 한 몸으로 만드신 창세기의 이야기에 의해 규정된다^{마 19:4-6}. 신·구약 모두에서 지속되는 예배의 주제는 만물을 창조하신 하나님께 초점을 맞추고 있다^{계 4:11}.

2. 우리는 어떻게 창세기 3장 없이 인류의 부패성과 역사적 타락의 이야기를 의미 있게 설교할 수 있겠는가? 인간을 아담이나 그리스도 안에 있는 존재로 보는 것은 창세기 3장에 준거 기준을 두고 있다. 죄에 빠진 인간의 곤경에 대한 주의 깊은 분석은 우리를 원초적인 반란으로 이끌어 간다. 인간이 어떻게 무죄한 상태에서 떨어지게 되었는지에 대한 이야기는, 아름다운 동산에서의 인류 최초의 조상들과 하나님의 도성에 있는 동산에서 이루어지는 궁극적인 구속의 회복 사이에서 벌어지는 창세기/요한계시록의 비교와 대조의 배경을 이룬다^{계 20-22장}.

3. 구약이 하나님의 오래된 언약 백성 이스라엘의 시작과 역사에 그토록 큰 분량을 할애하고 있음을 생각할 때, 우리가 이 거룩한 역사에 충분한 주의를 기울이지 않는다면 우리는 그리스도와 초대 교회가 그 안에서 살고 사역했던 맥락으로부터 분리되고 말 것이다. 지정학적 이스라엘은 신약에 45회나 언급되고 있으며, 로마서 9-11장의 바울의 논증은 구약 이야기를 떠나서는 불가해한 것이 되고 만다. 기독교는 철저하게 역사적인 종교다. 따라서 만일 그 역사로부터 분리된다면 조상들을 잃어버린 고아처럼 떠돌게 될 것이다. 나는 교회가 이스라엘을 대체하는 것은 아니라고 생각하지만 대체 신학 replacement theology 의 유추 내용들은 매우 중요하다. 오늘날의 신자들은 아브라함의 영적 자손들이다 갈 3:7. 우리가 어떻게 예레미야 31장 없이 히브리서가 말하는 새 언약을 설교할 수 있겠는가? 우리가 어떻게 유월절의 배경 없이 성만찬에 참여할 수 있겠는가? 우리에게 성경 전부가 없다면 우리는 너무도 비참하게 빈곤해질 것이며, 또 구약이 없다면 하나님의 신약 백성으로서 우리의 뿌리를 잃어버리고 말 것이다.

4. 피를 통한 구원이라는 신약의 절대적 가르침은 그 기초를 구약의 제사 제도와 피를 통한 속죄의 독특한 성격에 두고 있다. 죄 있는 자를 위해 무죄한 생명의 제사가 드려지는 제단은 대속을 가르치는 신약의 필수 불가결한 서론이며, 이사야 53장은 갈보리에서 보여주신 목숨을 건 그리스도의 사랑의 예고편이다. 성경 어디에서도 그리스도를 진정한 인간과 지상적 존재 죄는 없으신 로부터 유리시키는 영지주의적 가르침을 찾아볼 수 없다. 하나님의 아들은 1세기 유대인이셨으며, 역사와 고난과 소망을 지

닌 이 지구상에 있는 민족의 일원이셨다. 구세주를 그분의 기원으로부터 분리시키려는 모든 시도는 역사적으로 아돌프 히틀러와 우리 시대의 다른 이들에게 이르기까지 모두 신앙에 치명적인 재앙을 불러왔을 뿐이다. 어떻게 그리스도인이 반유대주의자가 될 수 있단 말인가? 구약은 우리 **뼈 중의 뼈요, 살 중의 살**이다.

5. **신약의 묵시 문학**감람산 설교든, 데살로니가후서 2장이든, 유다서든, 요한계시록이든 **은 그 DNA를 이사야, 다니엘 그리고 스가랴에 두고 있다**. 하나님이 전체 계시의 저자이심을 생각할 때 성경의 통일성은 전혀 놀라운 일이 아니다벧후 1:19-21. 우리가 다루는 내용이 사탄의 간교함이든지, 종말에 활동할 존재들이든지, 하나님의 백성이 겪어야 할 고난의 시기메시아의 환난 든지, 아니면 하나님 나라의 궁극적인 통치든지 우리는 이 인상적인 태피스트리에서 주제적 통일성 이상의 것을 감지한다. 그것은 "하늘의 하나님이 한 나라를 세우시리니 이것은 영원히 망하지도 아니할 것이요 그 국권이 다른 백성에게로 돌아가지도 아니할 것"단 2:44이라는 복잡하지만 일관된 시나리오를 우리에게 남겨주는 유기적 통일성이다. 신약에 나오는 모든 내용의 기초석들은 구약에 놓여 있다. "터가 무너지면 의인이 무엇을 할 꼬?" 시 11:3

구약은 메시아이신 예수 그리스도를 고대하는 영감된 기록이기 때문에 우리는 구약을 설교해야 한다

사도들의 증거가 그토록 그리스도 중심적이었고, 또 위대한 사도 바울이 "예수 그리스도와 그의 십자가에 못 박히신 것"^{고전 2:2}만 전하기로 했던 것을 생각해볼 때 오늘날 설교자들이 그와 다르게 하는 것을 주저하는 것은 이해할 만하다. 우리는 어느 주일날 강대상에서 "우리가 예수를 뵙고자 하나이다"라는 문구를 보고서 자신을 잊어버린 채 그리스도를 설교하고, 그 다음 주일에 "제자들이 주를 보고 기뻐하더라"라는 반응을 발견하게 된 한 젊은 설교자의 이야기를 종종 생각하게 된다. 그렇다면 우리는 구약과 관련해서 어떻게 해야 하는가?

구약에는 우리의 위대한 교리와 신학의 구조적 발판을 형성하는 건축용 블록들이 들어 있을 뿐 아니라, 그 전체에 구세주의 인격과 임재가 퍼져 있고 스며들어 있다. 복음은 참으로 아브라함에게 먼저 전파되었다^{갈 3:8}. 예수님은 성경이 "내게 대하여 증거하는 것"^{요 5:39}이라고 명백히 밝히셨고, 또 엠마오로 가는 두 제자에게 "모세와 및 모든 선지자의 글로 시작하여 모든 성경에 쓴 바 자기에 관한 것을 자세히 설명"^{눅 24:27} 하셨다.

그리스도가 구약 어디에든 계신다는 말은 무슨 의미인가? 이 말은 많은 토론을 불러일으켰다. 어떤 이들은 인간의 타락과 죄가 구약의 모든 페이지에 나오기 때문에 그 각 페이지에 그리스도가 계시는 것이라고 말한다. 왜냐하면 그분만이 우리를 죄에서 건지시는 구세주이시기 때문이다. 이 말은 물론 맞지만, 이 논증은 그리스도가 어떤 방식으로 구약에 편

만하신가를 묻는 실제 질문은 비켜가고 있다.

월터 카이저는 구약 신학에서 약속과 성취라는 주제에 일관되게 초점을 맞춰왔다. 창세기 3장 15절의 원복음에서부터 시작해서 구약의 맥박은 예수 그리스도의 인격과 사역 안에서 또 그것을 통해 이루어질 구속의 약속과 함께 뛰고 있다. 설교자-석의자는 항상 '석의적 정직성'을 드러내야 한다 딤후 2:15. 카이저는 본문에서 저자의 의도를 찾아야 하고, 본문의 단일 의미를 찾아야 한다는 그의 주장을 조금도 굽힌 적이 없었다. 독자-대응과 문학적 해체많은 포스트모던주의자들은 본문이 있음을 부인한다가 유행하는 시대에 카이저는 언제나 본문이 실제로 말하는 것은 무엇인가라는 고지를 지켜왔다.

신성한 계시의 점진적 성격을 고려해볼 때 우리는 뒤에 밝힌 내용을 특정한 구약 본문에 이끌어오는 것을 주의해야 한다. 그렇다면 우리는 어떻게 그리스도가 구약에 계심을 말해야 하는가?

1. 구약은 메시아에 대해 수백 가지의 예견적 예언을 담고 있다. 성경은 그러한 예견적 예언을 담고 있다는 점에서 절대적으로 독특하다. 하나님은 모든 것을 아시고, 앞으로 일어날 일 가운데 많은 것을 그분의 말씀을 통해 알리시기를 원하셨기 때문이다. 장래 일을 미리 말씀하시는 그분의 능력으로 인해 참되시고 살아계신 하나님은 우상들로부터 구분되신다 사 44:8, 45:21, 46:9-10. 회당에서는 거의 500개의 구약 본문이 메시아에 대한 것으로 명명되었다. 이 본문들은 신약의 설교자들에게 보물창고와 같다.

구약 예언의 성취에 대한 신약의 강조는 그것이 실제로 존재한다는 전제 위에 명백히 근거하고 있다. 그리스도가 여인에게서 나시고, 아브라함의 자손으로서 이삭을 통해, 그리고 야곱의 넷째 아들을 통해 나셔야 한다는 것은 명백하다. 메시아가 모세와 같은 선지자요, 인류의 죄를 담당하실 분이라는 것, 그리고 화목 제물이 되시기 위해 고난받고 죽으셔야 한다는 것도 바로 거기에 있다. 그분이 태어나실 장소, 지상에서의 가난한 생애, 그분의 죽음을 둘러싼 명확한 정황들, 그리고 죽은 자들로부터 살아나실 그분의 부활의 확실성까지 모두 거기에 세밀히 기록되어 있다. 이것은 성경적 초자연주의로 자유주의적 비평가들에게는 인간 역사를 마무리하는 핵심 시나리오가 종말에 대한 수많은 예언들에 나와 있다는 보충적 설명과 마찬가지로 받아들이기 어려운 내용이다.

2. 구약은 또 초기와 후기의 인물들과 사건들 사이의 모형 또는 일치를 많이 담고 있다. 모형들은 안타깝게도 남용되는 사례가 많지만 예를 들면, 이삭의 신부를 찾으러 간 아브라함의 종이 그리스도의 신부로서의 교회를 창조하신 성령의 40가지 측면을 보여준다고 설교하는 식이다. 신약은 이스라엘의 출애굽 사건을 말할 때 "반석은 곧 그리스도시라" 고전 10:4 고 분명히 말한다. 이것이 히브리서의 기본적인 해석적 입장이다. 광야에서 들려진 놋뱀, 만나, 유월절, 물고기 뱃속의 요나, 또는 호세아의 결혼 등에 대해서는 의심의 여지가 없다. 이것들은 신약에서 명시적으로 밝혀지고 있다. 우리가 조심해야 할 내용은 도피성, 요셉의 생애, 유대인들의 안식일과 절기 등과 같은 암시적인 모형들이다. 하지만 이들도 타당성을 지니고 있다. 광야에 세워진 장막은 죄인들이 거룩하신 하나님께 나아감과 관련된 위대한 진리들을 보여주고 있지만, 그 세부 사항을 그리스도의 모형으로 적용하는 일에는 세심

한 주의가 필요하다.

3. 구약은 메시아의 오심을 준비하는 길고 비범한 과정을 보여준다. 구약을 1막에, 그리고 신약을 2막에 비한다면 우리는 2막 1막의 성취 이 발생했다는 사실에 대한 증거나 언급 없이 1막을 설교하기가 대단히 어렵다. 랍비들이 하듯이 구약의 본문을 설교하는 것은 실제 복음을 배신하는 일이 될 것이다. 우리는 본문에 실제로 담긴 것 이상을 암시해서는 안 되지만, 메시아이신 그리스도가 구속이라는 그림의 틀이 되신다는 것은 사실이다. 성경의 주제는 구원과 해방이다. 구약은 그것이 그리스도-사건에서 성취될 것을 내다보고, 신약은 우리 주 예수 그리스도 안에서 그 약속들이 실제로 성취된 것을 돌아본다.

복음주의 신앙을 가진 설교자가 그리스도와 그의 사도들이 사랑했고 공경했던 성경의 어떤 부분을 소홀히 한다는 것을 상상할 수 있겠는가? 구약은 성경이며, "성경은 능히 너로 하여금 그리스도 예수 안에 있는 믿음으로 말미암아 구원에 이르는 지혜가 있게 하느니라" 딤후 3:15. 사도 바울은 "무엇이든지 전에 기록한 바는 우리의 교훈을 위하여 기록된 것이니 우리로 하여금 인내로 또는 성경의 안위로 소망을 가지게 함이니라" 롬 15:4 고 말하면서 그의 확신을 강조했다. 빌립이 "이 글(이사야 53장)에서 시작하여 예수를 가르쳐 복음을 전" 행 8:35 했듯이, 모든 말씀의 사역자들은 성경 전체를 다루는 고상한 특권을 가졌다. 여기에는 우리 주 예수 그리스도를 드러내고 영화롭게 하는, 비교할 수 없이 부요한 영적 광맥을 지닌 우리의 고귀한 구약도 포함된다. 메시지는 공유되어야 한다.

구약은 영원한 구속에 대한 하나님의 계획과 그 함의를 풍성한 그림으로 날카롭게 제공하기 때문에 우리는 구약을 설교해야 한다

사도 바울은 이스라엘 백성이 가나안을 향해 가는 여정의 경험을 본, 비유, 사본, 이미지 등 고전 10:6 으로 보았고, 그 목적은 "우리로 하여금 저희가 악을 즐겨 한 것같이 즐겨 하는 자가 되지 않게 하려 함"이라고 말했다. 그는 계속해서 "저희에게 당한 이런 일이 거울 영어 성경에는 examples (또는 copies) 이 되고 또한 말세를 만난 우리의 경계로 기록하였느니라"고 말한다 고전 10:11.

계시된 진리를 시각화하고 이미지화하는 것은 커뮤니케이션에서 언제나 중요하다. 우리 주님이 비유를 사용하신 것도 그 점을 확실히 보여 준다. 그러나 우리는 이미지가 아이디어보다 훨씬 더 중요하게 여겨지는 시각적 사회에서 살고 있다 물론 이미지가 근소한 아이디어라도 없으면 가능하지 않은 것도 사실이지만. 음성 없는 쪽이 말이 없는 쪽보다 그런 면에서 더 나은 방법이다. 오래된 속담에도 있듯이 한 개의 그림이 천 마디 말보다 더 낫다. 물론 이런 성향은 비인지적인 것 the noncognitive 을 선호하면서 언어적인 것 the verbal 을 비하하는 현대인들의 특징을 반영한다.

좌파들의 설교학은 실질적으로 다른 모든 문학적 장르를 도외시하면서까지 내러티브 쪽으로 흘러갔다. 그 결과로 나온 것이 내러티브 신학, 내러티브 윤리학, 내러티브 영성 등이다. 아무튼 내러티브를 강조하는 현재의 상태는 성경의 거의 절반이 내러티브임을 지적하면서 우리가 성경의 내러티브에서 발견하는 귀중한 보화를 가리키고 있다.[2] 보수주의자들은 항상 내러티브 부분을 사랑해왔다. 하지만 우리는 이야기 위에 너무 전통적인 합리적 격자grid를 씌움으로써 이야기가 갖는 힘을 잃어버리는 경향이 있었다. 내러티브론에 대한 엄청난 책들은 우리가 어떻게 성경의 내러티브에서 발견하는 자료들을 더 잘 활용할 수 있는지, 또 그것이 우리 시대에 갖는 의미는 무엇인지에 대해 새롭고 사려 깊은 분석을 하도록 요청한다. 성경이 내러티브를 활용하는 것은 의도적이며, 이 흥미로운 성경의 장르를 더 많이 그리고 더 효과적으로 활용하도록 문을 열어준다.

이와 동시에 우리는 심각한 함정을 경계해야 한다. 내러티브는 커뮤니케이션에 있어서의 그 모든 매력에도 불구하고 우리가 미처 눈치 채지 못하는 심각한 한계를 지니고 있다. 내러티브는 그 임의적 성격으로 인해서 교리의 근거가 될 수 없다는 것이다. 그것은 단회적인 사건이며 따라서 일반화할 수 없는 성격의 것이다. 자유주의자들은 탕자의 비유눅 15장에 근거해서 구원론을 세우고자 하는데, 그들의 구성에는 십자가도 속죄도 요구되지 않는다. 이 비유는 속죄에 대한 아무런 언급도 담고 있지 않다. 이와 비슷하게 자유주의자들은 마태복음 25장 31-46절에 나오는 양과 염소의 비유에서 구원론의 보화를 발견한다. 심판에서 용납되는 문제는 선행과 자비심에 좌우되며, 결국 생생한 펠라기우스주의에 귀착하고 만다. 말할 필요도 없이 또다시 그리스도의 십자가는 관계없는 것이 되고 만다. 우리 주님이 십자가를 지신 이야기는 매우 감동적이지만 그 자체만으로는 속죄의 교리를 드러내지 않는다. 즉, 왜 그리스도가 죽으셔야 했으며, 그 죽음이 어떻게 우리의 죄와 관련되는지를 밝혀주지 않는다는 것이다. 따라서 우리는 "그리스도께서 경건치 않은 자를 위하여 죽으셨도다" 롬 5:6 라는 설명과 "하나님이 죄를 알지도 못하신 자로 우리를 대신하여 죄를 삼으신 것은 우리로 하여금 저의 안에서 하나님의 의가 되게 하려 하심이니라" 고후 5:21 는 설명을 듣기 위해 성경의 교훈적인 부분이 필요하다. 다시 말해서, 하나님의 권능의 행동은 권위 있는 해석을 필요로 한다는 것이다. 그 이야기는 무엇을 의미하는가? 때로 해석은 바로 그 본문에 있거나, 예수님의 비유들에서처럼 그 문맥 안에 있다. 모든 설교자가 알고 있는 것처럼 예화는 주장하는 요점을 둘도 없이 명료하게 하거나, 그 요점을 감정적으로 더욱 풍성하게 만든다.

"믿음은 들음에서 난다" 롬 10:17 는 진리를 보여주기 위해서 모든 믿는 자의 조상인 아브라함의 삶과 경험에 나타나는 불시험을 거치는 믿음의 성장 과정을 추적하는 것보다 더 나은 방법이 있겠는가? 거룩한 것과 속된 것이라는 가치의 변증법은 야곱과 에서의 삶에서 생생하고 실제적인 것이 된다. 먼저 고난이 오고 그후에 영광이 온다는 진리는 요셉의 경험에서 예시된다. 4천 년 전에 일어난 사건들에서 가져온 이 강력한 내러티브들은 우리의 마음을 사로잡고 설득하는 실존적인 직접성을 지니고 있다.

우리 설교자들이 종종 빠져드는 맥 빠진 도덕적 설교를 피하기 위해서 우리는 우리 주님의 입술에서나 사도들의 펜에서 나오는 교리적 원리들을 붙잡아야 한다. 물론 우리는 다윗 왕의 식탁에 앉은 므비보셋 이야기삼하 9장 로부터 칼빈주의의 5대 강령을 예증하기 원했던 어떤 존경받던

형제처럼 내러티브 위에 신학을 덮어씌우는 것을 매우 경계해야 한다. 전적 타락은 두 발을 절름거리는 것과 연결시킬 수 있다 해도, 제한 속죄는 어디서 찾아야 한단 말인가?

시편이나 서신서에 설명되어 있는 하나님의 섭리의 원리에 근거해서 청중을 설득하는 쪽이 현자 사무엘 존슨Samuel Johnson이 가장 완벽한 단편 소설이라고 부른 놀라운 작은 책 룻기를 고려하는 것보다 훨씬 더 낫다. 그러나 룻기는 이야기 이상의 것이다. 룻기에서 우리는 하나님이 어떻게 메시아의 족보를 발전시켜가셨는지 그리고 이방인들의 어둠에서 벗어나 믿음의 여정에 들어선 한 젊은 여인을 어떻게 공급하셨는지를 볼 수 있다. 이 점이 바로 엘리에셀이 이삭의 아내를 구하는 이야기를 들려주는 저자의 의도였음에 틀림없다창 24장. 에스더서는 반유대주의의 원흉인 하만 앞에서 유대인들이 처한 잔혹한 운명이 당신의 백성을 구하시고 사용하시는 하나님의 은혜로운 섭리였음을 보여준다. 로마에 가고자 했던 바울의 열정과 그 길이 지체되었던 경험은 어떻게 주님이 그분의 종을 인도하시고 지도하시는지에 대한 많은 통찰을 보여준다롬 1, 15장 참조. 영적 투쟁엡 6장은 다윗 이야기와 하나님의 부르심에 주저하던 영웅 기드온의 경험에서 잘 드러난다. 성화라는 어려운 교리는 로마서 6장에서 벗어나 구약의 내러티브에서 생생하게 펼쳐진다. 바울 자신이 로마서 7장에서 우리에게 털어놓듯이 보다 개인화할 필요를 느꼈다는 사실은 흥미롭다. 이야기들은 교리적 원리를 확립해주지는 않지만 그것을 예증하고 조명해준다.

구약과 신약 모두에서 가장 무시되고 있는 문학적 장르는 선지 문학과 묵시 문학이다. 비록 그 이미지들은 독특하지만 묵시 문학도 일종의 내러티브다. 그것은 직선적이고 드라마틱하다. 점증해가는 성경에 대한 무지는 우리가 성경의 예화들을 사용하는 빈도와 성격을 바꿔놓았다. 그러나 성경의 내러티브들은 우리가 가르치는 설교를 사용할 때 여전히 엄청난 도움과 힘을 대표한다. 가르치는 설교란 바로 성경 강해를 의미하며, "너는 말씀을 전파하라" 딤후 4:2 참조 는 명령에 따른 것이다.

구약은 적용이라는 복잡한 작업을 하는 데 도움이 되기 때문에 우리는 구약을 설교해야 한다

성경을 설교하는 사람에게 가장 힘든 책임 중 하나는 본문을 주의 깊게 적용하는 것으로 이를 위해서는 그때로부터 지금으로 옮겨오는 일이 필요하다. 성경의 권위를 별로 인정하지 않는 좌파 설교학자들 중 어떤 이들은 적용을 마치 윗사람이 돌봐주는 듯 겸손한 척하는 행위라고 여겨왔다. 하지만 강해자는 본문의 의미가 어떻게 동시대에서 중요성을 갖는지를 보여주는 많은 선례들을 본다ㄴ 8:8, 눅 4:21, 딤후 3:16-17 .

십계명은 실제로 하나님이 어떤 분 - "나는 너의 하나님 여호와로라" - 이시며, 무슨 일 - "너를 애굽 땅 종 되었던 집에서 인도하여 낸" - 을 하셨는가에 대한 확대 설명이라고 할 수 있다 출 20:2 . 이것은 성경의 변함없는 패턴 - 교리적인 사실과 실재로부터 품행의 기준이 나오는 - 이다. 신조는 품행으로 이어지고 신념은 행동을 요구한다. 이것이 로마서, 에베소서,

골로새서 그리고 다른 곳에서 드러나는 패턴이다. 어떤 이들은 설교의 다른 어떤 부분에서보다 적용에서 더 많은 이단적 요소가 발견된다고 주장해왔다. 이단이나 도덕주의를 경계하는 필요한 안전 조치는 적용을 본문의 기본적인 신학으로부터 주의 깊게 끌어내는 것이다.

구약의 도덕법은 신학적이다. 구약의 윤리학은 신약에서도 마찬가지인데 하나님의 특성과 성품으로부터 추론된 것이다. 율법은 "거룩하고 의롭고 선하다" 롬 7:12. 왜냐하면 그것은 하나님이 어떤 분이신가로부터 나온 것이기 때문이다. 율법은 결단코 죄인을 구원하기 위한 도구로 의도된 적이 없다 행 13:39, 롬 3:20. 그러나 율법은 "법 있게 합당하게" 딤전 1:8 사용되어야 한다. 다시 말해서, "율법(은) 우리를 그리스도께 인도하는" 갈 3:28 역할을 맡은 것이다. 그리스도께로 옴에 있어서 의롭다 함을 받은 신자는 마치 '성령으로 시작했다가' 우리의 목표를 '육체로 인간적 노력으로' 갈 3:3 이루려는 듯, 그리스도인의 삶을 살기 위해 기어를 바꾸지 않는다. 오히려 "육신을 좇지 않고 그 영을 좇아 행하는 우리에게 율법의(의로운) 요구가 이루어지게" 롬 8:4 된다.

구약 윤리에 대한 카이저의 견고한 작업은 일부일처제, 성적 순결 그리고 가정 생활의 높은 기준 등이 어떻게 하나님은 어떤 분이신가에 대한 독특한 계시로부터 유래되었는지에 대한 우리의 이해를 도와준다. 생명 존중, 나그네와 외국인들에 대한 환대 그리고 개인적인 거룩함 등은 하나님의 백성에게 나타나는 특징이어야 한다. 왜냐하면 하나님이 거룩하신 분이기 때문이다 레 19:2, 20:7, 26, 21:8. 우리가 이웃과 곤경에 처한 사람들을 어떻게 대해야 하는가가 주의 깊게 고찰된다. 우리가 어떻게 재물과 소유를 다루어야 하는가도 언급된다. 진리와 공의의 표준이 확실하게 다뤄진다. 교회의 소명을 지상에 신정주의theocracy를 다시 세우는 것으로 보는 신정주의자들theonomists과 주권 신학자들dominion theologians과는 달리 우리는 하나님의 이 보배로운 뜻이 드러나는 것을 계시된 진리의 적용을 위한 모델로 보고자 한다. 더욱이 이 독특한 계명들의 집합체는 신약에서 재확증되고 있다 안식일 법을 제외하고. 그중에서도 구약이 동성애와 낙태에 대해 말하는 것이야말로 가장 적절하다.

적용에 도움을 주는 또 다른 자료는 구약의 지혜 문학이다. 시편은 예배와 찬양에 대해 우리가 가지고 있는 역사상 첫번째 책이다. 우리는 다윗의 이름이 붙어 있는 73개의 시편들 안에서 신성한 진리의 적용을 관찰하게 된다. 그 시편들은 다윗의 승리와 시험, 도덕적 붕괴 그리고 그의 가족 안의 긴장 상태와 같은 상황에서 쓰여졌다. 잠언은 "위로부터 오는 지혜" 약 3:13-18를 따라 사는 삶에 대한 무한한 통찰을 제공해준다. 여기서 우리는 가족 간의 유대, 술에 대한 경고, 사회적 책임 그리고 대인 관계 등에 대해 배운다. 게으름의 어리석음, 진리를 왜곡하는 위험 그리고 환대의 유익 등이 우리 앞에 생생하게 펼쳐진다.

그렇다면 적용의 과정은 적용되어야 할 성경의 원리를 주의 깊게 미묘한 점까지 식별하는 일, 구약의 경이들이 포함된 적합한 평행점들 성경의 유추, analogia scriptura에 대한 관련된 본문들의 탐구 그리고 최근의 시사점과 일화 또는 호소 등을 통해서 현대적 상황에 그 원리를 명확하게 위치시키는 일 등을 포함하는 것이 타당할 것이다.

종합해서 말한다면, 우리는 절묘하게 아름답고 고귀한 구약이 우리

시대 설교자들의 많은 설교에 필요한 자원이 되는 네 가지 중요한 측면을 보여주고자 노력했다. 신약이 우리에게 더욱 의미 있을수록 구약 또한 우리에게 더욱 의미 있는 것이 될 것이다.

    하나님께 영광을!

연구 및 적용 질문

1. 구약은 그 뒤에 나오는 모든 내용을 위해 어떻게 기초를 형성하는가?
2. 구약은 메시아를 고대하는 측면에 있어서 어떤 기능을 담당하는가?
3. 설교자들이 구약의 내러티브 문학을 다룰 때 씨름해야 할 중요한 이슈들은 무엇인가?
4. 당신이 설교에서 구약의 본문을 적용하고자 할 때 당면하게 되는 도전은 무엇인가?
5. 당신은 이 장에서 어떤 도움을 받을 수 있을지, 또 그것들을 어떻게 당신의 설교 준비에 활용할 수 있을지를 생각해보라. 당신의 계획은 무엇인가?

추천 도서

- Chapell, Bryan. *Christ-Centered Preaching*. Grand Rapids: Baker, 1994, 2005.

- Clowney, Edmund P. *Preaching Christ in All of Scripture*. Wheaton: Crossway, 2003.

- Greidanus, Sidney. *Preaching Christ from the Old Testament*. Grand Rapids: Eerdmans, 1999.

- Kaiser, Walter C., Jr. *The Messiah in the Old Testament*. Grand Rapids: Zondervan, 1995.

- _____. *Toward Old Testament Ethics*. Grand Rapids: Zondervan, 1983.

11. 구약 전도 설교

로버트 콜만(Robert E. Coleman)

학계에 몸담고 있는 사람 중 월터 카이저보다 이 장의 주제에 더 영예를 부여한 사람은 없었다. 그뿐 아니라 그는 1641년에 하버드 칼리지 Harvard College 의 창립자들이 다음과 같이 표현한 미국 고등 교육의 최상의 전통에 우뚝 서 있다. "모든 사람은 자신의 삶과 공부의 주된 목적이 하나님과 예수 그리스도를 아는 것임을 고려해야 한다. 그것이 영생이기 때문이다."[1]

물론 사람들이 그리스도를 알도록 이끄는 일은 회심자를 만들어내는 것 이상의 일임을 우리는 안다. 지상 명령은 우리가 '제자를 삼아'야 한다고 규정한다. 이 제자라는 말은 예수님을 따르며 배우는 자들을 의미한다마 28:19-20.[2] 전도는 구세주와 주님 되신 그리스도를 선포하는 것이다. 하지만 로잔 언약Lausanne Covenant 에서 밝혔듯이 "복음의 초청을 제시할 때 우리는 제자도의 대가를 숨겨서는 안 된다."[3]

그렇다면 설교가 특별히 전도 설교가 되게 하는 요소는 무엇인가? 먼저 짚고 넘어가야 할 것은, 모든 기독교 설교는 그것이 개인 구원에 필요한 사실들을 선포하는 것이든 아니면 어떤 위대한 도덕적 진리를 가르치는 것이든, 어떤 방식으로든 모든 이름 위에 뛰어난 예수님의 이름을 높여야 한다는 것이다. 그러나 보다 더 전문화된 의미에서 전도 설교는 구원의 메시지, 즉 그리스도의 주장에 대해 참 믿음과 순종으로 반응할 것을 기대하는 메시지와 관련되어 있다. 그러한 설교는 어떤 특정한 종류의 설교나 설교학적 방법을 요구할 필요가 없다. 오히려 전도 설교는 우리의 죄를 위해 죽으시고 무덤에서 부활하사 승리하신 하나님의 아들에 대한 헌신을 요청하는 것이 특징이 되는 설교다.[4]

그리스도께 초점을 맞춤

나는 전도 설교를 준비할 때 세 가지 원리를 염두에 둘 것을 제안한다. 이 기준이 물론 전부는 아니지만, 적어도 몇 가지 기본 지침들은 제공한다.

먼저 출발점은 예수님이다. 그리스도가 빠진 설교를 하는 것은 누룩 없이 반죽을 부풀게 하려는 것과 같다. 찰스 스펄전이 "언제 어디서나 그리스도를 전파하시오. 그분이 복음의 전부요"[5]라고 학생들에게 말한 것은 옳다. 성경은 예수님 안에서 살아난다. 그분은 육신이 되신 말씀이시다. 요한은 성경의 전부를 포괄하는 이 주제를 요약하면서 이렇게 말했다. "오직 이것을 기록함은 너희로 예수께서 하나님의 아들 그리스도이심을 믿게 하려 함이요 또 너희로 믿고 그 이름을 힘입어 생명을 얻게 하려 함이니라" 요 20:31.

요한의 말이 신약에만 해당된다고 생각하지 말라. 예수님이 다음과 같이 말씀하셨을 때 존재했던 성경은 구약뿐이었음을 기억하라. "너희가 성경에서 영생을 얻는 줄 생각하고 성경을 상고하거니와 이 성경이 곧 내게 대하여 증거하는 것이로다" 요 5:39. 주님은 그 당시의 성경을 자신에 대한 증거로 받아들이셨음이 분명하다 눅 4:16-21, 참조-사 61:1-2.

예수님이 부활하신 후 엠마오로 가는 두 제자와 말씀을 나누신 이야기를 예로 들어보자. "이에 모세와 및 모든 선지자의 글로 시작하여 모든 성경에 쓴 바 자기에 관한 것을 자세히 설명하시니라" 눅 24:27, 참조-신 18:15, 사 7:14, 9:6, 40:10-11, 53:1-12. "또 이르시되 이같이 그리스도가 고난을 받고 제 삼일에 죽은 자 가운데서 살아날 것과 또 그의 이름으로 죄 사함을 얻게 하는 회개가 예루살렘으로부터 시작하여 모든 족속에게 전파될 것이 기록되었으니" 눅 24:46-47.

사도들은 주님과 같은 방식으로 구약을 선포하는 것을 배웠다 행 2:14-34, 3:11-26, 8:35, 13:23-35, 17:2-11, 고전 15:3-4. 그들은 그리스도 안에서 구약에 적힌 모든 것이 성취된 것을 보았다. 구속사의 모든 진전은 구세주의 인격, 사역 그리고 가르침에 초점이 맞춰져 있다 마 1:23, 막 1:1-3, 눅 1:1-3:37, 요 1:1-18.[6]

그리스도를 그 중심에 둠으로써 구약과 신약은 은혜의 복음에 대한 아름다운 통일된 증거 안에서 하나가 된다. 이 말은 구약이 전적으로 메시아에 대한 것이라는 뜻은 아니다. 왜냐하면 "하나님의 감동으로 된" 거룩한 문서들은 "교훈과 책망과 바르게 함과 의로 교육하기에 유익하니 이는 하나님의 사람으로 온전케 하며 모든 선한 일을 행하기에 온전케 하"딤후 3:16-17 기 때문이다. 물론 온전케 하는 성경의 목적 중 많은 부분은 제자들의 지상 명령 사역을 개발함으로써 전도와 관련되어 있다. 그러나 무엇보다도 성경에 대한 복음 전도적 접근은 "그리스도 예수 안에 있는 믿음으로 말미암아 구원에 이르는 지혜"를 얻게 하는 방법을 찾는다.

시드니 그레이다누스Sidney Greidanus는 「구약에서 그리스도를 설교하기Preaching Christ from the Old Testament」라는 그의 책에서 그리스도 중심적 해석의 형태를 취하는 일곱 가지 방식을 소개한다.7 한 가지 방법은 성경의 본문을 하나님의 구속 계획이 역사적으로 진행되는 과정 안에서 보는 것이다. 하나님의 구속 계획은 역사를 통해 이루어지며, 이 역사는 창조에서 시작해서 이스라엘을 지나 그리스도에 이르고, 그후에는 교회로 그리고 마지막으로는 새 창조에서 정점을 이룬다. 또 다른 접근법은 약속의 성취를 따라 진행하는 것이다. 먼저 창세기 3장 15절에서 시작해서 아브라함창 12:1-3 으로, 그리고 다윗삼하 7:16 으로 이어지면서 메시아에 대한 약속이 점점 더 증가되는 것을 볼 수 있다.8

구약 본문에 나오는 모형type 에서 출발하여 그리스도 안에서 그 모형의 대형anti-type 을 찾는 모형론도 또 다른 방법을 제공한다. 또는 이스라엘을 향한 하나님의 메시지와 교회를 향한 그리스도의 메시지 사이의 관계를 보여주는 유추의 방법을 따를 수도 있다. 경도적longitudinal 방법은 구약의 주제를 추적하여 신약의 그리스도께 이르는 것이다. 또 다른 방법은 구약을 인용하거나 언급하는 신약의 본문을 취해서 그리스도께 연결시키는 것이다. 마지막 방법은 예수님이 구약의 본문과 대조시키시는 것을 보여주는 것이다. 이 여러 방법들의 요점은 가장 설득력 있는 증거를 끌어낼 수 있는 방법을 선택하는 것이다.

예를 들면, 피라는 주제는 이 접근법 중 어느 것에 의해서도 발전시킬 수 있다. 이 용어는 성경에 460회 나오며, 그 중 362회가 구약에 나온다.9 제단, 제사, 제물, 언약, 속죄, 구속 그리고 다른 여러 관련된 개념들이 포함될 때, 피는 우리를 그리스도의 십자가로 이끄는 수없이 많은 길을 보여준다.

나는 발뒤꿈치의 일부가 잘려나간 상처를 지닌 채 케냐의 한 선교 병원을 찾아온 어떤 소년에 대한 이야기를 한 선교사로부터 들었다. 그는 정글에서 친구와 함께 풀을 베다가 사고를 당했다. 그 두 소년은 그 사고에 대해 아무에게도 말하지 않은 채 들을 건너 선교 본부를 찾아왔다. 그들은 여기에 오면 도움을 받을 수 있다는 것을 알았다. 그 작은 발이 흙바닥에 닿을 때마다 피의 흔적이 남았다. 여행은 길고 힘들었지만 그들은 마침내 도착했다.

얼마 후에 그 소년의 어머니가 나타났다. 의사들은 그녀가 어떻게 길을 알았는지 의아했다. 병원으로 인도하는 표지판들이 있는 것도 아니었고, 그렇다고 그녀가 전에 이 길을 와본 적도 없었다.

의사들은 "어떻게 길을 찾으셨나요?"라고 물었다. 자신의 아들을 찾게 되어 기쁨에 넘친 여인은 이렇게 대답했다. "오, 아주 쉬웠어요. 나는 핏자국을 따라왔지요."

이보다 훨씬 더 심오한 의미에서 우리도 마찬가지 방법으로 그리스도를 찾아온다. 그 길은 때로 거칠고 많은 어려움으로 우리를 이끌지만, 우리는 길을 잃어버릴까봐 염려할 필요가 없다. 우리는 그저 그분의 발자국을 따라가면 된다. 그 발자국은 찾기 쉽다. 왜냐하면 핏자국이 묻어 있기 때문이다. 구약이든 신약이든 피는 우리를 그리스도께로 이끈다.[10]

어떤 방식으로 전개되든지 전도 설교는 그리스도를 높인다. 그분은 복음, 즉 '좋은 소식'이 성육신하신 분이며, "세상 죄를 지고 가는 하나님의 어린 양"요 1:29, 비교. 창 22:8, 사 53:7 이시다. 그분 안에서 모든 구속의 진리는 시작하고 끝난다. "다른 이로서는 구원을 얻을 수 없나니 천하 인간에 구원을 얻을 만한 다른 이름을 우리에게 주신 일이 없음이니라 하였더라"행 4:12.

하나님 나라의 조망

구약으로 전도 설교를 준비할 때 기억해야 할 두 번째 원리는 창조와 구속에 존재하는 하나님의 목적이 그분의 나라의 도래에서 완성됨을 보는 것이다.

하나님은 그분의 영광을 단지 창조 세계의 장엄함에서뿐 아니라, 그분을 알고 그분과의 사랑의 관계 안에서 그분을 영원토록 즐거워하는 사람들 안에서 드러내기를 원하셨다. 이 목적을 위해 그분은 남자와 여자를 그분의 형상을 따라 지으셨고, 그들에게 "생육하고 번성하여 땅에 충만하라, 땅을 정복하라, 바다의 고기와 공중의 새와 땅에 움직이는 모든 생물을 다스리라"창 1:28는 명령을 주셨다.

이 위대한 명령이 종종 그 영적 적용에 있어서 잊혀지는 것처럼 보이는 것은 사실이지만, 인류를 향한 하나님의 계획은 결코 바뀐 적이 없다. 그분은 처음부터 그분을 닮은 인류, 그분을 찬양하기를 쉬지 않는, 그분의 거룩하심 안에서 아름답게 빚어진 사람들을 일으키셔서 지상에 편만하게 하실 것을 의도하셨다계 7:9-10.

아담과 하와의 반역은 하나님의 심판을 불러일으켰고, 인류에게 죽음을 가져왔지만, 그렇다고 그 일이 하나님의 창조 목적을 바꾼 것은 아니었다. 동산에서 벌어진 그 참사로부터 하나님은 뱀의 모양으로 나타난 사탄의 머리를 "상하게" 할 여인의 "후손"을 일으키시리라고 약속하셨다창 3:15. 이 절은 '원복음protoevangelism'이라고 불린다. 승리의 구세주가 오시는 것과 세상을 향한 하나님의 계획이 궁극적으로 완성되리라는 것은 확실히 보장되었다.

그분의 목적은 아브람을 부르신 일에서 확실히 드러난다. 하나님은 그를 부르셔서 옛 생활을 버리고 하나님이 그에게 보여주실 땅으로 하나님과 함께 갈 것을 명하셨다. "내가 너로 큰 민족을 이루고 네게 복을 주어 네 이름을 창대케 하리니 너는 복의 근원이 될지라 너를 축복하는 자에게는 내가 복을 내리고 너를 저주하는 자에게는 내가 저주하리니 땅의 모든 족속이 너를 인하여 복을 얻을 것이니라"창 12:2-3.

그 약속은 아브람과 사라가 믿음으로 움직였을 때 계속해서 반복되었다창 13:14-17, 15:4-21, 17:1-8, 18:1-19, 22:15-18. 후에 이와 똑같은 예언의 말씀이 이삭에게도 주어졌고창 26:4, 23-24, 그의 아들 야곱에게도 반복되었다창 28:14-15, 35:9-12.

아브라함의 후손들은 세상을 향한 하나님의 증인이 되도록 택함을 받았다. 족장 아브라함이 주님 앞에서 조심스럽게 행했던 것처럼 그의 자손들도 흠 없는 삶을 살아야 했다. 그들에게 그러한 품행을 어떻게 개발할 것인지 가르치기 위해 하나님은 모세에게 율법을 주셨다. 하나님에 대한 사랑이 동기가 되어 이 계명들을 순종하면 이스라엘 백성은 독특하게 아름다운 성품을 갖게 될 것이었다.

이것이 구약에 드러난 하나님의 전도 전략이었다. 유대인들은 그들 주변의 타락한 국가들과는 도덕적으로 달라야 했으며, 그 결과 사람들이 그들의 거룩한 삶을 보고 그들의 하나님을 알게 해야 했다. "네가 알지 못하는 나라를 부를 것이며 너를 알지 못하는 나라가 네게 달려올 것은 나 여호와 네 하나님 곧 이스라엘의 거룩한 자를 인함이니라 내가 너를 영화롭게 하였느니라" 사 55:5, 참조-슥 8:23 고 이사야는 쓰고 있다.

하지만 아브라함의 자손들은 그들의 창조주요, 주님 되신 분의 모습을 거의 드러내지 못했다. 오히려 그들은 그들 자신의 욕심과 자기 중심적인 길에 집착한 나머지 율법과 그들의 사명을 잊어버린 적이 더 많았다. 감사한 것은 이스라엘 안에는 언제나 신실함을 지켰던 남은 자들이 있었다는 것이다. 또 때로 구약 시대를 통하여 간헐적으로 부흥의 시기가 있었다. 하지만 대개 그 시기는 짧았고, 그들은 그들 주변의 잃어버린 나라들에 대한 전도적 관심을 거의 갖지 못했다. 니느웨의 예-이때도 하나님이 요나의 불순종을 누르셨기에 가능했다-를 제외하곤 이방 국가에까지 미친 의미 있는 부흥은 일어난 적이 없었다.

그럼에도 불구하고 하나님은 당신의 백성 앞에서 세상을 위한 당신의 계획이 이루어질 날이 올 것이란 기대를 포기하지 않으셨다. 그 일은 아브라함의 자손을 통하여 이루어질 것이며, "땅 끝까지 구원을 가져올"사 49:6 메시아의 오심으로 이루어질 것이었다. "그 정사와 평강의 더함이 무궁하며 또 다윗의 위에 앉아서 그 나라를 굳게 세우고 지금 이후 영원토록 공평과 정의로 그것을 보존하실 것이라 만군의 여호와의 열심이 이를 이루시리라"사 9:7.11

하나님의 나라라는 이 주제는 성경 전체를 관통한다. 물론 하나님은 본래 모든 나라 위에 계신 왕이시다왕하 19:15, 사 6:5, 렘 46:18. 그러나 특별한 의미에서 그분은 이스라엘의 왕으로서출 15:17-18, 신 33:5, 사 43:15 그들의 역사 안에서 당신의 영광을 드러내신다. 하지만 하나님의 나라는 비록 다윗에 의해 예시되긴 했지만, 그들의 경험 속에서 결코 완전히 실현된 적이 없었다.

다니엘은 이 고대하던 왕을 이렇게 묘사했다. "인자 같은 이가 하늘 구름을 타고 와서 옛적부터 항상 계신 자에게 나아와 그 앞에 인도되매 그에게 권세와 영광과 나라를 주고 모든 백성과 나라들과 각 방언하는 자로 그를 섬기게 하였으니 그 권세는 영원한 권세라 옮기지 아니할 것이요 그 나라는 폐하지 아니할 것이니라"단 7:13-14. "지극히 높으신 자의 성도들이 나라를 얻으리니 그 누림이 영원하고 영원하고 영원하리라"단 7:18.

이 본문의 많은 부분이 아직까지 불분명한 것은 사실이지만 우리는 묵시록적 인자의 궁극적 승리라고 하는 그 중심 되는 강조점을 놓칠 수 없다. 인자는 예수님이 자신을 가리키실 때 가장 많이 사용하신 말이다. 그분은 이 칭호를 쓰실 때마다 장차 올 그분의 통치에 대한 예언 이상의 것을 의미하셨다. 그분에게는 이미 그 통치가 임하고 있었던 것이다. 언약을 통해 주어졌고, 율법 안에 구현되었으며, 이스라엘의 국가 안에 모형이 제시되었고, 선지자들이 꿈꾸었던 바로 그 일이 주님의 삶과 사역에서 이루어졌던 것이다. 그분 안에서 하나님의 나라는 임했고, 임하고 있었다.

하나님의 나라는 왕이신 그분이 주님이 되셔서 섬김을 받으실 때, 구원이라는 영적 실재의 관점에서 현재 임하고 있다눅 17:20-21, 참조-16:16, 마 18:3, 요 3:5. 그것은 주님의 날에 하나님의 나라가 완성될 때, 하나님 나라의 복음이 온 세상에 전파될 때마 24:14, 그리고 왕께서 그분의 나라를 영원히 다스리시기 위해 영광의 구름을 타고 오실 때 이루어질 미래의 것이다.

이 소식이 전도에 얼마나 놀라운 기회를 제공하는가! 성경에 나오는 모든 구원에 관한 주제는 여기에 집약된다. 역사는 그 목표를 향해 움직이고, 모든 무릎이 꿇고, 모든 입이 예수 그리스도를 주님으로 고백하는 날이 올 것이다. 다가오는 심판의 확실성이 느껴질 때 영원이 뿌리를 내리고 설교는 기대감에 충만해질 것이다.

영혼의 탐색

전도 설교를 준비할 때 주의를 기울여야 할 마지막 원리가 있다. 설교자는 청중으로 하여금 구원의 필요성을 보게 해야 한다는 것이다.[12] 우리의 메시지는 영혼을 탐색하는가?

이 질문에 답하기 위해 설교자는 설교의 대상인 청중을 눈에 그려보아야 한다. 그들의 상황에 민감하려고 노력하면서 말이다. 청중의 마음에 와닿는 설교는 청중이 머물고 있는 그 자리에서 그들을 만난다. 설교자는 그들의 관심과 설교 주제에 대한 그들의 태도를 알아야 한다. 청중의 배경을 앎으로써 설교자는 적용을 보다 직접적으로 만들 수 있다.[13]

그러기 위해선 근본적인 죄의 문제를 뿌리 뽑아야 한다. 구약은 동산에서의 타락에서 시작해 하나님을 대적하는 인간의 모습을, 창조자의 뜻을 경멸하고 자신이 손으로 만든 것을 거짓 신으로 섬기는롬 1:21-23 피조물의 모습을 보여준다. 인간이 타락한 궁극적인 표현은 그들의 구세주를 거부하는 것에서 드러난다사 53:3, 요 1:10-11.

이러한 신성 모독을 하나님은 결코 용납하지 않으신다. 그것은 하나님의 거룩하심과 사랑에 대한 모욕이기 때문이다. 따라서 불경한 자들은 필연적으로 그분으로부터 분리될 수밖에 없다. 더욱이 죄악에 대한 그분의 진노는 악의 원인이 남아 있는 한 무효화될 수 없다. 인간의 운명은 영원한 것이기 때문에 죄의 모든 영적 결과는 영원히 지옥에서 지속될 수밖에 없다.

따라서 주님의 두려우심을 아는 설교자는 죄의 핵심을 건드려야 한다. 한편으로는 반역자의 죄가 얼마나 큰 것인지를 강조하고, 다른 한편으로는 그의 멸망이 급속히 이를 것을 깨우침으로써 설교자는 인간의 양심을 일깨워야 한다. 구약에서는 셀 수 없이 여러 번 죄의 지독함이 생생히 묘사된다. 한 번의 메시지에서 모든 종류의 죄를 다 다룰 수는 없지만, 적어도 불신과 불순종이라는 기본적인 문제만큼은 드러낼 수 있다. 이와 더불어 당면한 상황에 대한 몇 가지 구체적인 적용도 제시할 수 있을 것이다.

전도 설교자는 자신의 설교 대상에 대해 조금도 혼동해서는 안 된다. 그는 이론적인 죄가 아니라 실제적인 죄인에 대해 말하고 있는 것이다. 물론 예의와 적절한 감각을 갖추어야 하지만, 좋은 설교는 죄인들의 속을 파고듦으로써 그들로 하여금 성령의 책망 아래 꿈틀거리게 해야 한다. 개인적으로나 집단적으로 인간의 재앙의 근본 원인을 다루지 않는 설교는 인간의 필요와 무관할 뿐이다.

설교는 그 구조가 어떠하든지 설득력 있는 논리적 과정을 따라야 한다. 균형 잡힌 훌륭한 개요는 이 목표를 위해 매우 효과적이다. 요점이 본문에서 자연스럽게 흘러나와야 한다. 그뿐 아니라 한 요점이 다른 요점에 근거하도록 구성해야 하며, 생각의 전개가 결단을 촉구하는 쪽으로 나아가게 해야 한다. 이 일이 잘 이루어지면 초청은 필요할 뿐 아니라 자연스럽게 여겨진다.

이 촉구를 어떻게 이끌어낼 것인지는 성령이 인도하시는 상황에 달려 있다.[14] 설교자는 설교를 준비할 때 이 문제를 놓고 많이 생각하고 기도해야 한다. 전도 설교는 반응을 촉구한다. 마치 동산에서 우리 조상들이 범죄한 후에 하나님이 "네가 어디 있느냐?" 하고 물으신 것과 같다 창 3:9.

이 질문에 대해 구약이 우리로 답하게 만드는 방식 중 하나는 커다란 위기 때에 나타난다. 하나님은 계속 죄에 거할 때 뒤따르는 결과에 대해 경고하신다. 그러나 그분은 동시에 그들이 참으로 회개하고 그분께로 돌이키면 자비를 베푸신다. 불행하게도 노아의 세대는 이 부르심을 듣지 않았고 창 6:1-7:22, 벧후 2:5, 소돔과 고모라의 거민들 또한 마찬가지였다 창 18:14-19. 예수님은 반역하는 백성들에게 임하는 하나님의 심판의 예로 이 두 경우를 인용하셨다 마 24:37-39, 10:15. 하지만 다른 경우에는, 커다란 재앙의 위협이 있을 때 하나님이 당신의 약속에 따라 구원을 베푸셨다. "내 이름으로 일컫는 내 백성이 그 악한 길에서 떠나 스스로 겸비하고 기도하여 내 얼굴을 구하면 내가 하늘에서 듣고 그 죄를 사하고 그 땅을 고칠지라" 대하 7:14. 이 약속의 도전에 대해 사람들이 반응했던 구약의 부흥의 사례들을 살펴보면 구원의 복된 소식을 어떻게 전해야 할지 많은 적용거리를 얻을 수 있다.[15]

가장 훌륭한 그리고 가장 널리 영향을 끼친 구약 전도 설교의 한 예는 오순절에 베드로가 한 설교다 행 2:14-41.[16] 눈앞의 상황에 대한 설명에서 시작해서 그는 성령의 임하심을 요엘의 예언과 연관시키고, 그 적용을 복음과 연관시킨다. "누구든지 주의 이름을 부르는 자는 구원을 얻으리라 하였느니라" 행 2:16-21, 참조-욜 2:28-32.

베드로는 청중의 관심을 사로잡은 후에 구세주에 대한 그들의 필요에 답한다. 그분은 '나사렛 예수'로서 '인간'으로 인류와 하나가 되신 하나님이시다. 그분에 대한 하나님의 보증은 그들 앞에서 베푸신 "큰 권능과 기사와 표적"이었다. 이 일은 그들도 아는 바였다22절.

그후 그는 예수님이 사람들에게 '내어준 바' 되신 갈보리로 옮겨간다. 이 일은 우연이 아니었다. 약속의 구세주가 자신을 세상의 죄를 위해 내어주신 것은 "하나님의 정하신 뜻과 미리 아신 대로" 된 것이었다. 이 일에 책임이 있는 자가 누구인지에 대해 조금도 의심의 여지를 남겨두지 않고 베드로는 "너희가 법 없는 자들의 손을 빌어 못 박아 죽였"다고 밝힌다23절.

그들의 죄책을 명확히 밝히고, 그리스도께서 자원하셔서 속죄의 제물이 되신 사실을 선포한 후에 설교자는 이제 승리에 찬 목소리로 외친다. "하나님께서 사망의 고통을 풀어 살리셨으니 이는 그가 사망에게 매여 있을 수 없었음이라" 24절. 이 얼마나 장엄한 선포인가!

이 중심 되는 진리를 자세히 풀어 설명하면서 그는 시편에서 다윗이 한 말을 길게 인용한다. 다윗은 "미리 보는 고로 그리스도의 부활하심을 말하되 저가 음부에 버림이 되지 않고 육신이 썩음을 당하지 아니하시리라" 31절', 참조-시 16:8-11고 했다. 베드로는 이 구약의 증거에 더해서 자신의 개인적 증거, 즉 다른 사도들과 공유하고 있는 경험을 말한다32절.

예수님의 높아지심은 하늘 보좌로의 승천으로 이어진다. 예수님은 "하나님의 오른손"으로 높임을 받으시고, "그가 약속하신 성령을 아버지께 받아서 너희 보고 듣는 이것을 부어 주셨다"33절. 베드로는 자신의 요점을 더 강화하기 위해 그리스도의 통치가 다윗의 통치와 어떻게 대조되는지를 지적한다. 다윗은 "주께서 내 주에게 말씀하시기를 내가 네 원수로 네 발등상 되게 하기까지는 너는 내 우편에 앉았으라 하셨도다" 34-35절, 참조-시 110:1 라고 고백했지만 자신은 하늘에 오르지 못했다. 유대인 청중이 존중하는 성경의 말씀으로 확증하면서 베드로는 이제 담대하게 선포한다. "그런즉 이스라엘 온 집이 정녕 알지니 너희가 십자가에 못 박은 이 예수를 하나님이 주와 그리스도가 되게 하셨느니라" 36절.

이 말들은 청중의 마음에 강한 책망으로 다가왔고, 그들은 "이 말을 듣고 마음에 찔"렸다. 그들은 자신들의 죄의 무게에 눌려 전도자와 그의 동료들에게 이렇게 외쳤다. "형제들아 우리가 어찌할꼬?" 37절

이 시점에서 베드로는 청중을 초청한다. "너희가 회개하여 각각 예수 그리스도의 이름으로 세례를 받고 죄 사함을 얻으라 그리하면 성령을 선물로 받으리니" 38절. 이렇게 설교는 참으로 믿는 모든 자들에게 값없이 주어지는 새로운 삶의 약속으로 이어진다. 더군다나 베드로의 초청은 그날 예루살렘에 모인 그 사람들에게만 국한된 것이 아니었다. 그 초청은 그들의 '자녀들'과 "모든 먼 데 사람 곧 주 우리 하나님이 얼마든지 부르시는 자들에게 하신 것" 39절이었다.

이 초청이 멋있게 들린 것은 사실이지만, 베드로는 복음의 초청을 받아들이지 않는 자들에게 주는 엄중한 경고를 덧붙이지 않고는 설교를 마칠 수 없었다. 그의 목소리에는 깊은 연민에서 비롯된 진지함이 있었다. 그는 구약의 선지자들처럼 이렇게 호소한다. "너희가 이 패역한 세대에서 구원을 받으라" 40절.

이런 종류의 설교에 대해 사람들이 어떻게 생각하든지 간에 신약의 교회를 탄생시킨 것은 바로 이 설교였다. 그리고 나는 이렇게 덧붙이고

싶다. 오늘날 우리에게는 이런 설교가 더 많이 필요하다고.

이런 식의 설교 준비를 할 때 나는 지난 세대에 하나님의 말씀의 사역자로 많은 사랑을 받았던 로버트 머레이 맥체인Robert Murray McCheyne을 떠올리게 된다. 이 유명한 설교자가 죽기 몇 년 전에 한 젊은 목사가 그의 놀라운 영향력의 비결을 배우기 위해 맥체인의 교회를 찾아갔다. 그 교회의 관리인은 이 젊은 목사를 제의실로 데리고 가서 그 위대한 설교자가 사용하던 의자에 앉게 했다.

"자, 이제 당신의 팔꿈치를 책상 위에 얹으시오. 그리고 얼굴을 당신 손 안에 묻으시오"라고 말했다. 젊은 목사는 그대로 순종했다. "이제 눈물이 떨어지게 하시오. 맥체인 목사는 그런 식으로 해왔소!"

그 뒤 관리인은 이 젊은 목사를 강대상으로 데리고 가서 새로운 지침을 알려주었다. "당신의 팔꿈치를 강대상에 얹으시오." 그는 팔꿈치를 얹었다. "그리고 당신의 얼굴을 손에 묻으시오." 그는 그렇게 했다. "이제 눈물이 떨어지게 하시오. 맥체인 목사는 그런 식으로 해왔소!"17

그렇다. 바로 그런 식으로 해야 한다. 물리적 눈물을 흘리라는 것이 아니라 그 눈물이 보여주는 연민이 모든 설교자의 특징이 되어야 한다는 것이다. 설교자는 잃어버린 영혼들에 대한 안타까움을 느끼고, 그들의 운명이 자신의 설교에 달렸다는 것을 알아야 한다. 다른 모든 조건보다도 모든 사람이 그리스도께로 와서 영생을 취해야 한다고 하는 열정이 있을 때 전도 설교는 그 본연의 사명에 일치할 수 있다.

하버드의 옛 족장들은 설교자는 아니었을지라도 그 학교의 법, 자유, 질서를 확정했을 때 복음 전도자들처럼 생각했다. 불행하게도 그들의 도

발적인 열망은 후대로 가면서 대부분 잊혀졌다. 하지만 그들이 말한 것은 여전히 진실이며, 특별히 전도 설교를 준비하는 복음 사역자들에게는 더욱 그렇다. "모든 사람은 자신의 삶과 공부의 주된 목적이 하나님과 예수 그리스도를 아는 것임을 고려해야 한다. 그것이 영생이기 때문이다."[18]

연구 및 적용 질문

1. 어떤 요인 때문에 설교가 독특하게 전도 설교가 된다고 저자는 말하는가?
2. 그리스도 중심적이 되는 것과 구약 전도 설교는 어떻게 조화를 이룰 수 있는가?
3. 하나님 나라의 조망을 갖는다는 말은 무슨 의미인가?
4. 설교자는 그의 설교를 어떻게 영혼을 탐색하는 설교가 되게 할 수 있는가?
5. 당신은 구약으로 전도 설교를 함으로써 당신의 사역에 어떤 변화를 가져올 수 있는가?

추천 도서

- Graham, Billy, et. al. *Choose Ye This Day: How to Effectively Proclaim the Gospel Message.* Minneapolis: World Wide Publications, 1989.

- Kaiser, Walter C., Jr. *The Christian and the "Old" Testament.* Pasadena: William Carey Library, 1998.

- Larsen, David. *The Evangelistic Mandate.* Grand Rapids: Kregel, 1992.

- Richard, Ramech. *Preaching Evangelistic Sermons.* Grand Rapids: Baker, 2005.

- Perry, Lloyd M., and John H. Strubhar. *Evangelistic Preaching.* Chicago: Moody, 1979.

- Street, R. Alan. *The Effective Invitation.* Old Tappan, NJ: Revell, 1984.

■ 후기

구약 설교

_ 스캇 깁슨(Scott M. Gibson)

월터 카이저는 성경 주해에 대한 자신의 주요 저작에서 이렇게 말했다. "나는 얼마 전부터 사역을 위한 학문적 준비에 어떤 틈새가 존재함을 의식해왔다. 그 틈새는 성경 본문에 대한 연구거의 대부분 히브리어, 아람어, 헬라어 등 원어로 이루어지는와 메시지를 하나님의 백성에게 실제로 전달하는 일 사이에 존재하는 것이다."[1] 이 책은 카이저가 염려했던 틈새를 메우는 일에 바치는 또 하나의 기여다. 그뿐 아니라 이 책은 월터 카이저를 향한 찬사이기도 하다. 그는 구약 설교를 준비하기 위해 본문과 씨름하는 여러 세대의 설교자들을 위해 학식과 모델을 제공함으로써 그 틈새를 메우는 일을 자신의 주된 목표 가운데 하나로 삼아왔다.

이 책 전반에 걸쳐서 저자들은 설교자들이 틈새를 메우기 위해 필요한 자료들을 얻을 수 있도록 배려했다. 설교자들은 히브리어를 활용하고, 다양한 책과 장르를 석의하며, 구약의 문화적 배경을 더 잘 이해하기 위해 노력하고, 구약과 신약의 관계를 파악하는 관점을 얻고자 하며, 족장들의 시대로부터 수십 세기나 떨어진 오늘날의 사람들에게 구약을 설교하는 일의 중요성을 파악하고 있는 사람들이다.

이 책의 모든 장들은 성경 전체가 우리의 권위이며, 우리가 하나님의 뜻을 전하는 일에 부르심을 받은 자들이라는 사실에 대한 헌신을 바탕으로 쓰여졌다. 월터 카이저는 이 헌신을 그의 가르침, 저술, 설교에서 증명했다. 구약 학자인 그는 종종 신약에서도 설교하는데, 다음과 같은 우스갯소리를 하곤 한다. "나는 신약을 좋아합니다. 그것은 구약 다음에 나오니까요."

구약과 신약은 둘 다 중요하다. 다른 한쪽을 배제하면서 어느 한쪽을 설교해서는 안 된다. 수십 년 동안 월터 카이저는 목사들과 교사들이 구약을 이해하고, 확신과 은혜를 바탕으로 그것을 설교할 수 있는 기술을 획득하도록 도왔다. 이 책은 카이저의 친구들과 동료들에 의해 쓰여졌다. 그들은 카이저에게, 그리고 당신의 종 월터 카이저 안에서, 또 그를 통해서 하신 일에 대해 하나님께 감사를 표하기 원한다.

설교자들이 구약 설교를 심각하게 취급한다면 그들은 어느 목사의 다음과 같은 말에 동의할 것이다. "구약의 문화적 세팅은 신약보다 우리에게서 더 멀리 떨어져 있기 때문에 구약을 설교하기가 더 어렵다. 그러나 우리가 해석과 설교를 위한 아이디어를 얻기 위해 열심히 본문을 파고든다면 구약은 놀라운 설교 자료가 될 것이라고 나는 믿는다." 이 책은 설교자들이 바로 그 일, 즉 구약은 설교자들이 놀라운 아이디어를 설교할 수 있는 자료가 된다는 사실을 인식하는 데 기여한다. 이 책의 목적은 바로 설교자들이 구약 설교를 준비하는 것을 돕는 것이다. 너는 말씀을 전파하라. 빠짐없이 전부!

서문

1. John Walton and Andrew Hill, *Old Testament Today*(Grand Rapids: Zondervan, 2004), xiii.

2. Barbara Brown Taylor, "Preaching the Terrors," Journal for Preachers 15, no. 2(1992):3.

3. Elizabeth Achtemeier, *Preaching Hard Texts of the Old Testament*(Peabody, MA: Hendrickson, 1998), xi.

서론: 카이저가 핵심 단어다

1. Walter C. Kaiser Jr., *Toward an Exegetical Theology: Biblical Exegesis for Preaching and Teaching*(Grand Rapids: Baker, 1981), 155-56.

2장: 당신의 히브리어를 건강하게 유지하기

1. David W. Baker and Elaine A. Heath[with Morven R. Baker], *More Light on the Path*(Grand Rapids: Baker, 1998), 5.

2. 수많은 출판물들 가운데 다감각 양식(multisensory modality)의 접근을 통한 학습 스타일에 대한 뛰어난 작품 중 하나는 Rita Dunn과 Kenneth Dunn이 쓴 *Teaching Students through Their Individual Learning Styles*(Reston, VA: Prentice-Hall, 1978)이다. 학습 스타일에 대한 Gregorc의 모델은 그의 결정적인 작품인 Anthony D. Gregorc, *An Adult's Guide to Style*(Columbia, CT: Gregorc Associates, 1982)에 나온다. 또 Gordon Lawrence의 *People Types and Tiger Stripes: A Practical Guide to Learning Styles*, 2nd ed.(Gainesville, FL: Center for Application of Psychological Types, 1982); 일곱 가지 지능에 대한 Gardener의 이론에 대해서는 Howard Gardener, *Frames of Mind*(New York: Basic Books, 1983)를 보라. Thomas Armstrong, *In Their Own Way: Discovering and Encouraging Your Child's Personal Learning Style*(New York: St. Martin's Press, 1987); Kathleen Butler, *It's All in Your Mind: A Student's Guide to Learning Style*(Columbia, CT: The Learner's Dimension, 1988); Cynthia Ulrich Tobias and Pat Guild, *No Sweat: How to Use Your Learning Style to Be a Better Student*(Seattle: The Teaching Advisory, 1991); Thomas Armstrong, *7 Kinds of*

Smart(New York: Penguin Books, 1993); Cynthia Ulrich Tobias, *The Way They Learn*(Colorado Springs: Focus on the Family, 1994) 등도 있다.

3. Miles V. Van Pelt and Gary D. Pratico, *The Vocabulary Guide to Biblical Hebrew*(Grand Rapids: Zondervan, 2003), ix.

4. Francis I. Anderson and A. Dean Forbes, *The Vocabulary of the Old Testament*(Rome: Pontifical Biblical Institute, 1992), 8.

5. Van Pelt and Pratico, *Vocabulary Guide*, ix.

6. Larry A. Mitchel, *A Student's Vocabulary for Biblical Hebrew and Aramaic*(Grand Rapids: Zondervan, 1984).

7. George M. Landes, *Building Your Biblical Hebrew Vocabulary: Learning Words by Frequency and Cognate*(Atlanta: Society of Biblical Literature, 2001).

8. Landes, *Building Your Biblical Hebrew Vocabulary*, ix.

9. 같은 책.

10. 앞의 3번 주를 보라.

11. Miles V. Van Pelt, *Old Testament Hebrew Vocabulary Cards*(Grand Rapids: Zondervan, 2003).

12. Mark D. Futato, *Beginning Biblical Hebrew*(Winona Lake, IN:

Eisenbrauns, 2003).

13. Allen P. Ross, *Introducing Biblical Hebrew*(Grand Rapids: Baker, 2001).

14. Choon Leong Seow, *A Grammar for Biblical Hebrew*(Nashville: Abingdon, 1987).

15. Jonathan T. Pennington, *Old Testament Hebrew Vocabulary*, Audio CD(Grand Rapids: Zondervan, 2003).

16. BibleWorks, HERMENEUTIKA, P.O. Box 2200, Big Fork, MT 59911-2200, PH: 800-74-BIBLE; FAX: 406-837-4433; http://www.bibleworks.com.

17. Van Pelt and Pratico, *Vocabulary Guide*, xii.

18. *Hebrew Tutor for Multimedia CD-ROM*. Parsons Technology.

19. Donald R. Vance, *A Hebrew Reader for Ruth*(Peabody, MA: Hendrickson, 2003).

20. Gary A. Long, *Grammatical Concepts 101 for Biblical Hebrew: Learning Biblical Hebrew Grammatical Concepts Through English Grammar*(Peabody, MA: Hendickson, 2002).

21. Ehud Ben Zvi, Maxine Hancock, and Richard Beinert, *Readings in Biblical Hebrew: An Intermediate Textbook*(New

Haven: Yale University Press, 1993).

22. Bonnie Pedrotti Kittel, Vicki Hoffer, and Rebecca Abts Wright, *Biblical Hebrew: A Text and Workbook*(New Haven: Yale University Press, 1989).

23. Moshe Greenberg, *Introduction to Hebrew*(Englewood Cliffs: Prentice-Hall, 1965).

24. Page H. Kelley, *Biblical Hebrew: An Introductory Grammar*(Grand Rapids: Eerdmans, 1992).

25. Thomas O. Lambdin, Introduction to Biblical Hebrew(New York: Charles Scribner's Sons, 1971).

26. 앞의 14번 주를 보라.

27. Jacob Weingreen, *A Practical Grammar for Classical Hebrew*, 2nd ed.(Oxford: Clarendon, Press, 1959).

28. Emil Friedrich Kautzsch, ed., *Gesenius' Hebrew Grammar*, 2nd English ed., revised in accordance with the 28th German ed.(1909) by Arthur Ernest Cowley(Oxford: Clarendon Press, 1970).

29. Paul Joüon, *A Grammar of Biblical Hebrew*, Subsidia Biblica, 14, translated and revised by T. Muraoka, 2 vols.(Rome:

Editrice Pontificio Instituto Biblico, 1993).

30. Bruce K. Waltke and M. O'Connor, *An Introduction to Biblical Hebrew Syntax*(Winona Lake, IN: Eisenbrauns, 1990).

31. Christo H. J. van der Merwe, Jackie A. Naudé, and Jan H. Kroeze, *A Biblical Hebrew Reference Grammar*, Biblical Languages: Hebrew, 3(Sheffield, UK: Sheffield Academic Press, 1999).

32. Bill T. Arnold and John H. Choi, *A Guide to Biblical Hebrew Syntax*(Cambridge: Cambridge University Press, 2003).

33. 같은 책, xi.

34. 앞의 30번 주를 보라.

35. Robert B. Chisholm Jr., *From Exegesis to Exposition: A Practical Guide to Using Biblical Hebrew*(Grand Rapids: Baker, 1998), 31-147; 또한 Ronald J. Williams, *Hebrew Syntax: An Outline*, 2nd ed.(Toronto: University of Toronto Press, 1976).

36. Susan Anne Groom, *Linguistic Analysis of Biblical Hebrew*(Waynesboro, GA: Paternoster Press, 2003).

37. Van der Merwe, *A Biblical Hebrew Reference Grammar*, 9.

38. Jessica W. Goldstein, *The First Hebrew Reader: Guided*

Selections from the Hebrew Bible(Berkeley, CA: EKS Publishing Co., 2000); Jessica W. Goldstein, *The First Hebrew Reader: Guided Selections from the Hebrew Bible, Companion Audio CD*(Berkeley, CA: EKS Publishing Co., 2002).

39. Randall Buth, *Living Biblical Hebrew for Everyone*, 2 vols.(Jerusalem: Biblical Language Center, 2003); and Randall Buth, *Living Biblical Hebrew: Selected Readings with 500 Friends*(Jerusalem: Biblical Language Center, 2005).

40. Buth는 Harry Winitz의 그림 시리즈인 현대 언어들을 위한 "Learnables", James Asher가 "Total Physical Response"로 이룩한 획기적인 진전, 그리고 Stephen Krashen이 설명한 자연스런 언어 습득을 위한 "comprehensible input" 요소 등에 공을 돌린다.

41. *The Hebrew Bible Narrated*, http://www.jewishsoftware.com.

42. "Hebrew Old Testament" MP3-CD, Audio Scriptures International, P.O. Box 460634, Escondido, CA, www.audio-scriptures.org.

43. Pesach Goldberg, trans. *The Linear Chumash*, vol. 1, *Bereshis*(Jerusalem: Feldheim Publishers, 1992-1997); Pesach Goldberg, trans., *The Linear Chumash*, vol. 2, *Shemosh*(Jerusalem: Feldheim Publishers, 1987); Pesach Goldberg, trans., *The Linear Chumash*, vol. 3,

Vayikro(Jerusalem: Feldheim Publishers, 1992-1997); Pesach Goldberg, trans., *The Linear Chumash*, vol. 4, *Bemidbar*(Jerusalem: Feldheim Publishers, 1997); Pesach Goldberg, trans., *The Linear Chumash*, vol. 5, *Devorim*(Jerusalem: Feldheim Publishers, 1992-1997).

44. Pesach Goldberg, trans. *The Linear Megillos: Esther*(Jerusalem: Feldheim Publishers, 1997).

45. Heinrich Bitzer, ed., *Light on the Path: Daily Scripture Readings in Hebrew and Greek*, vol. 1(Marburg: Oekumenischer Verlag, Dr. R. F. Edel, 1969; Grand Rapids: Baker, 1982); Heinrich Bitzer, ed., *Light on the Path: Daily Scripture Readings in Hebrew and Greek*, vol. 2(Marburg: Oekumenischer Verlag, Dr. R. F. Edel, 1973).

46. 앞의 1번 주를 보라.

47. Bitzer, *Light on the Path*, vol. 1, 10.

48. *Gramcord*, The Gramcord Institute, 2218 NE Brookview Dr., Vancouver, WA 98686, PH: 360-576-3000; FAX: 503-761-0626: http://www.gramcord.org.

49. 앞의 16번 주를 보라.

50. Francis Brown, S. R. Driver, and Charles A. Briggs, eds., *The*

New Brown-Driver-Briggs Hebrew and English Lexicon(Complete and Unabridged Electronic Edition), Varda Books, 2004. http://www.publishersrow.com/ebookshuk/.

51. http://www.publishersrow.com/ebookshuk/.

52. Ludwig Koehler and Walter Baumgartner, eds., *The Hebrew and Aramaic Lexicon of the Old Testament*, 4 vols., revised ed., trans. and ed. under the supervision of M. E. J. Richardson[CD-ROM edition](Leiden: Brill, 1994-2001).

53. Frederic Clarke Putnam, comp., *A Cumulative Index to the Grammar and Syntax of Biblical Hebrew*(Winona Lake, IN: Eisenbrauns, 1996).

3장: 역사서에서 설교하기

1. 히브리 성경은 율법, 선지자, 성문서(Writings)의 세 부분으로 나뉘어 있다. 여호수아, 사사기, 사무엘, 열왕기는 선지자에 포함되어 있는 반면, 룻기, 에스더, 에스라, 느헤미야, 역대기 등은 성문서에 포함되어 있다.

2. C. G. Bartholomew and M. W. Goheen, *The Drama of Scripture: Finding Our Place in the Biblical Story*(Grand Rapids: Baker, 2004)와 N. T. Wright, *The New Testament and*

the People of God(Minneapolis: Fortress Press, 1992)를 보라.

3. 역사서의 장르는 '내러티브'에 속한다. 따라서 이 책에 포함되어 있는 Jeffrey D. Arthurs의 "구약 내러티브에서 설교하기(Preaching the Old Testament Narratives)" 장을 보면 이야기 속에 담긴 내러티브의 중요한 특징들을 식별하는 데 필요한 유용한 통찰을 얻을 수 있을 것이다. 또 Robert Alter, *The Art of Biblical Narrative*(New York: Basic Books, 1981)와 *Preaching and Teaching from the Old Testament: A Guide for the Church*(Grand Rapids: Baker, 2003)의 63-82쪽에 담긴 Walter C. Kaiser, "Preaching and Teaching Narrative Texts of the Old Testament"를 보라.

4. 예를 들면, 창세기 12:7, 13:14-17, 17:8을 보라.

5. 더 광범위한 구약의 내러티브 문맥을 이해하기 위해서는 언약의 역할과 기능을 이해하는 것이 특별히 중요하다. 왜냐하면 언약은 하나님의 구속 이야기의 신학적 틀을 제공하기 때문이다. 유용한 책으로는 W. Dumbrell, *Covenant and Creation: A Theology of Old Testament Covenants*(Grand Rapids: Baker, 1993)가 있다.

6. 예를 들면, 출애굽기 20:3-5, 34:14-17, 신명기 4:16-18, 23-28, 5:7-9을 보라.

7. 이 이야기는 열왕기하 18:17-19:37과 이사야 36-37장에 기록되어 있다.

8. 역사적 연구에 도움을 줄 수 있는 자료들은 이 장의 결론에 열거되어 있다.

9. 라기스의 사진과 텔 라기스의 고고학에 대해서는 D. Ussishkin, *The Conquest of Lachish by Sennacherib*(Tel Aviv: Tel Aviv University, 1982)를 보라.

10. A. L. Oppenheim, trans., "Prism of Sennacherib" in *Ancient Near Eastern Texts*, ed. J. B. Pritchard(Princeton: Princeton University Press, 1969), 288.

4장: 구약 내러티브에서 설교하기

1. Cicero, *Orator*, in George A. Kennedy, *Classical Rhetoric and Its Christian and Secular Tradition form Ancient to Modern Times*(Chapel Hill, NC: University of North Carolina Press, 1980), 100.

2. Gordon D. Fee and Douglas Stuart, *How to Read the Bible for All Its Worth: A Guide to Understanding the Bible*, 2nd ed.(Grand Rapids: Zondervan, 1982), 74-75.

3. Sidney Greidanus, *Preaching Christ from the Old Testament*(Grand Rapids: Eerdmans, 1999)와 Bryan Chapell, *Christ-Centered Preaching: Redeeming the Expository*

Sermon, 2nd ed.(Grand Rapids: Baker, 2004)를 보라.

4. Bernard Ramm, *Protestant Biblical Interpretation*, 3rd ed.(Grand Rapids: Baker, 1985), 113.

5. Eric Auerbach, *Mimesis: The Representation of Reality in Western Literature*, trans. Willard Trask(Princeton: Princeton University Press, 1953), 14-15.

6. Dale Patrick and Allen Scult, *Rhetoric and Biblical Interpretation*(Sheffield, UK: Almond, 1990), 29.

7. John Sailhamer, *Introduction to Old Testament Theology*(Grand Rapids: Baker, 1995), 46-47.

8. Shimon Bar-Efrat, *Narrative Art in the Bible*(Sheffield, UK: Almond, 1989), 93.

9. Aristotle, *The Poetics*, trans. Ingram Bywater(New York: Modern Library), 1450b.

10. Don Sunukjian, "A Night in Persia," in *Biblical Sermons: How Twelve Preachers Apply the Principles of Biblical Preaching*, ed. Haddon Robinson(Grand Rapids: Baker, 1989), 71-80.

11. Henry Grady Davis, *Design for Preaching*(Philadelphia: Fortress, 1958), 157.

12. Paul Aurandt, *Paul Harvey's The Rest of the Story*(New York: Bantam, 1977). *More of Paul Harvey's The Rest of the Story*(New York: Bantam, 1980). *Destiny*(New York: Bantam, 1983).

13. Sidney Greidanus, *The Modern Preacher and the Ancient Text: Interpreting and Preaching Biblical Literature*(Grand Rapids: Eerdmans, 1988), 225.

14. Haddon Robinson, *Biblical Preaching: The Development and Delivery of Expository Messages*, 2nd ed.(Grand Rapids: Baker, 2001), 130-31.

15. Bar-Efrat, *Narrative Art in the Bible*, 148.

16. Richard L. Pratt, *He Gave Us Stories: The Bible Student's Guide to Interpreting Old Testament Narratives*(Brentwood, TN: Wolgemuth & Hyatt, 1990), 138-39.

17. 같은 책, 147.

18. Eugene Peterson, *Leap Over a Wall: Earthly Spirituality for Everyday Christians*(New York: HarperCollins, 1997), 76.

19. Northrop Frye, *The Great Code: The Bible and Literature*(New York: Harcourt Brace, 1982); John Sailhamer, *The Pentateuch as Narrative*(Grand Rapids: Zondervan, 1992); cf. *Introduction*

to Old Testament Theology.

5장: 율법서에서 설교하기

1. 이 에세이의 일부는 New American Commentary(Nashville: Broadman and Holman) 시리즈의 하나로 이제 곧 출간 예정인 저자의 출애굽기 주석에도 나올 것이다.

2. 예를 들면, 근친상간을 반대하는 율법들을 생각해보라. 그것들은 구약에서 설명되고 있지만(레 18장) 신약에서는 단지 전제되고 있다(고전 5:1-5). 바울은 그 율법들을 다시 진술할 필요없이 그것들을 근거삼아 지침을 준다. 이 지침들은 그 율법들이 당신의 백성이 어떻게 행동해야 할지에 대한 하나님의 뜻을 보여주는 것으로 여전히 유효함을 명백히 전제하고 있다.

3. 이 계약이야말로 바로 야훼께서 이스라엘을 위해 하신 일이다. 그들은 하나님과 동등한 입장에 있지 않았으며, 종(vassal)이 주(suzerain)께 대해 해야 할 역할을 맡았다. 이 주는 그들을 구해준 왕으로서 그들이 왕의 명령을 지키면 왕이 베푸는 유익을 누릴 수 있게 해주는 조건들을 그들에게 규정해주셨다.

4. 신명기 언약에서는 이 언약의 일차적인 증인이 야훼시다. 그러나 "하늘과 땅", "이 말", 그리고 "너희"도 이차적인 또는 뒷받침하는 증인으로 나온다. 하지만 출애굽기-레위기에서는 오직 야훼만이 유일한 증

인이시다. 그러므로 그분은 증인의 목록에만 나올 뿐 아니라 전문 (preamble)의 주된 인물도 되신다. 이는 고대 근동의 다른 언약들의 일반적 상황과는 대조되는 것으로, 거기서는 왕은 전문의 주된 인물이고 다양한 신들이 일차적인 증인들이 된다. 그러한 다신교적 접근은 야훼의 유일한 신성과 궁극적인 왕권을 명시적으로, 또 암시적으로 인정하는 야훼의 언약에서는 결코 있을 수 없다.

5. 민수기에 나오는 보충적 율법들은 그 중요성에 있어서 부차적이지 않다. 그것들은 유명한 권리장전을 포함한, 미국의 헌법에 더해진 다양한 수정 조항들에 더 가깝다. 민수기의 많은 율법들은 이스라엘이 시내산을 떠난 뒤 하나님이 계시하신 것이지만 부차적인 '재고(afterthoughts)'로 주신 것은 아니었다. 그것들은 광야를 지나는 동안 특별한 필요가 생길 때마다 그에 대한 반응으로 잊을 수 없게 부과하신 다양한 율례들이었다.

6. Eckart Otto가 지적한 것처럼("Korperverletzung in hethitischen und israelitischen Recht: Rechts- und religionhistorische Aspekte," *Religiongeschichtliche Beziehungen zwischen Kleinasien, Nordsyrien und dem Alten Testament*, Orbis biblicus et orientalis 129, ed. B. Janowski et al. [Freiburg: Universitätsverlag, 1993], 391-425), 이스라엘의 언약법과 히타이트인들과 메소포타미아인들 가운데서 발견되는 이와 비슷한 법들 사이의 특이하고 명백한 하나의 차이점은, 이스라엘 언약법은 그 기원을

일관되게 하나님 안에 두는 반면, 다른 법들은 그 권위를 왕에게서 끌어온다는 것이다. 이 왕은 신적 존재를 위해서 그 율법의 중재자 역할을 맡아 행동하는 것으로 여겨지지만, 그럼에도 불구하고 신이나 여신이 직접 수여하지 않은 법의 선포자일 뿐이다.

7. 많은 학자들은 출애굽기-레위기와 신명기 언약들은 주전 2천 년대의 고대 근동의 계약법들의 구조를 반영한다는 생각, 즉 Mendenhall이 설득력 있게 선포했었던 연관성에 대해 도전해왔다(George E. Mendenhall, *Law and Covenant in Israel and the Ancient Near East*[Pittsburgh: Presbyterian Board of Colportage, 1955], also in *Biblical Archaeologist* 17[1954]: 26-46, 49-76). Mendenhall은 Gary Herion과 함께 저술한 *Anchor Bible Dictionary*에 실린 그의 논문("Covenant")에서 그의 결론을 새롭게 수정했는데, 그는 거기서 성경에 제시된 형태는 신앗시리아적(neo-Assyrian) 요소들을 반영하기 위해 어느 정도 변경되었지만 그래도 여전히 주전 2천 년대로 출처를 잡을 수밖에 없는 요소들을 담고 있다고 제안한다. 우리의 입장은 신앗시리아적(따라서 전형적인 주전 2천 년 대의 계약들이 아닌)으로 여겨지는 요소들은 단지 야훼께서 모세를 통해 주신 특정한 이스라엘의 개작일 뿐이지 후대에 성경 외적 기원을 갖고 있는 것은 전혀 아니라는 것이다. Robert D. Miller II, "Moses and Mendenhall in Traditio-Historical Perspective," *Irish Biblical Studies* 23(2001):146-66을 보라.

8. 십계명/ 말이 후대에 하나님 자신에 의해 그렇게 묘사되었을 수도 있

지만 출애굽기 24장 12절에 대한 주석들을 참조하라.

9. W. L. Moran의 논문 "The Ancient Near Eastern Background of the Love of God in Deuteronomy"(*Catholic Biblical Quarterly* 77[1963]: 77-87)에 하나님을 '사랑하는 것'과 이웃을 내 몸처럼 '사랑하는 것'에 대한 숙어적 의미를 보여주는 다음과 같은 인용문들이 있다. 그 문맥에서는 사랑하는 것이 일차적으로 감정적인 애착을 가리키지 않고 적극적인 충성(loyalty), 즉 어떤 이에 대해 어떻게 '느끼는지'에 관계없이 그 사람의 동지와 지원자가 되겠다는 헌신을 가리킨다.

   1) G. Dossin, *Archives royales de Mari* V 76:4(To Yasmi-Adad, King of Mari, 18th c. BC[writer of the letter unknown]) "나는 왕의 종이요 당신을 사랑하는 자입니다."

   2) J. A. Knudtzon, *Die El-Amarna Tafeln*[*El Amarna*] 53:40-44(Tushratta, king of Mitanni, to the Pharaoh) "내 주여, 내가 내 주 왕을 사랑하듯이 누하시세(Nuhashshe)의 왕도, 니(Ni'i)의 왕도 그러합니다… 이 모든 왕들은 내 주의 종들입니다."

   3) *El Amarna* 114:68(Rib-Addi of Byblos to the Pharaoh) "내가 죽으면 누가 사랑하겠는가?"

   4) *El Amarna* 138:71-73(Rib-Addi of Byblos to the Pharaoh) "성을 보라! 그 절반은 아브디-아시르타(Abdi-

Ashirta)를 사랑하고 나머지 절반은 내 주를 사랑한다."

5) *El Amarna* 83:47-51(Rib-Addi of Byblos to the Pharaoh) "만일 당신들이 내게 대답하지 않는다면 나는 성을 떠나 나를 사랑하는 자들과 함께 갈 것이요."

6) D. J. Wiseman, *Iraq* 20(1958) 49 col. iv 266-68(Esarhaddon to various vassal kings requiring them to be loyal to his son and successor Assubanipal) "너희들은 아수르바니팔을 너희들 자신처럼 사랑하라."

7) L. Waterman, *Royal Correspondence of the Assyrian Empire* 266, 1105:32(Oath imposed by Assurbanipal on his vassal kings just before going to war with Shamash-shum-ukin, his brother, in Babylon) "앗수르의 왕, 우리 주여, 우리가 사랑하겠나이다."

8) 열왕기상 5:15(영역 5:1) "이는 히람이 평일에 다윗을 사랑하였음이라"(ki 'oher haya chiram ledawid kol hayamin).

10. 누가복음 10장 25-28절, 마가복음 12장 28-34절 그리고 마태복음 19장 19절은 예수님이 계명의 순차적 중요성을 정기적으로 가르치셨음을 보여주며, 신명기 6장 5절과 레위기 19장 18절은 그 중 가장 중요하고, 그후에 십계명이 이 두 계명을 설명하기 위해 뒤따른다.

11. 전통적인 유대교는 오경의 나머지 부분에서 613개의 계명을 꼽는다.

이 계산법에 의해 다른 모든 계명을 합치면 601개가 된다. 실제로 613개의 계명이 있는 것은 아니지만 이 수는 전체의 계명을 포함하는 인상을 주는 편리한 방법으로 여겨졌다.

12. 이 율법 조항들이 법적 판결을 위한 지침으로 정기적으로 참조되었지만, 고대 구약 시대의 법제에 있는 율법 조항들이 인용된 예는 드물다. 이에 대해서는 G. R. Driver and J. C. Mies, *The Babylonian Laws*(Oxford: Clarendon, 1952); F. R. Kraus, "Ein zentrales Problem des altmisopotamischen Rechts: Was ist der Codex Hammu-rabi?" *Geneva* 8(1960): 283-96; Hans Jochen Boecker, *Law and the Administration of Justice in the Bible and the Ancient Near East*(Minneapolis: Augsburg, 1980); Bernard M. Levinson, ed., *Theory and Method on Biblical and Cuneiform Law: Revision, Interpolation, and Development, Journal for the Study of the Old Testament* Supplemental Series, 181(Sheffield, UK: Sheffield Academic Press, 1994); Donald B. Redford, "The So-Called 'Codification' of Egyptian Law Under Darius I," in *Persia and Torah: The Theory of Imperial Authorization of the Pentateuch*, ed. James W. Watts, Society of Biblical Literature Symposium Series 17(Atlanta: Society of Biblical Literature, 2001).

13. 언약이 아직 이스라엘 백성에게 주어지기도 전에 출애굽기 18장에서 벌써 사사들이 뽑히고 자리를 잡은 것은 우연이 아니었다. 사사들이

있어서 율법의 지침들로부터 끌어오지 않는다면 언약 규정들의 적용은 불가능했을 것이다. 사사들은 패러다임에서 발견한 원리를 그들에게 맡겨진 판결 사례의 특정 상황들에 적용하고 율법의 지침에 따른 판결을 내린다. 하지만 그 판결들이 율법에 기록된 문자대로 이루어져야 할 필요는 없었다. 왜냐하면 사례들 자체가 율법이 제공하는 샘플에 묘사된 것과 정확히 일치하지 않기 때문이다.

14. 신약에 나오는 명백한 평행점은 바울이 로마서 12장과 고린도전서 12장에서 열거한 은사의 목록이다. 어떤 은사들은 그 범위가 좁고 다른 것들은 매우 넓다. 더욱이 이 두 목록은 정확히 일치하지도 않는다(출애굽기-레위기의 율법들과 신명기 율법들 사이보다 더 일치하는 것은 아니다). 그러나 전체 은사 목록을 위한 패러다임으로서 바울의 목록은 교회를 세우는 일을 돕기 위해 하나님이 한 사람에게 주신 그리고 모든 특별한 능력은 그 목적을 위해서 사용되어야 함을 웅변적으로 독자에게 말한다.

6장: 시편과 잠언에서 설교하기

1. Duane A. Garrett, *Proverbs, Ecclesiastes, and Song of Songs*, New American Commentary(Nashville: Broadman Press, 1993), 248.

2. 같은 책, 46-48, 116-243.

7장: 선지서에서 설교하기

1. 이 주제에 대해 월터 카이저보다 더 많은 관심을 쏟은 복음주의 성경 학자는 거의 없었다. 나는 그의 우정에 대한 감사의 표시로, 그리고 이 주제에 대한 그의 수많은 기여를 인정하기 위해, 선지서 설교를 준비하는 것에 대해 이러한 언급을 할 수 있게 된 것을 영예로 생각한다.

2. William M. Schniedewind의 뛰어난 책 *How the Bible Became a Book*(Cambridge: Cambridge University Press, 2004)에 반대해서. Schniedewind는 다수의 성경 학자들과 함께 성경을 책으로 만든 것은 제사장들과 서기관들의 길드였다고 주장한다.

3. John H. Sailhamer, "Biblical Theology and the Composition of the Hebrew Bible," *Biblical Theology, Retrospect and Prospect*, ed. Scott J. Hafemann(Downers Grove, IL: InterVarsity, 2002), 26-37.

4. 이렇듯 초기의 '책들'에 대한 우리의 논의를 현대적인 의미에서의 '책'으로 읽어서는 안 되며, 여러 종류의 고대의 기록 문서들에 주어진 일반적인 명칭으로 보아야 한다.

5. 이사야 8장 20절: "마땅히 율법과 증거의 말씀을 좇을지니 그들의 말하는 바가 이 말씀에 맞지 아니하면 그들이 정녕히 아침 빛을 보지 못하고."

6. "만일 그에 대한 대답으로 기독교가 참으로 책의 종교인지를 묻는다

면 그 대답은, 이상하게도 기독교는, 언제나 그리고 오직, 참으로 그리고 심각하게 책의 종교이기를 부끄러워하지 않을 때만 살아 있는 종교였다는 것이다." Karl Barth, *Church Dogmatics*, Vol. 1, pt. 2(Edinburgh: T & T Clark, 1978), 494-95.

7. 이것은 그리스도가 교회와 맺으신 것과 같은 언약이다(눅 22:20). John Sailhamer, *The Pentateuch as Narrative: A Biblical-Theological Commentary*(Grand Rapids: Zondervan, 1992)를 보라.

8. '초기'라는 표현으로 나는 이들 선지서들이 히브리 정경의 '전 선지자'와 혼동되는 것을 피하고자 했다.

9. John H. Sailhamer, "Hosea 11:1 and Matthew 2:15," *Westminster Theological Journal* 63(2001): 87-96.

10. Hengstenberg는 "역사에서 국가의 메시아적 소망은 언제나 메아리의 모습으로만 가정될 뿐이며, 그 소망은 위에서부터 그 국가의 영안으로 소개되고, 특정한 각 요소는 그것이 그 국가의 정신을 사로잡기 전에 먼저 선지적 완성 안에서 발견되어야 했다"고 지적했다. 신성한 계시의 메아리라는 Hengstenberg의 개념은 *Christology of the Old Testament*라는 제목의 세 권으로 된 성경 신학에 대한 그의 방대한 저작의 기초적인 통찰 중 하나다. Hengstenberg는 구약 책들의 저작에는 각 책들의 저자들 사이에 상당한 상호 의존성이 존재했다고 믿었다. 선지자들의 메시지는 각 선지서들뿐만 아니라 오

경의 중심적 주제들에도 중요하게 자리잡고 있었다.

11. Kaiser, *Toward an Exegetical Theology*, 186.

12. '책'으로서의 성경의 중요성에 대한 최근의 연구로는, Schniedewind, *How the Bible Became a Book*(위의 2번 주를 보라)이있다.

13. Hans-Christoph Schmitt, "Redaktion des Pentatuech im Geiste der Prophetie," *Vetus Testamentum* 32(1982): 170-89에 있는 선지자들과 오경에 대한 이와 비슷한 초점을 보라.

14. Sailhamer, "Biblical Theology and the Composition of the Hebrew Bible"을 보라(위의 3번 주를 보라).

15. Abraham J. Heschel, *The Prophets*(New York: Harper Torchbooks, 1962).

16. Jonah 3:4; 'od 'arba 'im yom wninwe nehpakhet.

17. Christopher R. Seitz, "On Letting a Text 'Act Like a Man,' The Book of the Twelve: New Horizons for Canonical Reading, with Hermeneutical Reflections." 이 논문은 앞으로 출간 예정인 다음 책에 등장할 것이다. *Prophecy and Hermeneutics: The Twelve and Isaiah in Canonical Introduction*, in the new series, Studies in Theological Interpretation, edited by Craig Bartholomew, Joel Green, and Christopher R. Seitz and pub-

lished by Baker.

18. 저자 자신의 번역임(여기서는 한글 개역을 그대로 옮겼음).

19. Sailhamer, Redaktion des Pentateuch im Geiste der Prophetie, 1-79를 보라.

20. Schmitt, "Redaktion des Petateuch im Geiste der Prophetie," 170-89.

21. 요한복음 20장 31절은 "오직 이것을 기록함은 너희로 예수께서 하나님의 아들 그리스도이심을 믿게 하려 함이요 또 너희로 믿고 그 이름을 힘입어 생명을 얻게 하려 함이니라"고 말한다.

22. David W. Baker, "Israelite Prophets and Prophecy," *The Face of Old Testament Studies: A Survey of Contemporary Approaches*, ed. David W. Baker and Bill T. Arnold(Grand Rapids: Baker, 1999), 268-69.

23. John H. Sailhamer, "What Is the Role of History in Biblical Interpretation?" *The Journal of the Evangelical Theological Society* 44, no. 2(June 2001): 193-206.

24. 이런 다양한 범주를 가리키는 표현들은 22번 주에 나오는 논문(p. 267을 보라)에서 David W. Baker가 논의한 것들과 비슷하게 보인다. 물론 범주들의 내용과 의미는 매우 다르다.

25. Milton S. Terry, *Biblical Hermeneutics*(1883; reprint, Grand

Rapids: Zondervan, 1979), 231.

26. William M. Schniedewind, *The Word of God in Transition: From Prophet to Exegete in the Second Temple Period*, Journal for the Study of the Old Testament: Supplement Series 197(Sheffield, UK: Sheffield Academic Press, 1995); David W. Baker, "Scribes as Transmitters of Tradition," *Faith, Tradition, and History: Old Testament Historiography in Its Near Eastern Context*, ed. A. R. Millard, J. K. Hoffmeier, and D. W. Baker(Winona Lake, IN: Eisenbrauns, 1994).

27. "Die Nachgeschichte alttestamentlicher Texts innerhalb des Alten Testaments," Beiheft 66 zur *Zeitscrift fur die alttestamentliche Wissenschaft*, 1936, 110-21. Reprinted in *Beiträge zur Traditionsgeschichte und Theologie des Alten Testaments*(Gottingen: Vandenhoeck & Ruprecht, 1962), 69-80.

28. 이 문제와 관련해서 최근에 나온 두 개의 유용한 연구는, Schniedewind, *How the Bible Became a Book*(앞의 2번 주를 보라)과 Christopher R. Seitz, "On Letting a Text 'Act Like a Man,' The Book of the Twelve: New Horizons for Canonical Reading, with Hermeneutical Reflections"(앞의 17번 주를 보라).

8장: 구약을 그 문화의 빛 안에서 설교하기

1. Walter C. Kaiser, Jr., *Hard Sayings of the Old Testament*(Downers Grove, IL: InterVarsity, 1988).

2. J. Scott Duvall and J. Daniel Hays, *Grasping God's Word*(Grand Rapids: Zondervan, 2001).

3. James M. Monson, *Regions on the Run*(Rockford, IL: Biblical Backgrounds, 1998).

4. 같은 책.

5. www.bibback.com을 보라.

6. Richard Cleave, *The Holy Land Satellite Atlas*, 2 vols.(Nicosia, Cyprus: Rohr Productions, 1999).

7. www.preservingbibletimes.org를 보라.

8. www.bibleplaces.com을 보라.

9. Walter Brueggemann, *The Land*(Philadelphia: Fortress, 1977), 45-70.

10. Alfred J. Hoerth, *Archaeology and the Old Testament*(Grand Rapids: Baker, 1998).

11. Amihai Mazar, *Archaeology of the Land of the Bible: 10,000-*

586 B.C.E.(New York: Doubleday, 1990). 또 Archaeological Commentary on the Bible by Baez-Carmago(Garden City, NY: Doubleday, 1984)를 보라.

12. James Bennett Pritchard, ed., *Ancient Near Eastern Texts Relating to the Old Testament*, 3rd ed.(Princeton: Princeton University Press, 1969).

13. Victor H. Matthews and Don C. Benjamin, *Old Testament Parallels: Laws and Stories from the Ancient Near East*(New York: Paulist, 1991).

14. William W. Hallo and K. Lawson Younger, ed., *The Context of Scripture*, 3 vols.(Leiden: Brill, 1997-2002).

15. Walter C. Kaiser, Jr., *A History of Israel: From the Bronze Age through the Jewish Wars*(Nashville: Broadman & Holman, 1998).

16. V. Philips Long, *The Art of Biblical History*(Grand Rapids: Zondervan, 1994).

17. Ronald E. Clements, ed., *The World of Ancient Israel: Sociological, Anthropological, and Political Perspectives: Essays by Members of the Society of Old Testament Study*(Cambridge: Cambridge University Press, 1989).

18. Geert Hofstede, *Cultures and Organizations: Software of the Mind*(London: McGraw-Hill, 1991).

19. Victor H. Matthews, and Don C. Benjamin, *Social World of Ancient Israel: 1250-587 BCE*(Peabody, MA: Hendrickson, 1993).

20. Philip J. King and Lawrence E. Stager, *Life in Biblical Israel*(Louisville: Westminster John Knox, 2001).

21. Oded Borowski, *Daily Life in Biblical Times*(Atlanta: Society of Biblical Literature, 2003).

22. H. Wheeler Robinson, *Corporate Personality in Ancient Israel*(Philadelphia: Fortress, 1980).

23. Gary A. Anderson, *A Time to Mourn, A Time to Dance: The Expression of Grief and Joy in Israelite Religion*(University Park, PA: Pennsylvania State University, 1991).

24. Timothy Laniak, *Shepherds After My Own Heart: Pastoral Traditions and Leadership in the Bible*(Leicester, UK: Inter-Varsity, 2006).

25. Mary Douglas, *Purity and Danger: An Analysis of the Concepts of Pollution and Taboo*(New York: Routledge & Kegan Paul, 1966).

26. Edmund Leach, "The Logic of Sacrifice," *Anthropological Approaches to the Old Testament*, ed. Bernhard Land(Philadelphia: Fortress, 1985).

27. Jacob Milgrom, *Leviticus, Anchor Bible Commentary*, 3 vols.(New York: Doubleday, 1991-2001).

28. Patrick D. Miller, *The Religion of Ancient Israel*(Louisville: Westminster John Knox, 2000).

29. James Maxwell Miller, *The Old Testament and the Historian*(Philadelphia: Fortress, 1976), 12-13.

30. John H. Walton, *Ancient Israelite Literature in its Cultural Context*(Grand Rapids: Zondervan, 1989).

31. Bruce Feiler, *Walking the Bible: A Journey by Land through the Five Books of Moses*(New York: Perennial, 2002).

32. Baruch Halpern, *David's Secret Demons: Messiah, Murderer, Traitor, King*(Grand Rapids: Eerdmans, 2001).

33. Hallo and Younger, ed., *Context of Scripture*.

34. 다음을 보라. Clements, ed. *The World of Ancient Israel*; Robert P. Gordon and Johannes C. De Moor, eds., *The Old Testament in Its World*(Leiden: Brill, 2005); Alfred J. Hoerth et al., eds., *Peoples of the Old Testament World*(Grand Rapids: Baker,

1998); V. Philips Long, ed., *Israel's Past in Present Research: Essays on Ancient Israelite Historiography*(Winona Lake, IN: Eisenbrauns, 1999); Jack M. Sasson, ed., *Civilizations of the Ancient Near East*, 4 vols.(New York: Charles Scriber's Sons, 1995); Daniel C. Snell, *Life in the Ancient Near East: 3100-332 B.C.E.*(New Haven: Yale University Press, 1998); and Roland de Vaux, *Ancient Israel: Its Life and Institutions*(Grand Rapids: Eerdmans, 1997).

35. Associates for Biblical Research at http://abr.christiananswers.net/home.html을 보라.

9장: 구약을 인용하는 신약 본문을 효과적으로 설교하기

1. 이 영역에서 매우 중요한 기여를 한 월터 카이저의 영예를 기리고자 이 에세이를 쓰게 된 것은 하나의 특권이다. 그의 설교를 들어본 사람이라면 누구나 그가 성경의 이러한 모든 사용에 대한 훌륭한 예를 제공하는 것을 안다. 그가 제안하는 '주변 읽기(marginal readings)'는 랍비들의 성경 사용에서 볼 수 있는 훌륭한 정신을 우리에게 일깨워준다. 그러한 즐거운 곁가지는 유머를 주고, 그를 청중에게 더욱 다가가게 해줄 뿐 아니라 성경의 언어와 주제들이 그의 마음과 생각을 사로잡고 있는 친밀한 방식을 보여준다.

2. 신약에 담겨 있는 성경 인용문들의 기능은 다양한 방식으로 범주화되

어왔다. 월터 카이저는 그의 책 *The Uses of the Old Testament in the New*(Chicago: Moody, 1985)에서 신약에 나오는 가장 중요한 구약 인용문들을 변증적, 선지적, 모형론적, 신학적, 그리고 실제적인 사용의 범주들 아래 논의했다. 다른 분류 시스템들을 참조하려면 그의 책 pp. 6-9를 보라.

3. 기록된 문서들에 대한 지식과 친숙함은 문화적 엘리트들의 표지였다. Harry Gamble이 지적했듯이, "본문이 그 사회를 형성하는 중요성을 갖고 있고 단지 소수의 사람만이 글을 읽을 줄 아는 공동체에서는 본문을 설명할 수 있는 자들이 바로 그 이유만으로 권위를 획득하게 된다"(Harry Y. Gamble, *Books and Readers in the Early Church: A History of Early Christian Texts*[New Haven: Yale University Press, 1995], 10, cited in Christopher D. Stanley, *Arguing with Scripture: The Rhetoric of Quotations in the Letters of Paul*[New York and London: T & T Clark, 2004], 46n25).

4. Herbert H. Clark과 Richard R. Gerrig은 몇몇 인용문의 사용에서 이 역할을 확증한다. "화자들이 어떤 사건에 대해 단편적인 내용만 언급할 때는 청중이 그 일을 자신들과 같은 방식으로 해석할 수 있는 올바른 배경을 알고 있을 것이라고 암묵적으로 가정하는 것이다. 한 마디로, 그들은 '나는 우리 모두가 올바르게 해석할 수 있는 어떤 것을 보이고 있소'라고 주장하는 것이며, 이 사실은 연대성을 암시한다." ("Quotations as Demonstrations," *Language* 66[1990]: 793;

cited in Stanley, *Arguing with Scripture*, 32). G. B. Caird는 신약에 나오는 암시(allusions)의 역할과 관련해서 같은 점을 말한다. "신약이 구약을 사용하는 많은 경우는 이런 암시의 성격을 띠고 있으며, 저자와 독자 사이에 공감을 조성하고, 그들이 공유하는 가정의 배경 안에서 확신을 준다. 인용이 권위에 대한 호소의 근거가 된다면 암시는 언제나 공유되고 있는 것을 일깨우는 역할을 한다"(*The Language and Imagery of the Bible*[London: Duckworth Publishing, 1988], 33).

5. 예를 들면, Moisés Silva는 바울이 고린도후서 13장 1절에서 "자신의 말의 감정적인 강세를 고양하기 위해" 신명기 19장 15절의 언어를 사용하고 있다고 말한다("Old Testament in Paul," in the *Dictionary of Paul and His Letters*, ed. Gerald F. Hawthorne and Ralph P. Martin[Downers Grove, IL: InterVarsity, 1993], 638). Richard Hays는 바울이 빌립보서 1장 19절("이것이… 내 구원에 이르게 할 줄 아는 고로")에서 70인역의 욥기 13장 16절을 반향하고 있고, 그 결과 암묵적으로 자신을 욥에 비하고 있으며, 그렇게 함으로써 "자신과 경쟁하는 설교자들이 욥의 공허한 위로자들의 망토를 입고 있음을 속삭인다"고 말한다(*Echoes of Scripture in the Letters of Paul*[New Haven and London: Yale University Press, 1989], 23). Hays는 "바울의 성경 인용은 종종 증명이 아니라 수사적인 기능을 하고 있으며, 이전의 본문(성경)을 이후의 것(바울)에 연결함으로써 새로운 의미를 창출한다"고 말한다. "그 연결의 방식은 기대하지 않은 일치, 즉 본

문이 본래 주장하지 않는 일치를 만들어 내는 것이다"(Echoes, 24).

6. "아하"는 저자들이 실제로 그들의 글에 담긴 모든 통찰들을 이해했음을 보여준다. 반면에 많은 사람들은 저자들이 자신들이 쓰고 있는 것을, 심지어는 저술 도중에라도 실제로 이해했는지의 여부에 대해서 의심의 여지를 남겨두고 있는 암시적인 영감론을 견지하고 있는 것으로 보인다.

7. 이것은 물론 시대착오적인 묘사다. 왜냐하면 모든 베뢰아 사람들이 자신들의 성경을 갖고 있지는 못했을 것이기 때문이다. 전체 교회를 위한 성경도 매우 귀했을 것이다(전체를 한 부 소장했거나, 일부의 책들을 소장했을 것이다). Stanley의 *Arguing with Scripture*, 41-43을 보라. Stanley는 바울이 세운 교회들의 대부분의 멤버들은 글을 알지 못했을 것이며, 성경 사본을 접할 기회를 갖지 못했을 것이라는 중요한 사실을 일깨워준다. 그는 사도행전 17장 11절에서 누가의 묘사가 함의하는 것을 해결하려고 애쓰지 않는다. 누가는 어떻게 성경의 연구가 이루어졌는지, 그들이 얼마나 많은 성경을 접할 수 있었는지(전체 구약 정경보다 적었는지 또는 정경의 사본이 여럿 있었는지 등등), 글을 아는 멤버들은 얼마이고 글을 모르는 멤버들은 얼마인지, 글을 아는 멤버들이 나머지 회중에게 적절한 구약 본문을 큰 소리로 읽어줌으로써 그들과 토의할 수 있었는지 등에 대해서는 우리에게 알려주지 않는다. 나는 누가를 정확하고 영감받은 저자로 받아들인다(그리고 사도행전을 주후 66-85년에 기록된 것으로 받아들인다). 하지만 사도행전을 보다 늦은 저작으로 생각하고 다른 이슈들에 대한 누가의 역사적

정확성을 의심하는 학자들은 다음과 같은 사실을 해결해야 한다. 그것은 누가가 자신의 묘사가 실제적으로 들릴 것과 1세기 중반의 상황에 대한 묘사로 그의 독자들의 '웃음 시험(laugh test)'에 합격할 것을 기대했다는 사실이다. 따라서 비평적인 학자들도 바울의 독자들이 가지고 있었을 성경 지식을 고려할 때 누가의 묘사를 보다 심각하게 취급해야 한다. 어떤 학자가 누가의 판단이 틀렸다고 생각하는 것은 또 다른 문제다. 누가가 1세기 독자들에게 실상을 제대로 반영하지 못하는 사회적 상황의 묘사를 제공할 만큼 수사학적으로 어리석었다고 생각하는 것은 그 자체가 전혀 개연성 없는 판단일 뿐이다. 두 개의 다른 요점을 지적해보자. 바울은 교회들을 향해 편지를 썼던 반면, 누가는 1세기 회당의 독자들을 묘사하고 있다. 하지만 교회들도 고대 회당의 독자들의 모습과 같았을 것이다. 왜냐하면 그 멤버들이 처음 구성된 것이 바로 회당에서였기 때문이다(행 17:12 참조). 또한 누가가 베뢰아 사람들의 행동을 데살로니가 사람들보다 '더 신사적'이었다고 묘사한 것은, 그의 견해로는 데살로니가 사람들도(그리고 다른 사람들도) 베뢰아 사람들과 마찬가지로 행동했어야 했음을 보여준다(후자가 전자보다 어떤 특별한 상황으로 인해 성경 연구에 더 쉽게 접근할 수 있었으리라고 생각하는 것은 옳지 않다).

8. 신약의 저자들이 그들의 사고와 논증에서 성경의 영향력을 반영하는 몇 가지 다른 방식에는 서론적 형식("기록되었으되"와 같은)을 갖추었거나 갖추지 못한 인용문들, 구약의 본문에 대한 암시, 성경 본문의 반향, 해석적인 요약들(고전 15장, 눅 24장), 성경이나 율법에 대한 일반

적 언급들, 구약의 배경, 주제 또는 가르침 등에 대한 전제나 암시적인 이해, 그리고 구약의 스타일과 화법의 영향 등등이 있다.

9. 상황을 묘사하는 또 다른 방법은 신약의 저자들을, 고전 음악만 알고 또 모든 음악을 그 자체로서가 아니라 자신들이 훌륭하다고 생각하는 (고전) 음악의 기준과 기대에 미치는가의 여부로만 판단하려고 하는 자들에게 평가받는, 재능 있는 재즈 연주가들로 보는 것이다.

10. G. K. Beale, ed., *The Right Doctrine from the Wrong Texts? Essays on the Use of the Old Testament in the New*(Grand Rapids: Baker, 1994)에 담긴 다양한 관점들로 이 이슈를 다루는 논문을 보라.

11. Moisés Silva는 랍비들의 성경 인용과 해석의 '매우 압축된' 성격과 관련해서 이와 비슷한 관점을 제기한다. "두 개 또는 세 개의 단어들이 성경의 전체 본문을, 그리고 다른 평행 본문들을, 그리고 이런 본문들을 그 요점과 연관시키는 수많은 전승들을 떠올리게 한다. 이와 비슷하게, 특정한 목적을 위해 구약의 본문을 사용하도록 바울을 이끈 논리적 단계들을 식별해낼 수 없는 우리의 한계는 단지 우리의 무지를 드러낼 뿐이다"("Old Testament in Paul," 639).

12. 몇 가지 명백한 예를 든다면, 마가복음 12장 26절[여기서는 요점이 동사의 시제(히브리 원문과 마가복음에서는 암시되어 있고 70인역에서는 제공되고 있는)에 달려 있다], 갈라디아서 3장 16절[여기서는 논증이 명사의 수(복수)에 달려 있다], 로마서 4장 10-11절(여기서는 논

증이 창세기 15장 6절의 문맥에 달려 있다) 등이 있다.

13. 고대와 현대의 해석 차이는, 우리는 따로 구별된 개별적 본문들의 해석을 깊게 파고드는 경향이 있는 반면, 고대와 성경의 저자들은 종종 한껏 펼쳐진 본문 안에서 한 번에 큰 덩어리를 해석하고 적용한다는 것이다. 따라서 히브리서 저자는 구약의 많은 부분을 신자들의 행동의 역사로 해석하고(11장), 스데반은 구약 역사의 대부분을 하나님의 백성의 고집스러움으로 해석한다(행 7장). 바울은 구속의 역사를 처음 아담과 마지막 아담의 행동과 그들이 도입하는 통치의 관점으로 요약할 수 있었다(롬 5:12-21). 이미 구약에서는 일부 시편들이 이스라엘 역사 전체를 훑어보는 해석을 제공했고(시 78, 105, 106, 114, 135, 136편), 다른 율법적, 선지적 본문들은 성경 역사를 조망하는 요약을 제공했다. 이스라엘 역사나 성경 본문들에 대한 이러한 재해석들은 학자들에게 '다시 쓰여진 성경'으로 불리며, 고대 유대인과 신약의 본문들에서뿐 아니라 구약 안에서도 발견된다. '다시 쓰여진 성경'의 가장 광범위한 정경적 예는 역대상·하에서 발견되는데, 이 책은 바벨론에서의 귀환 후 공동체의 상황을 위해서 사무엘상·하와 열왕기상·하의 많은 내용을 하나님의 과거 행적과 약속의 적합성을 끌어내는 방식으로 재진술한다. 정경 밖에서의 광범위한 예는 *Jubilees, the Genesis Apocryphon*(1Qap Genar), *Josephus's Antiquities*, 그리고 다른 많은 고대 유대인 저작들에서 발견된다.

14. 신약에서 발견되는 두 번째로 흔한 랍비식 해석법은 *qal wahomer*(가볍고 무거운)로 불리며, 더욱 더(a fortiori)의 논증을 사

용한다. 이 논증은 낮은 경우에 가장 확실히 적용되는 것을 더 높은 경우에 적용하는 방식이다(고전 9:8-12, 히 9:13-14, 10:28-29).

15. 히브리어에서는 두 본문 다 *w'ahavta*를 가지고 있고, 70인역에서는 둘 다 *kai agapēseis*를 가지고 있다.

16. 히브리어에서는 동사가 *hashav*이고, 헬라어에서는 *logizomai*다.

17. 로마서 15장 9-12절에서 바울은 '이방인들'의 기쁨과 축복을 다루는 본문들을 함께 묶고 있으며, 베드로전서 2장 6-8절에서 베드로는 운명을 결정짓는 '돌들'과 관련된 태도를 다루는 본문들을 함께 묶고 있다.

18. Walter C. Kaiser, Jr., *Toward an Exegetical Theology*(Grand Rapids: Baker, 1981), 131-40을 보라.

19. Kaiser, *The Uses of the Old Testament in the New*, 69.

20. Kaiser, *Toward an Exegetical Theology*, 136.

21. Kaiser, *The Uses of the Old Testament in the New*, 69.

22. Kaiser, *Toward an Exegetical Theology*, 137.

23. 다음 논문들이 제공하는 전제들을 보라. G. K. Beale, "Did Jesus and His Followers Preach the Right Doctrine from the Wrong Texts?" in Beale, *The Right Doctrine from the Wrong Texts?*, 392, and by Klyne Snodgrass, "The Use of the Old Testament in the New," in Beale, *The Right Doctrine from the Wrong*

Texts?, 36-40.

24. 가장 명백한 본문은, 어떤 곳에서는 명백히 이스라엘/야곱과 동일시되는 반면, 다른 곳에서는 이스라엘을 구속하고 회복하는 어떤 개인을 가리키는 것으로 보이는 '종'에 대한 언급이다(참조-사 41:8-9, 42:1, 19, 43:10, 44:1-2, 21, 45:4, 48:20, 49:3-7, 50:10, 52:13, 53:11). 또 13절에서는 한 개인적 통치자로 나타나는 반면 뒤에서는 "지극히 높으신 자의 성도들"(18-27절)로 언급되는, 다니엘 7장의 "인자 같은 이"도 있다. 이러한 전제에 대한 다음의 논의들을 보라. Snodgrass, "The Use of the Old Testament in the New," in Beale, *The Right Doctrine from the Wrong Texts?*, 37. 이 개념은 N. T. Wright의 다음과 같은 관찰에도 나온다. "하나님이 만물의 종말에 이스라엘을 위해 행하시리라고 바울이 기대한 것을 하나님은 만물의 중간에 예수를 위해 행하셨다. 예수 안에서 그리고 예수를 통해서 이스라엘의 소망은 실현되었다. 그분은 이교도들의 손에 고난받고 죽임당하신 후에 죽은 자 가운데서 살아나셨다"(*What Saint Paul Really Said: Was Paul of Tarsus the Real Founder of Christianity?* [Grand Rapids: Eerdmans, 1997], 127).

25. Snodgrass, "The Use of the Old Testament in the New," in Beale, *The Right Doctrine from the Wrong Texts?*, 38. 이것은 보통 '모형론'이라 불리는 것으로 이에 대해서는 다음을 보라. David W. Baker, "Typology and the Christian Use of the Old Testament," in Beale, *The Right Doctrine from the Wrong*

Texts?, 313-30; G. P. Hegenberger, "Introductory Notes on Typology," in Beale, *The Right Doctrine from the Wrong Texts?*, 331-41; Francis Foulkes, "The Acts of God: A Study of the Basis of Typology in the Old Testament," *The Right Doctrine from the Wrong Texts?*, 342-71; Richard M. Davidson, *Typology in Scripture: A Study of Hermeneutical TUPOS Structures*(Berrien Springs, MI: Andrews University Press, 1981); L. Goppelt, *Typos: The Typological Interpretation* of the Old Testament in the New(Grand Rapids: Eerdmans, 1982). 다른 곳에서 나는 바울이 성경을 종종 '재묘사(redescription)를 위한 도구'로 사용했다고 밝힌 바 있다. 이는, 독자들의 상황에 대한 인식과 그 상황 안에서의 적절한 반응은 구약에 나오는 평행점들의 관점에서 그것들을 재묘사함으로 이루어짐을 뜻한다. 그러한 재묘사는 신자들이 당면한 새로운 상황에 대한 가장 적절한 평행점들이 무엇인지를 결정해주는 보다 넓은 신학적, 해석학적 구조에 의해 좌우된다. 모든 것이 모든 방식으로 묘사될 수 있지만, 신약의 구약 사용은 모든 재묘사가 동등하게 유효한 것은 아니며, 우리가 직면하는 상황들을 가장 적절한 성경의 유추에 따라 해석하는 것이 매우 중요함을 보여준다. Roy E. Ciampa, *The Presence and Function of Scripture in Galatians 1 and 2*, Wissenschaftliche Untersuchungen zum Neuen Testament 2.102(Tübingen: J. C. B. Mohr Siebeck, 1998), 227-32를 보라.

26. 대부분의 연구는 신약에 나오는 구약 사용의 기독론적 지향에 초점을 맞추는 경향이 있었다(Donald H. Juel, *Messianic Exegesis: Christological Interpretation of the Old Testament in Early Christianity*[Philadelphia: Fortress, 1988]; N. T. Wright, *The Climax of the Covenant: Christ and the Law in Pauline Theology*[Edinburgh: T & T Clark, 1991]). Richard B. Hays는 바울의 구약 해석은 대부분 교회 지향적임을 강조했다(*Echoes of Scripture in the Letters of Paul*; cf. Hans K. LaRondelle, *The Israel of God in Prophecy: Principles of Prophetic Interpretation*[Berrien Springs, MI: Andrews University Press, 1983]); Dietrich-Alex Koch(*Die Schrift als Zeuge des Evangeliums: Unetersuchungen zur Verwendung und zum Verstandnis der Schrift bei Paulus*, Beiträge zur historischen Theologie 69[Tubingen: J. C. B. Mohr Siebeck, 1986])는 바울이 '성경을 복음에 대한 증거'로 이해했음을 강조했다.

27. 이에 대한 하나의 예는, 신약이 '기업'이라는 용어를 사용하는 것에서 찾아볼 수 있다. 기업은 구약에서 약속의 땅(Land)을 상속받는 것에 초점이 맞춰진 반면, 신약에서는 하나님의 백성이 상속받기를 원하는 것이 땅(Land)이 아니라 '세상(earth)' 이나 '세계(world)' (마 5:5, 롬 4:13) 또는 '하나님의 나라' (마 25:34, 고전 6:9-10, 15:50, 갈 4:30, 5:21, 엡 5:5, 골 1:12, 약 2:5, 벧전 1:4) 또는 '영생' (마 19:29, 막 10:17, 눅 10:25, 18:18)이다.

28. 헬라어에서 인용문들은 때로 *hoti*와 함께 소개되었고(마 7:23), 다른 경우에는 중성 관사와 함께 소개되었다(마 19:18). 그러나 이 둘은 모두 다른 목적을 위해 사용되기도 했으며, 많은 인용문들은 이 중 어느 쪽도 없이 소개되기도 했다. 성경의 저자들은 때로 "기록되었으되"(마 4:4)와 같은 인용 형식을 사용하기도 했으나, 대부분의 인용문들은 그러한 형식 없이 소개되었다.

29. 신약의 문맥에서 용인된 인용 방식에 대한 논의를 위해서는, Christopher D. Stanley, *Paul and the Language of Scripture: Citation Technique in the Pauline Epistles and Contemporary Literature*, Society for New Testament Studies Monograph Series, 69(Cambridge: Cambridge University Press, 1992), 267-337을 보라.

30. 우리가 지금 가지고 있는 Masoretic Text에 나오는 본문과 더 일치하는 결과를 가져온 70인역의 교정판이 신약 시대에 이미 존재했다는 증거가 있다. 따라서 인용문이 70인역에 반해서 MT와 일치할 때 저자가 히브리 본문에서 인용하고 있는지에 대해서 우리는 확실하게 말할 수 없다.

31. 이 이슈의 양쪽 입장에 대해서는 Beale, *The Right Doctrine from the Wrong Texts?*에 나오는 에세이들을 보라.

32. C. H. Dodd, "The Old Testament in the New," in Beale, *The Right Doctrine from the Wrong Texts?*, 176. 이 견해에 대한 보

다 자세한 변호는 C. H. Dodd, *According to the Scriptures: The Sub-structure of New Testament Theology*(London: Fontana, 1952)에 있다.

33. 자신들을 선지자로 생각했던 다른 사람들은 이사야 40장 3절과 같은 본문의 빛 안에서 자신들을 광야에서의 사역과 연관시켰다. Josephus, *Jewish Antiquities* 20:167, 188; *The Jewish War* 2:259-62를 보라.

34. 하나님의 명령과 의도에서 일치하는 형태의 회개는 이사야가 염두에 두고 있었던 것이며, 신명기 30장 1-6절이 포로 생활과 다른 언약적 저주들로부터의 회복의 선행 조건으로 요청했던 것이다.

35. 마태복음의 또 다른 예는 1장 18절에서 마리아의 수태를(문자적으로) '자궁 안에 가지는 것(en gastri echousa)'으로 가리켜 말한 것이다. 수태를 가리키는 표현은 다양하며 여기에 나오는 것이 가장 흔한 것은 아니다[마태복음 1장 20절은 gennan(자손을 낳다, 낳다)이라는 동사를 사용하고, 누가는 syllambanein(잉태하다, 임신하다, 1:24, 31, 2:21)을 사용한다]. 마리아에 대한 마태의 묘사는 그가 이제 인용하려고 하는 구약 본문의 말과 비슷하게 다듬어져 있으며, 그 본문과 마리아의 관계에 대한 그의 이해를 명확하게 드러낸다. 마태는 4장 15-16절에서 이사야 9장 1-2절을 인용할 때의 사전 준비에서도 같은 일을 한다. 그는 13절에서 예수님이 "나사렛을 떠나 스불론과 납달리 지경 해변에 있는 가버나움에 가서 사시니"라고 말한다. 마태

시대의 사람들이 가버나움을 보통 고대의 스불론과 납달리 땅에 위치한 것으로 표현하지는 않았을 것이다. 그러나 이사야의 인용문은 그 장소가 이사야의 예언이 스불론과 납달리 땅을 가리킴으로써 성취되는 곳임을 보여준다. 마태가 만일 단지 예수님이 가버나움으로 가셨다고만 말했다면 독자들은 그 장소와 성경 인용문과의 관련성을 놓쳤을 것이다.

36. 마가복음 1장 1절에 나오는 명사 *euangelion*은 이사야 40장 9절(참조-사 52:7, 61:1)에 두 번 나오는 동사형 *euangelizein*에 근거한다.

37. 신약 저자의 논증은 때로 그가 성경의 본문을 인용하기 훨씬 전부터 그것에 근거하고 있었다(또는 그가 성경의 본문을 결코 인용하지 않았어도). 예를 들면, 바울은 갈라디아서 3장에서 창세기 15장 6절("아브라함이 하나님을 믿으매 이것을 그에게 의로 정하셨다")과 하박국 2장 4절("의인이 믿음으로 살리라")을 둘 다 인용한다. 그러나 그가 그 인용문들에 이르기 훨씬 전부터 이신칭의에 대한 그의 논의는 바로 그 본문들에 근거하고 있었다(Roy E. Ciampa, *The Presence and Function of Scripture in Galatians 1 and 2*, 191-97을 보라).

38. Silva("Old Testament in Paul," 638)가 표현했듯이, "바울의 구약 사용은 골동품에 대한 관심에 의해 촉발된 것이 아니었다. 그에게 성경은 무척 실제적인 것이었다… 영구적이고 골치 아픈 '우리는 오늘

날 바울의 석의를 사용할 수 있는가?' 라는 질문이 생기는 것은 바울이 결코 구약 본문의 본래적, 역사적 의미를 재진술하는 것에 만족하지 않고, 그것을 그의 현재적 상황에 적용하기 때문이다. 이 문제의 형태 자체가 오해를 불러일으킬 소지를 지니고 있다. 대체로 여기서 다뤄지는 것은 바울의 해석법이 '과학적,' 문법적-역사적 석의와 양립할 수 있는가 하는 것이다. 그러나 이 관심은 종종 몇 가지 근본적인 장애물들을 무시한다. 우선 바울은 일반적인 의미에서의 석의에 대한 논의를 제공하지 않는다… 달리 표현한다면 바울이나 그와 동시대 사람들이 오늘날 신학교 학생들이 하는 것과 비슷한 방법으로, 즉 역사적 의미에 초점을 맞춘 강해를 작성하듯이, 구약의 본문을 '석의' 했다는 증거는 없다는 것이다. 그럼에도 불구하고 바울이 실제로 성경을 사용한 많은 경우는 그러한 역사적 의미와 일치했다고 관련자들은 인정한다. 다시 말해서, 사도가 구약의 본문을 그 문맥 안에서 주의 깊고 사려 깊게 상고했음을 보여주는 많은 증거가 있다는 것이다. 꽤 임의적으로 보이는 인용문들의 경우에까지 보다 넓은 문맥을 끈기 있게 묵상하는 일은 많은 빛을 던져줄 수 있다."

39. Rikki Watts, *Isaiah's New Exodus in Mark*(Grand Rapids: Baker, 2000), 370. 그는 마가복음의 세 주요 부분이 '이사야의 새로운 출애굽 개요' 의 구조를 따르고 있다고 본다. 이 개요에 의하면, 야훼는 이스라엘을 먼저 "민족들과 그들의 우상들"로부터 건지시고, 그후 그들을 "주의 길로 인도하시며," 마지막으로 그들과 함께 예루살렘으로 승리의 입성을 하신다(123-36).

40. 로마서 1장 1-5절에 암시된 성경 해석에 대한 N. T. Wright의 이해 [N. T. Wright, "Romans," in *The New Interpreter's Bible*, vol. 12(Nashville: Abingdon, 2002)]와 바울이 로마서 1장 17절에서 인용하는 하박국 2장 4절이 로마서의 처음 여덟 장의 구조를 제공한다는 C. E. B. Cranfield의 견해[C. E. B. Cranfield, *Romans: A Shorter Commentary*(Grand Rapids: Eerdmans, 1985, xv)]를 보라. 또 Todd A. Wilson, "Wilderness Apostasy and Paul's Portrayal of the Crisis in Galatians," *New Testament Studies* 50(2004): 550-71, 은 갈라디아서의 초두에 나오는 광야에서의 이스라엘의 배교에 대한 바울의 반향은, 같은 서신의 다른 반향들과 함께 서신 전체의 어조를 정한다고 말한다. 갈라디아서의 서문이 서신 전체에서 담당하는 역할에 대한 유익한 논의를 위해서는 D. Cook, "The Prescript as Programme in Galatians," *Journal of Theological Studies* 43ns(1992): 511-19를 보라. 고린도전서의 서문이 서신 전체의 구조에서 차지하는 위치에 대해서는 이제 곧 출간 예정인 Roy E. Ciampa and Brian S. Rosner, "The Structure and Argument of 1 Corinthians: A Biblical/Jewish Approach," *New Testament Studies* 52(2006)를 보라.

41. 이것은 '다시 쓰여진 성경'의 또 다른(미묘한) 예다. 유대인들에게 그들의 고토로 돌아갈 수 있도록 허가해준 고레스의 칙령이 이스라엘 역사에서 중요한 역할을 한 것은 사실이지만, 마태는 그 사실을 언급하지 않는다. 명백한 성경 해석이 보여주는 바는 어떤 의미에서 그에

게는 이스라엘의 포로 상태가 그리스도의 오심까지 지속되고 있었다는 것이다. 이러한 이해는 마태만 독특하게 지녔던 것이 아니며, 중간 시대에 몇몇 유대인 그룹 안에서는 꽤 흔한 입장이었다. O. H. Steck, "Das Problem theologischer Stromungen in nachexilischer Zeit," *Evangelische Theologie* 28(1968): 445-581; Michael A. Knibb, "The Exile in the Literature of the Intertestamental Period," *Heythrop Journal* 17(1976): 253-72; George W. E. Nickelsburg, *Jewish Literature Between the Bible and the Mishnah: A Historical and Literary Introduction*, 2nd ed.(Minneapolis: Fortress, 2005), 18; Jacob Neusner, *Self-Fulfilling Prophecy: Exile and Restoration in the History of Israel*(Boston: Beacon, 1987), 58-60; James M. Scott, "For as Many as are of Works of the Law are under a Curse' (Galatians 3.10)," in *Paul and the Scriptures of Israel*, ed. Craig A. Evans and James A. Sanders, Journal for the Study of the New Testament: *Supplement Series 83; Studies in Early Judaism and Christianity* 1(Sheffield: Sheffield Academic Press, 1993), 194-213; idem, "Paul's Use of Deuteronomic Tradition," *Journal of Biblical Literature* 112(1993): 645-65; idem, "Jesus' Vision for the Restoration of Israel as the Basis for a Biblical Theology of the New Testament," in *Biblical Theology: Retrospect and Prospect*, ed. Scott J.

Hafemann(Downers Grove, IL: InterVarsity, 2002), 129-43; idem, "Restoration of Israel," in *The Dictionary of Paul and His Letters*, ed. Hawthorne and Martin, 796-805; Wright, *The New Testament and the People of God*, 268-72(270n108면에 인용된 도서 목록을 보라); C. Marvin Pate, J. Scott Duvall, J. Daniel Hayes, E. Randolph Richards, W. Dennis Tucker Jr., and Preben Vang, *The Story of Israel: A Biblical Theology*(Downers Grove, IL: InterVarsity, 2004). 이 견해는 논쟁 중이다(cf. I. H. Jones, "Disputed Questions in Biblical Studies: 4. Exile and Eschatology," *Expository Times* 112(2000-2001): 401-5; M. Casey, "Where Wright is Wrong," *Journal for the Study of the New Testament* 69(1998): 95-103; Mark A. Seifrid, "Blind Alleys in the Controversy over the Paul of History," *Tyndale Bulletin* 45(1994): 73-95; James D. G. Dunn, *Jesus Remembered*, Christianity in the Making, 1(Grand Rapids: Eerdmans, 2003), 473 and note 422; Steven M. Bryan, *Jesus and Israel's Traditions of Judgement and Restoration*, Society for New Testament Studies Monograph Series, 117(Cambridge: Cambridge University Press, 2002), 12-20. 다음의 대응을 보라. Scott J. Hafemann, "Paul and the Exile of Israel in Galatians 3-4" in *Exile: Old Testament, Jewish, and Christian Conceptions*, ed. James M.

Scott(Leiden: Brill, 1997), 368-69n74; Steven G. Dempster, *Dominion and Dynasty: A Biblical Theology of the Hebrew Bible*, New Studies in Biblical Theology, 15(Downers Grove, IL: InterVarsity, 2003), 219n7.

42. 그런 고대의 석의들에 대한 증거는 신약에서뿐 아니라 사해 사본, 구약 외경, 구약 위경, Philo와 Josephus의 글들과 같은 고대 유대인 문서들에서도 찾아볼 수 있다(cf. Martin Jan Mulder, ed., *Mikra: Text, Translation, Reading and Interpretation of the Hebrew Bible in Ancient Judaism and Early Christianity*, Compendia rerum iudaicarum ad Novum Testamentum, 2.1[Assen & Maastricht: Van Gorcum; Minneapolis: Fortress, 1990]). 랍비들의 문학은, 신약보다 후대에 속하긴 했지만, 신약 시대에까지 거슬러 올라가는 많은 전승을 담고 있다. 후자에 대해서는 David Instone-Brewer, *Traditions of the Rabbis from the Era of the New Testament*(Grand Rapids: Eerdmans, 2004).

43. Douglas J. Moo, *The Epistle to the Romans*, New International Commentary on the New Testament(Grand Rapids: Eerdmans, 1996), 256을 보라.

44. 이 질문들에 대한 유익한 지침을 위해서는 다음을 보라. D. A. Carson and G. K. Beale, eds., *Commentary on the Use of the Old Testament in the New*(Grand Rapids: Baker, 출간 예정).

10장: 오늘날의 구약 설교

1. 성경적 설교자는 구약 본문을 정기적으로 그리고 정확하게 설교해야 한다. 우리 시대의 어느 누구도 월터 카이저만큼 이 힘든 일을 우리에게 이처럼 가차 없이 도전해오지 못했다. 그는 강의실에서 그리고 세계의 여러 컨퍼런스를 다니면서 이 메시지를 전하는 일에 누구보다 앞장섰다. 그뿐 아니라 그는 그가 지닌 이 부담을 그 자신의 화산 같은 설교에서 열정적으로 구현해냈다. 본문에 대한 카이저의 사랑은 전설적이다. 나는 카이저에 대한 감사의 표시로, 그리고 우리 하나님께 대한 감사 찬양의 표시로, 여기에 더욱 진지한 구약 설교를 향한 자그마한 기여를 하게 된 것을 큰 영광으로 생각한다.

2. Ray Lubeck, *Read the Bible for a Change: A Follower's Guide to Reading and Responding to the Bible*(Waynesboro, GA: Authentic Media, 2005), 14.

11장: 구약 전도 설교

1. "The Laws, Liberties and Orders of Harvard College, Confirmed by the Overseers and President of the College in the years 1642, 1643, 1644, 1645, and 1646, and Published by the Scholars for the Perpetual Preservation of their Welfare and Government," cited by Josiah Quincy, *The History of Harvard University*, vol. 1(Boston: Crosby, Nichols, Lee & Co., 1860),

515.

2. 제자(mathētēs)라는 말은 도제 또는 학생이라는 의미에서 배우는 자를 가리킨다. 이 용어는 비록 어떤 주인(master)-학생(pupil) 관계에도 적용될 수 있지만, 복음서에서 사용된 바로는 그리스도를 따르는 자들을 가리키며, "언제나 거기 묘사된 사람의 인생 전체에 영향을 미치는 개인적인 애착이 존재함을 암시한다." *Theological Dictionary of the New Testament*, vol. 4, ed. Gerhard Kittel, trans. and ed. Geoffrey W. Bromiley(Grand Rapids: Eerdmans, 1967), 441.

3. The Lausanne Covenant, Article 3.

4. 나는 여기서, *Choose Ye This Day*(Minneapolis: World Wide Publications, 1989), 65-77에 내가 발표한 "Focusing the Message"를 많이 인용하고 있다. Also, Robert Coleman, "An Evangelistic Sermon Checklist," *Christianity Today*(November 5, 1969): 27-28.

5. Charles Haddon Spurgeon, "Lectures to My Students," cited in Sidney Greidanus, *Preaching Christ from the Old Testament*(Grand Rapids: Eerdmans, 1999), 2.

6. 성경의 통일성이란 이 주제를 월터 카이저가 *The Christian and the "Old" Testament*(Pasadena: William Carey Library, 1998)라는 제목으로 발표한 그의 강의에서 다른 것보다 더 심오하게 표현한 사람은 없었다. 이 주제와 관련된 성경 신학의 활기찬 논의를 접하고 싶은 사

람은 이 책에서 시작하면 좋을 것이다.

7. Greidanus, *Preaching Christ from the Old Testament*, 227-350.

8. 이 주제를 구약 전반에 걸쳐 추적하는 것은 흥미로운 공부가 될 것이다. 이 주제에 대해 오래 숙고해온 여러 저자들로는 Walter C. Kaiser Jr., *The Messiah of the Old Testament*(Grand Rapids: Zondervan, 1995); Wilhelm Vischer, *The Witness of the Old Testament to Christ*, trans. A. B. Crabtree(London: Lutterworth Press, 1949); Alfred Edersheim, *Prophecy and History in Relation to the Messiah*(New York: Anson D. F. Randolf, 1885); Charles Augustus Briggs, *Messianic Prophecy*(New York: Charles Scribner's Sons, 1889); and E. W. Hengstenberg's monumental four-volume work, *Christology of the Old Testament and a Commentary on the Messianic Predictions*(Grand Rapids: Kregel, 1956, 1972-1978).

9. 이 주제를 성경 전반에 걸쳐 종합적으로 다룬 것으로는 Robert E. Coleman, *The New Covenant*(Deerfield, IL: Christian Outreach, 1992, 1984).

10. 이 이야기는 Coleman의 *The New Covenant*, 12-13에 나와 있다.

11. 이 하나님 나라라는 주제는 성경학자들로부터 상당한 주목을 받았으

며, 그 결과 엄청난 책이 쏟아져 나왔다. 특별히 구약에 나타난 이 주제의 역사적 발전에 대한 종합적이고 쉽게 읽을 수 있는 책으로는 John Bright, *The Kingdom of God*(New York: Abingdon-Cokesbury, 1953)이 있다. 이 분야에서 우리가 특별히 주의를 기울여야 할 복음주의 저자는 George Eldon Ladd이며, 그의 *Crucial Questions About the Kingdom of God*(Grand Rapids: Eerdmans, 1968, 1952)와 *Jesus and the Kingdom*(New York: Harper & Row, 1964)은 특히 중요하다.

12. 설교학에 대한 좋은 교과서는 모두 이 이슈를 다루지만, 깊이 있게 다룬 것은 드물다. 그 중에서 특별히 전도 설교와 관련된 것들은 다음과 같다. David Larsen, *The Evangelistic Mandate*(Grand Rapids: Kregel, 1992), Ramesh Richard, *Preaching Evangelistic Sermons*(Grand Rapids: Baker, 2005), 그리고 Lloyd M. Perry and John R. Strubhar, *Evangelistic Preaching*(Chicago: Moody, 1979).

13. 이 아이디어를 극단으로 끌고 간 설교보다는 공동체를 중심으로 한 전도 설교에 대한 혁신적인 견해가 Priscilla Pope-Levison과 John R. Levison에 의해 제기되었다. "Evangelistic Preaching in the New Millennium," *The Journal of the Academy for Evangelism in Theological Education*, vol. 19(2003-2004), 84-91.

14. 이 준비의 분야를 연구해보고 싶은 사람에게는 다음의 책들이 유용

할 것이다. R. Alan Street, *The Effective Invitation*(Old Tappan, NJ: Revell, 1984), Roy J. Fish, *Giving a Good Invitation*(Nashville: Broadman, 1974), Faris D. Whitesell, *Sixty-five Ways to Give Evangelistic Invitations*(Grand Rapids: Zondervan, 1945). 이보다 짧은 것으로는 Ramesh Richard, *Preaching Evangelistic Sermons*, Chapter 10과 Appendix 5. 또 Leighton Ford, "The Place of Decision", *Choose Ye This Day*, 87-108이 있다.

15. 구약의 대부분의 주요 부흥에 대한 뛰어난 연구로는 Walter C. Kaiser, Jr., *Revive Us Again: Your Wake-up Call for Spiritual Revival*(Ross-Shire, Scotland: Christian Focus Publications, 2001)이 있다. 여기에 다음의 책을 추가할 수 있다. C. E. Aubrey, *Revivals of the Old Testament*(Grand Rapids: Zondervan, 1960). 그리고 신·구약 양쪽을 모두 다룬 더 오래 된 책인, Ernest Baker, *Great Revivals of the Bible*(London: The Kingsgate, 1906)이 있다.

16. 사도행전에 기록된 대부분의 설교는 복음 전도적인 성향을 띠고 있으며, 우리가 예상할 수 있는 것처럼 그 당시의 성경인 구약에서 인용하고 있다. 특별히 사도행전 4:8-12, 5:29-32, 7:1-53, 10:34-48 그리고 13:16-41에 기록된 메시지들을 보라.

17. F. W. Boreham이 말함. *A Late Lark Singing*(London: Epworth

Press, 1945), 66.

18. Josiah Quincy, *History of Harvard University*, 515.

후기

1. Kaiser, *Toward an Exegetical Theology*, 8.

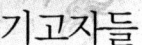

기고자들

- 제프리 아서Jeffrey D. Arthurs : 고든-콘웰 신학교South Hamilton, MA 설교학 부교수. 밥 존스 대학교BA, MA, 웨스턴 신학교MA, 퍼듀 대학교Ph. D.

- 로이 시암파Roy E. Ciampa : 고든-콘웰 신학교 신약학 부교수. 고든 대학교BA, 덴버 신학교M. Div, 애버딘 대학교Scotland, Ph. D.

- 로버트 콜만Robert E. Coleman : 고든-콘웰 신학교 제자도/ 전도학 석좌 교수. 애즈베리 신학교BD, 프린스턴 신학교Th. M, 아이오와 대학교Ph. D, 트리니티 국제 대학교D. D.

- 듀앤 가렛Duane A. Garrett : 남침례신학교Louisville, KY 구약 해석학 교수. 트리니티 신학교M. Div, 베일러 대학교Ph. D.

- 스캇 깁슨Scott M. Gibson : 고든-콘웰 신학교 설교학/ 목회학 교수. 고든-콘웰 설교학 센터의 디렉터. 고든-콘웰 신학교M. Div, 프린스턴 신학교Th. M in preaching, 토론토 대학교Th. M in Church History, 옥스퍼드 대학교Ph. D.

- 캐롤 카민스키 Carol M. Kaminski : 고든-콘웰 신학교 구약학 조교수. 고든-콘웰 신학교 MA, 케임브리지 대학교 Ph. D.

- 티모시 라니악 Timothy S. Laniak : 고든-콘웰 신학교 Charlotte, NC 구약학 조교수. 고든-콘웰 신학교 M. Div, 브랜다이스 대학교 박사 과정, 하버드 신학교 Th. D.

- 데이빗 라슨 David L. Larsen : 트리니티 신학교 설교학 명예 교수. 풀러 신학교 M. Div, 트리니티 대학교 D. D.

- 데니스 마가리 Dennis R. Magary : 트리니티 신학교 구약학 부교수. 트리니티 신학교 M. Div, 위스콘신 대학교 MA, Ph. D in Hebrew and Semitic. 그의 전문 영역은 히브리어, 구약 그리고 구약 연구를 위한 컴퓨터 응용이다.

- 해돈 로빈슨 Haddon W. Robinson : 고든-콘웰 신학교 설교학 석좌교수. 달라스 신학교 Th. M, 남감리교 대학교 MA, 일리노이 대학교 PH. D.

- 존 세일해머 John H. Sailhamer : 사우스 이스턴 침례신학교 구약학 수석교수. 달라스 신학교 Th. M, 남가주 대학교 MA, Ph. D.

- 더글라스 스튜어트 Douglas K. Stuart : 고든-콘웰 신학교 구약학 교수. 하버드 대학교 BA, 예일 대학교 신학부, 하버드 대학교 Ph. D.

구약을 설교하기

1쇄 인쇄 / 2009년 1월 25일
1쇄 발행 / 2009년 1월 30일

지은이 / 스캇 깁슨(Scott M. Gibson)
옮긴이 / 김현희
펴낸곳 / 주)도서출판 디모데 〈파이디온선교회 출판 사역 기관〉

등록 / 2005년 6월 16일 제319-2005-24호
주소 / 서울 강남구 개포동 1164-21 파이디온 빌딩 6층
전화 / 영업부 02) 574-2630
팩스 / 영업부 02) 574-2631
홈페이지 / www.timothybook.com

값 13,000원
ISBN 978-89-388-1410-4
Copyright ⓒ 주)도서출판 디모데 2008 〈Printed in Korea〉